유일신론의 종말,
이제는 범재신론이다

종교평화학자
이찬수 교수의
새로운 신학 강의

유일신론의 종말, 이제는 범재신론이다

이찬수 지음

동연

차라리 유일신론을 폐기하라

새로운 종교개혁을 위하여

　현대인들의 상당수는 신神을 믿지 않는다. 신을 믿는다는 말이나 신이 존재한다는 주장을 낯설어한다. 그렇게 된 원인을 설명하기는 간단치 않지만, 근본적으로는 신을 믿는다고 자처하는 종교인들 탓이 제일 크다. 특히 유일신론 종교 전통에 속한 이들 상당수가 급변하는 사회에서 신이 무엇인지, 어떻게 인식하고 서술해야 하는지 진지한 성찰 없이, 수백 년 전 수직적 신분사회에서 형성된 언어만 고집해온 데 기인한다. 신에 대한 자기중심적 이해가 신의 모든 것인 양 여기고 '그들만의 세상'에 머물면서 현대 지성인들을 납득시키지 못한 탓이다. 현대인들은 현대인들대로 종교적 배타주의나 근본주의의 몰지각함에게서 크든 작든 정신적 상처를 받은 탓이기도 하다. 상황이 그러니 오늘의 시대를 사는 이들이 신을 믿지 않는 것도, 그런 신이 어디 있느냐며 반문하는 것도 당연하다. 이러한 현상의 기초에는 종교인들의 왜곡된 신 이해가 놓여 있다.

이 책에서는 성서를 근거로 배타적 유일신론을 견지하는 이들에게 다시 성서를 근거로 그런 신관의 한계와 문제점을 비판적으로 제기하면서, 22세기에도 통할 대안적 신관을 찾아보고자 한다. 기존의 '유일신론'적 신에 대한 이해에서 '범재신론'적 신에 대한 이해로 나아갈 수 있는 성서적 기초를 놓아보려는 것이다. 기독교적 배타성의 근간처럼 여겨지는 성서의 쟁점들을 현대적 감수성을 반영하며 차분하게 해설하되, 가능한 한 누구나 알아들을 수 있는 보편적이고 평이한 언어를 구사하면서 궁극적 실재의 다른 이름인 신神에 대한 현대적 이해를 도모하고자 한다. 그렇게 신 이해의 보편성을 확보함으로써, 인류의 상생과 평화에 일말이나마 공헌할 수 있게 되기를 바라는 마음을 행간 곳곳에 담아보고자 한다. 나아가 신이라는 것은 생명을 살리고 평화가 구체화되는 곳에 생명과 평화라는 이름으로 존재한다는 사실을 성서를 근거로 밝혀보고자 한다.

그러한 사실을 뒷받침해주는 신론이 이른바 '범재신론汎在神論'(pan-entheism)이다. 범재신론은 한마디로 '모든 것(pan)은 신(theos) 안(en)에 있다는 이론(ism)'이다. 왜곡된 유일신론을 바로잡으며 현대적으로 계승하다보면 자연스럽게 내려지는 결론이기도 하다. 범재신론에 대한 전반적인 이해는 이 책의 〈정리하는 글〉("이제는 범재신론이다")을 참조하길 바란다.

종교개혁이 요청되는 시대이다. 신에 대한 범재신론적 인식과 이해에 기초할 때 우리 시대가 요청하는 새로운 종교개혁도 가능하리라는 생각을 행간 곳곳에 담아보았다.

의심스러워진 초자연적 유신론

현대 기독교인의 신관은 크게 두 가지로 나뉜다. 그 하나가 오늘날 지성계에서는 점차 소외되어가고 있지만 기독교계에서는—엄밀히 말하면 대부분의 종교들에서도—여전히 주류를 형성하고 있는 '초자연적 유신론supernatural theism'이다. 초자연적 유신론에서는 신을 인간의 세계와 무관하게 '저 바깥', 자연적 흐름 '너머'에 있는 존재, 즉 초자연적 존재로 간주한다. '여기' '내 안에' 있는 것이 아니니, 이 신은 알려지거나 경험되기보다는, 믿어져야 한다고 요청된다. 이런 신관을 가진 이들에게 믿음은 지상의 일반적 이해를 넘어서는 것이며, 따라서 어느 지점에 이르러서는 신에 대한 지적 성찰을 멈춘다. 역사적 예수 연구자 마커스 보그Marcus Borg도 내내 비판적으로 강조하고 있듯이, 오늘날 반드시 극복해야만 할 신관이다.[1]

기독교계 대다수 사람들은 '초자연적 유신론'의 신관을 가져왔다. 신을 마치 보이지 않는 거대한 인간 비슷하게 인격적으로 상상하면서 그 신이 저 '밖', 보이는 곳 저 '너머'에 있다고 믿는다. '밖'에 있는 신을 향해

---

1. 마커스 보그, 한인철 옮김, 『새로 만난 하느님』, (한국기독교연구소, 2001), 34쪽.

기도하고 찬양하며 예배를 드린다. 신의 초월성을 공간적으로 이해하다보니, 신이 높은 하늘에 있다고 상상한다. 가령 기독교인의 일반적인 기도문인「주기도문」은 "하늘에 계신 우리 아버지"라는 말로 시작한다. 신학적으로 해설하면 이때의 '하늘'이 반드시 물리적 특정 공간을 의미하는 것은 아니지만, 주기도문이 형성되던 이천여 년 전 사람들은 구름 위에 특정 공간을 상상했다. 신이 하늘에 있다고 상상하다보니, 신을 찾을 때는 자신의 밖, 저 높은 곳을 향한다. 예수가 하늘로 올라갔다면서 구름 너머를 상상하곤 한다.

신이 전능하다고 믿으면서도 인간 형상을 한 동일한 존재가 어떻게 여러 사람들의 다양하고 이질적인 요구를 동시에 만족시켜줄지 의심하기도 한다. 신은 '무소부재無所不在하다는, 즉 '있지 않은 곳이 없다'는 명제를 수용하면서도, 여전히 구름 너머 하늘을 향해 기도하고 노래도 부른다. 초자연적 유신론의 입장에 있는 이가 '무소부재' 개념을 이해하긴 쉽지 않다. 그러다보니 '무소부재'를 신은 모든 것을 알고 계신다는 '전지全知'의 개념으로 대체하거나,[2] 전지하다는 것은 하늘에 계신 인간 형상의 어떤 존재가 지상에 전파 같은 것을 보내는 방식으로 모든 인간의 상황과 관계를 맺는 것이라는 상상을 하곤 한다.

신이 그런 분이라고 믿다보니, 구원도 사후에 구름 위에 있는 어떤 공간, 즉 천당으로 들어가는 것처럼 이해한다. '지금 여기'에서의 구원이 아니라, '언젠가 다른 때'에 이루어질 구원을 주로 얘기한다. 하늘에 계

---

2. 마커스 보그, 위의 책, 42쪽.

신 어떤 분이 나를 하늘 위로 쏙 끌어올려주는 상상을 한다.

진학과 졸업을 막는 종교

그런데 이러한 모든 것이 의심받는 시대가 되었다. 이전과는 사유방식이나 세계관이 아주 달라졌다. 요즈음 학교에서는 원자나 분자, 전자, 쿼크 그리고 초끈이론 등 물질의 최소 단위에 대해 배우고 모든 것을 물질로 환원시켜 설명하고 있는데, 교회에서는 신을 물질과 상관없는 비물질적 존재로만 가르치고 말한다. 기독교인 자신도 종종 그런 신이 과연 있을까 의심을 하기도 한다. 학교에서는 우주의 무한성에 대해 배우는데, 교회에서는 신이 우주 어딘가 천정 같은 곳 너머에 있는 듯 설교하니, 그런 가르침이 과연 타당한가 의구심을 갖는다. 신을 믿는다면서도, 그 신이 우주에서 한 점 먼지만도 못하게 작은 지구에, 그 지구에서도 한 점 먼지만도 못할 정도로 미소한 인간에게 과연 관심이나 있을지, 아니 그런 신이 정말 있기나 한지 의심하기도 한다.

오늘날 많은 사람들이 무신론자가 된 것은 세계가 변하고 언어가 달라지고 있는데, 교회에서는 천당에 계신 하느님은 영원불변하다며 고집하다가 벌어진 일이다. 현대의 지성인들에게 그런 존재에 대한 의심만 살 뿐, 적극적으로 설명할 능력을 갖추지 못한 탓이다. 오늘의 시대에 어울리는 신관을 확립하려 하지 않은 채, 정말 근원적인 문제를 해결하려 하지 않은 채, 이해보다는 교리적 믿음만을 강권해온 까닭이다. 믿을 수 없는 이유들이 많고 납득이 되지 않는 상황들이 연속되는데도 믿으라는 요구만 지속해왔기 때문이다. 그것이 고민하는 기독교인들로 하여금 기존 신앙을 의심하고 교회를 떠나게 만드는 요인이 되고 있는 것이다.[3]

물론 초자연적 유신론 자체가 틀렸다고 할 수만은 없다. 이른바 신앙이라는 것도 사람 마음과 관련되어 있는 현상이다 보니, 마음의 수준을 단순히 옳고 그름으로 나눌 수는 없다. 다만 초등학교를 졸업하면 중·고등학교로, 그리고 대학으로 진학하면서 배움의 수준을 높여가야 하는데, 신앙의 진학을 하지 못하도록 하는 종교의 분위기가 문제다.

가령 어렸을 때는 아빠나 엄마가 세상에서 제일 큰 존재 같고, 어둔 밤길도 엄마 아빠만 있으면 그다지 두렵지 않게 느껴진다. 하지만 성장하면서 엄마도 아빠도 보통 사람이라는 것을 알게 된다. 그러면서 새로운 방식으로 엄마나 아빠의 고마움도 느끼고 인생의 이치와 깊이도 깨닫게 된다. 엄마 아빠도 여느 사람 가운데 한 사람이라는 사실을 알면서 스스로에 대해 더 책임지는 존재가 되고, 그럼으로써 내 자신도 더욱 성숙해진다.

신앙의 성숙 과정도 마찬가지다. 신앙이 성숙하려면 신앙의 근간인 신에 대한 주체적이고 깊이 있는 성찰이 필수다. 그런데 제도화된 종교에서는 별 고민 없이 초자연적 유신론 수준에만 머물도록, 신앙의 학교

---

[3]. 인간이든, 신이든, 가치든, 무엇인가를 믿는 행위는 무엇을 의미하고 어떻게 형성되는지에 대해 이찬수, 『믿는다는 것』(너머학교, 2011)에서 객관적이고 평이한 언어로 정리하고 있다. 믿음은 98%의 이해와 공감의 힘으로 2%의 의심을 용감하게 인정할 때 내 안에 생겨나는 것이지, 2%만 이해한 채 98%를 자의적으로 결정하다가는 맹신에 빠지게 된다는 것이 이 책의 요지이다.

에서는 '졸업'을 하지 못하도록 구조적으로 틀지어져 있다. 수준을 높이는 행위도 자기 종교나 교회의 수준 안에서만 높이도록 요구한다. 그러다보니 신앙의 질적 성장에 한계가 있게 마련이다. 종교 지도자든 신자든 그런 수준에 머물러 있는 경향이 여전하다. 그런데 이제는 그런 자세와 신관이 결정적 걸림돌이 된 시대가 된 것이다.

기독교 신앙생활을 하다가 방황하거나 교회를 떠나는 대다수의 사람들은 '초자연적 유신론'의 전통을 가지고 있던 이들이다. 이것이 시대 상황에 어울리지 못하자 출석하던 교회를 그만두거나, 교회에는 참석하더라도 영 만족스럽지 못한 생활을 하고 있는 상황이다. '진학'과 '졸업'이 되지 않는 이러한 구조가 현대 지성인들을 만족시키지 못하고 있는 것이다.

의심의 종점에서 만나는 범재신론

그렇다면 신에 대한 이해를 어떤 식으로 가져야 하는가. 그것은 신은 '있지 않은 곳이 없다'(無所不在)는 명제에 정말로 충실하는 것이다. 신을 구름 너머 특별 공간에 있는 존재로 상상하는 데에 머물지 않고, 바로 내 안에 계신 분으로 만나는 것이다. 그리고 내 옆에 계신 분, 네 안에 계신 분, 나무 한 그루에도 계신 분, 기쁨과 슬픔 안에도 계시는 분으로 만나는 것이다.

이것은 신을 특정 공간에 제한된 사물처럼 이해하는 것이 아니라, 언제 어디서나 작용하는 영the Spirit으로 인식하고 체험하는 것이기도 하다. 이때 영이란 귀신이나 죽은 이의 혼령 같은 것을 의미하지 않는다. 영은 살아 있는 것들을 살아 있게 해주는 생명력에 대한 종교적 표현이라고 할 수 있다. 영은 모든 생명 현상의 근거이자 어디에나 작용하고 있는 힘이다. 인간이 영에 대해 생각하지만, 더 근원적으로 보면 영은 인간의 생각 혹은 인식의 근원이라는 뜻이다. 영으로서의 신은 인식의 주체이기에 인간에 의해 대상화된 인식을 넘어선다. 신은 '바로 여기에 있지만' 그렇게 인식된 신이 신의 모든 것은 아니라는, 즉 우리의 인식을 넘어서는 존재라는 말이다. 이런 주장을 이 글에서는 '범재신론'이라는 용어로 풀어가려는 것이다.

앞에서 보았듯이, 범재신론을 영어로는 panentheism이라고 한다.[4] 라틴어에 어원을 두고 있는 이 용어는 현대 영어로 풀면 all(pan)-in(en)-God(theos)-ism이 된다. '모든 것(pan)이 신(theos) 안에(en) 있다는 주장(ism)'이다. 모든 것이 신 안에 있으니, 신은 모든 것보다 더 크다. '모든 것이 신'이라는 범신론pantheism과는 달리, 범재신론은 신의 초월성을 살리고자 한다. 신의 초월성이라지만 단순히 공간적 초월성만을 의미하는 것은 아니다. 신은 공간적으로도 크고, 인식된 것을 넘어선다. 공간을 차지하고 있는 만물을 감싸 안는 출처이기도 하고, 인식의 대상이면서 인식의 근원, 즉 인식의 주체이기도 하다. 주체이기에 인식된 대

---

4. 범재신론적 사유 자체는 오래되었지만, 범재신론이라는 용어는 칼 크라우제(Karl Krause, 1781-1832)가 조어한 독일어 Allingottlehre(1829)가 처음인 것으로 알려져 있다(John W. Cooper, *Panentheism: The Other God of the Philosophers*, Michigan, Baker Academic, 2006, pp.120-121 참조).

상 안에 갇히지 않는다. 인식된 것의 범주와 내용을 언제나 넘어선다. 모든 것은 신 안에 있다는 말은 그런 뜻이다.[5]

신학자 본회퍼는 그 신을 "우리의 한가운데 있는 너머"라고 표현한 바 있다. 데이비드 트레이시에 따르면, "신은 모든 실재를 초월해 있을 뿐만 아니라 모든 실재 안에 온전히 내재해 있다."[6] 생태여성신학자 샐리 맥페이그Sallie Mcfague에 따르면, "범재신론은 신의 초월성과 내재성 모두를 지지하면서도 실상은 초월성을 강조함으로써 세계 안의 그리고 세계를 향한 하나님의 존재에 대한 이해를 약화시킨 고전적인 견해를 교정한다."[7] 핵심인즉 범재신론은 신의 철저한 내재성에 기반해서 그동안 오해되어온 신의 초월성을 교정해 오늘날 되살리려는 의도의 산물이라고 신학자들은 해설한다.

초월성과 내재성을 동시에 균형감 있게 인정하는 단순한 방법은 '나'의 자리에 '신'을 두는 것이다. 신이 아무리 내 밖, 저 높은 곳에 있는 초월자라고 생각하더라도, 그렇게 생각하는 주체를 나보다도 더 나다운 모습으로 내 안에 내재하는 신으로 간주하는 것이다. 신을 인식하는 주체도 신이 되는 셈이다. 모든 것(all)이 신(God) 안에(in) 있기 때문이다.

---

[5] 사실 이런 식의 주장은 거슬러 올라가면 성서에서도 발견되는 사상이다. 플로티노스, 스피노자, 셸링, 헤겔, 화이트헤드 같은 철학자들은 물론 하트숀, 틸리히, 몰트만, 판넨베르크 같은 현대 신학자들, 맥페이그 같은 생태여성신학자들도 한결같이 범재신론적 노선 위에 있다. 신의 내재성과 초월성을 동시에 살리려는 시도는 양식 있는 현대 사상가들의 공통적 입장이다.

[6] David Tracy, "The Paradox of the Many Faces of God in Monotheism", Hermann Haring and Johann Baptist Metz, eds., *The Many Faces of the Divine*(Maryknoll, NewYork: Orbis, 1995), p.32.

[7] 샐리 맥페이그, 장윤재 · 장양미 옮김, 『풍성한 생명』(이화여자대학교출판부, 2008), 215쪽.

이미 내가 신 안에 있기 때문에 신에 대한 인식 역시 나보다도 내 안에 먼저 있는 신이 그렇게 하는 것이라고 깨닫는 것이다. 그래서 성서에서는 신은 "더듬어 찾기만 하면 만날 수 있는 분"이라고 말한다.(사도행전 17,27)

이렇게 신은 경험의 대상이면서 동시에 경험의 주체다. 경험의 주체이기에 온전히 대상화될 수 없다. 그래서 아우구스티누스도 신의 경험을 말로 할 수 없다고 말한다. 이와 비슷하게 『도덕경』에서는 "말해질 수 있는 진리(道)는 영원한 진리(道)가 아니라" 하고 있고, 유대인 신학자 마틴 부버Martin Buber는 "하느님은 이름으로 불려질 수 없고, 오직 탄성이 있을 뿐이다"라고 한다. 눈에 보이고 귀에 들리는 대상이 아니라, 도리어 그렇게 보고 듣는 주체일 정도로 가까운 분이기 때문이다. 언어는 파악된 어떤 대상의 일부를 겨우 표현하지만, 바로 그렇게 표현하는 나의 심층, 내 자신은 언어로 대상화될 수 없기 때문이다. 그런 점에서 신은 '초월적'이다. 신은 '바로 여기에 계신 저 너머'의 존재인 것이다.

'신이 하나'라는 오해를 넘어

삼라만상이 신 안에 있다는 주장은 성서에도 발견되는 사상이다. 소수이기는 하지만, 예전에도 있던 신관이다. 그러나 이전과는 다른 시대를 사는 오늘날 종교인에게, 신을 의심하는 현대인이 지닌 많은 의문점을 해결해준다. 모든 것이 신 안에 있기에 당연히 나의 마음도, 너의 생각도, 들꽃도, 하늘의 별도, 내리는 빗물도 모두 신 안에서 이루어지는 것일 수밖에 없다. 신은 내 밖에, 저 구름 너머에 있기보다는 나의 깊은 내면에서 더 가까이 발견된다. 물론 구름 너머에도 있지만, 기본적으로 거기에 있다고 믿는 나의 마음 안에서 찾는 것이 훨씬 빠르다. 신은 나의 슬픔 속에도 있고, 작은 생명체 안에도 있다.

하지만 대다수 종교인들의 현실적 신 이해는 그렇지 않다. 30여 년 이상 화학·종교학, 신학·불교학·평화학 등을 공부했고, 20여 년 이상 대학 안팎에서 관련 강의를 해왔으며, 교회에서는 15년 이상 설교하기도 하면서 줄곧 느낀 것은 종교라는 것에 대한 보통 사람들의 이해 내지 오해의 근원은 '신'을 어떻게 보느냐에 달려 있다는 사실이었다. 사람들은 '신'의 의미에 대해 깊이 있는 해석은커녕 피상적이고 자의적인 해석에만 머물고 있다는 사실이었다.

특히 유일신 종교 전통에서 말하는 '신이 하나'라는 사실을 대부분의 사람들은 별 생각 없이 '여러 가지 것들 중의 하나' 혹은 '여러 신들 가운데 최고'처럼 수량적으로 이해했다. 지금도 마찬가지다. 신이 우주의 창조자라면서도, 그 창조자를 광활한 우주의 어느 한구석을 차지하고 있는 보잘것없는 유한자처럼 생각했고, 구름 너머 어딘가에서 특정 인간에게 전파 같은 계시를 내려 보내는 신령 같은 존재로 축소시켰다.

기독교인은 고대 이스라엘의 역사서인 '히브리성서'(이른바 구약성서)를 불변의 진리이자 척도로 간주하면서, 성서를 역사적 산물로 볼 수 있는 안목을 가지지 못했다. 성서에 등장하는 신에 대한 묘사들이 그 성서를 낳은 고대 히브리인들의 신에 대한 부분적 이해라는 사실을 인식하지 못했다. 20세기 미국에서 발생한 문자적 근본주의의 신 규정을, 속뜻은 헤아리지 못한 채 성서 전체의 신인 양 규정했고, '문자화된 신'과 '문자 너머의 신'을 구분할 줄 아는 안목은 애당초 없다시피 했다. 스스로를 신의 피조물이라 말하면서도 조물주를 피조물 뜻대로 재단하는 웃지 못할 모순도 스스럼없이 범했다.

그 모습만 보면 그런 신은 인간이 자신의 욕망을 정당화하며 임의로 창조해낸 개념에 지나지 않아 보였다. 도대체 신이 무슨 사물이란 말인가. 신이 인간 같은 모양을 하고 있단 말인가. 그런 신이 도대체 어디 있다는 말인가. 유일신 신앙을 자처하는 사람들일수록 신을 사물화reification시키면서, 그 신을 자신 안에, 문자 안에, 특정 집단 안에 가두어두었고, 그러면서 배타적 폭력을 종교의 이름으로 정당화시켰다. 신의 이름으로 벌어지는 폭력이라는 것이 도대체 가당키나 한 일이던가.

차라리 유일신론을 폐기하라

이 책의 핵심을 미리 말하자면, '신이 하나'라고 할 때의 '하나'는 사실상 '전체'를 의미한다는 것이다. 신이 하나라는 말은 신이 모든 곳에 있다는 말과 같다. 바꾸어 말해 모든 것은 신 안에서 움직인다는 것이다. 비유하자면 신은 자연법칙과 유사하다. 우주에, 적어도 지구상에 존재하는 모든 것은 자연의 원리에 따라 살 수밖에 없고, 그 자연법칙 안에서 움직인다. 자연법칙을 어떻게 해석하느냐에 따라 다소 달라질 수는 있지만, 신은 기본적으로 자연법칙과 거의 같다. 자연법칙을 관찰하는 눈도 자연법칙에 따르듯이, 신에 대해 생각하고 느끼고 그에 따라 행동하는 모든 것이 신 안에서 이루어진다. 이렇게 받아들이는 이가 범재신론자다. 범재신론적으로 보건대 신이 없는 곳이 없다. 이른바 '무소부재無所不在'하다. 바꾸어 말하면, 모든 것은 신 안에 있다는 것이다. 그래서 신은 전체이다.

신이 전체라는 말은 자신의 존재의 의미 및 만물의 기원과 목적 등에 대해 성찰할 때 도달하게 되는 결론이기도 하다. 인간과 사물에 대해 두루 상상하다보면 신은 만물을 만물되게 해주는 근원적 원리나 힘으로 해석될 만한 것에 붙여진 이름이라는 사실을 알 수 있게 된다. 특별히 유일신론적 종교전통 안에 있는 이들에게 좀 더 친숙할 표현이겠으나, 알라, 불성佛性, 브라흐만이라 해도 상관없는 광활한 세계이다. 천天, 리理, 도道 등 모든 것을 감싸 안는 보편의 세계이다. 그래서 모든 것은 신 안에 있으며, 신이 없는 곳이 없다. 신이 없다는 주장마저 가능하게 해주는 세계가 범재신론적 신이다.

이런 세계관을 지닌다면 신의 이름으로 벌어지는 갈등과 폭력이 얼마나 지독한 모순인가를 알 수 있게 된다. 신을 믿는 이들은 무신론자마저 신의 이름으로 긍정하고 포용할 수 있어야 한다. 그 포용 속에서 신의 본질이 드러나고, 인류의 이상인 평화가 이루어질 수 있게 되기 때문이다. 이것이 이 책에서 하나하나 밝히려는 내용의 요지이다.

사실 신이 하나라는 주장, 이른바 유일신론monotheism은 제대로만 해석한다면 범재신론과 반대되거나 모순되는 것이 아니다. '하나'의 의미를 잘 생각해보면, 유일신론과 범재신론은 동전의 양면과 같다. '하나'는 사실상 '전체'이자 '근원'을 나타내주기 위한 수학적 표현일 뿐이기 때문이다.

하지만 이런 식의 이해가 대중적으로 통용되기에는 그동안 유일신론에 대한 오해의 폭이 비할 수 없이 커서, 이제는 유일신론이라는 용어나 개념은 폐기하는 것이 차라리 낳을 것 같다. 물론 유일신론을 폐기한다면, 그것은 폐기를 위한 폐기라기보다는, 유일신론을 넘어 진정한 유일신론으로 나아가기 위한 폐기이다. 예수가 "율법을 폐기하러 온 것이 아니라 오히려 완성하러 왔다"(마태오복음 5,17)고 할 때, 그 완성으로서의 폐기와 같다. 범재신론은 유일신론의 폐기이자 재해석이고, 그런 의미의 유일신론의 완성이다.

범재신론적 재구성

이런 의도로 이 책에서는 신에 대한 오해를 낳은 원천이기도 한 성서의 사례를 들어가면서, 역사적 산물인 성서가 말하려는 유일신론의 본래적 의미를 밝혀보도록 하겠다. 본문 중에서 범재신론이라는 말 자체를 집중적으로 분석하지는 않는 경우라도, 결국 범재신론적 사유를 기반으로 범재신론적 사유를 지향하며 쓰인 글이라는 사실을 알 수 있을 것이다. 이 책에서 분석하는 대로 '신이 하나'라는 사실의 본래적 의미를 찾아가다보면 '하나가 곧 전체'라는 사실로 이어지고, 그곳에서 자연스럽게 범재신론도 확립된다는 사실을 알 수 있을 것이다. 유일신론의 범재신론적 재구성인 셈이다.

이런 시각을 가지고 성서의 여러 사례들을 차근차근 다시 읽어보도록 하겠다. 범재신론의 구체적인 내용에 대해서는 이 책의 부록(《정리하는 글》)에 논문 형태로 실었으니, 부록을 먼저 읽어보는 것도 책의 전체적인 이해를 위해 도움이 될 것 같다.

아울러 이 책에서 인용하고 있는 성서는 공동번역성서(개정판)라는 사실도 밝혀둔다. 이유는 단순하다. 가톨릭과 개신교가 함께 번역했던 유일한 성서라는 사실이 주는 에큐메니칼한 의미가 무엇보다 크기 때문이다. 가톨릭과 개신교를 포함한 모든 기독교 신자가 읽어주기를 바라는 마음이다. 아울러 공동번역성서는 '하나님'보다는 한국의 오랜 민중적 정서를 더 잘 반영하는 '하느님'이라는 이름을 사용하고 있다는 것도 큰 이유이다. 인용문인 경우는 가끔 '하나님'이라는 말도 사용하겠으나, 이 책에서는 주로 '하느님'으로 표기하겠으며, 중립적일 필요가 있을 때는 그냥 '신'이라 적도록 하겠다. 그리고 '기독교'라는 말을 주로 사용하되 가끔은 '그리스도교'라는 말도 혼용할 것이다. 물론 이들은 전적으로 같은 의미로서, 기본적으로 가톨릭과 개신교를 포함하는 말이라는 사실도 밝혀둔다.

범재신론적 신은 기독교적 신이기만 한 것이 아니라, 앞에서 말한 대로, 만물을 만물되게 해주는 근원적 원리나 힘으로 해석될 만한 것에 붙여진 기독교적 이름이다. 그런 점에서 범재신론은 기독교적 틀을 넘어 다양한 종교적 세계관에 두루 통하는 신론적 기초를 제공해줄 것이다.

|차례|

머리글 차라리 유일신론을 폐기하라 • 5

제1부 | 유일신론의 재구성
- '신이 하나'라는 말

"나는 나다!" – 신적 자존성의 기원 • 27
신들 가운데 하나를 선택하다 – 택일신론 • 35
내면에서 신을 찾다 – 주체성의 발견 • 42
하나가 전체다 – '야훼 한 분뿐'이라는 말 • 49
신이 없는 성서도 있다 – 거룩의 상대성 • 58
타락한 도시도 사랑한다 – 진짜 기적 • 65
멸망은 신의 뜻이 아니다 – 노아 계약의 유효성 • 73
신은 얼굴을 보여주지 않는다 – 신의 흔적 • 78
신은 없는 곳이 없다 – 의심의 힘 • 82
땅이 하늘이다 – 승천의 탈신화 • 89
신은 떠나지 않는다 – 360°로서의 신 • 94

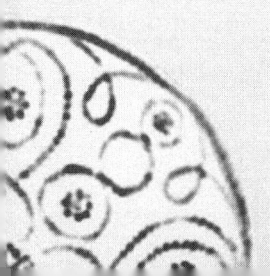

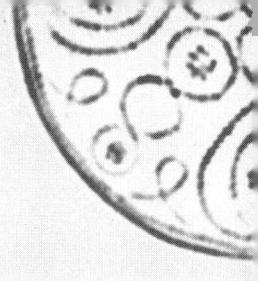

제2부 | 우상의 재해석
　　　― 문화적 혼용과 탈경계 신앙

절한다고 우상숭배가 아니다 ― 형식과 마음 • 101
우상은 아무것도 아니다―바울로의 우상관 • 107
유대교에서 분리되다 ― 탈율법주의 • 112
스스로 종이 되다 ― 종교적 자유 • 117
차별을 넘어서다 ― 베드로의 종족주의 탈출기 • 122
예수 이름으로 구원받는다는 말―치유와 헌신 • 127
예수의 이름으로 기도한다는 말 ― 이름의 비밀 • 133
신은 언제나 알려지고 있다 ― 성령의 보편성 • 138
신은 여러 이름으로 드러난다 ― 순교 다시 보기 • 144
말이 육신이 되었다는 말 ― 로고스와 육화 • 151

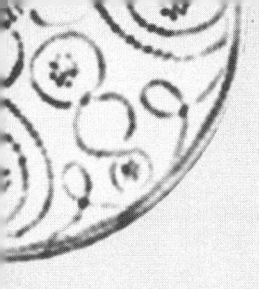

제3부 | 자비의 정치학
　　　- 예수의 아버지와 다른 종교들

자비의 정치학을 펼치다 - 거룩의 종교 넘어서기 • 159
글이 길이 되다 - 기독교적 깨달음 • 164
이것만 알면 된다 - 하느님≧예수≧제자 • 170
진리가 너희를 사망케 하리라 - 구원의 의외성 • 175
예수는 유대교인이었다 - 내면의 혁명 • 181
예수는 왜 죽었나 - 유월절의 정치학 • 187

제4부 | 그런 세계(其然)와 그렇지 않은 세계(不然)
　　　- 예수의 표층과 심층

성당(聖堂)은 거룩한가 - 여전한 거룩주의 • 195
기독교는 여전히 필요한가 - 다원주의 시대의 영성 • 200
에덴으로부터 도약하다 - 실낙원 재해석 • 205
언제나 신성한 시간 - 카이로스와 크로노스 • 211
유다보다 나은 자 누구인가 - 기연불연(其然不然) • 216
예수는 이단이었다 - 이단과 정통 • 222

제5부 | 내세의 생성
- 전부 받아들이는 세계

내세도 바뀐다 – 연옥의 논리 • 229
지옥으로 내려가다 – 예수와 지장보살 • 234
죽고 나면 어떻게 될까 – 죽음과 내세 • 238
영혼에도 몸이 있다 – 바울로의 부활관 • 248
같을까 다를까 – 부활과 열반 • 253
시간에서 영원을 살다 – 시간과 영원 • 260

정리하는 글 이제는 범재신론이다 • 267

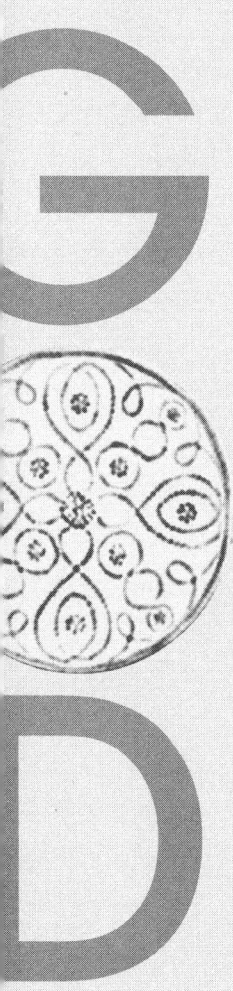

제1부

유일신론의 재구성

'신이 하나'라는 말

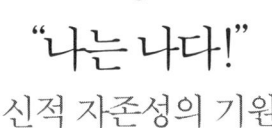

"나는 나다!"
신적 자존성의 기원

"그들이 '그 하느님의 이름이 무엇이냐?' 하고 물을 터인데, 제가 어떻게 대답해야 하겠습니까?" 하느님께서는 모세에게 "나는 곧 나다" 하고 대답하셨다.
(출애굽기 3,13-14)

'있다'와 '없다'의 상대성

사람들은 종종 이런 논쟁을 벌인다: '신이 어디 있느냐? 그런 건 없어! 아니, 신은 분명히 존재해!…' 나는 가능하면 이런 식의 논쟁에 끼어들지 않는다. 끼어든다고 해도 어느 한편을 두둔하지 않는다. 신이 있다는 말이나 없다는 말이나 따지고 보면 똑같은 차원에 있는 말이기 때문이다. '있다'는 말이 '없다'는 말에 대해 상대적인 용어라면, 신은 그러한 상대적 차원에 함몰되지 않는다고, 그런 것을 '신'이라고까지 할 수는 없다고 여기기 때문이다.

'상대相對'는 '서로(相) 마주한다(對)'는 뜻이다. 서로 마주함으로써만 자기 정체성이 확인되는 존재에게 쓰이는 용어이다. 가령 부모는 자식을 마주함으로써만 부모이고, 자식은 부모를 마주함으로써만 자식이다.

부모 없는 자식, 자식 없는 부모가 어디 있던가. 마찬가지로 학생은 선생을 마주함으로써만 학생이고 선생 역시 학생을 마주함으로써만 선생이다. 남자는 여자를 마주할 때 남자이고 여자 역시 마찬가지이다. 이런 식으로 모든 것은 서로 마주함으로써만 존재하는, 상대적 존재들이다.

'있다' 역시 '없다'에 대한 상대적 개념이고, '없다' 역시 '있다'에 대한 상대적 개념이다. 따라서 신이 '있다'거나 '없다'거나 모두 신을 상대성 차원에 둔 논쟁이기는 마찬가지이다. 상대성에 함몰되고 마는 신을 어찌 신이라 하겠는가. 신은 상대적 세계로 표현되면서도 그 차원으로 차원을 넘어선다. 상대성에 매몰되지 않기에 신인 것이다. 맨 위 성서 구절의 의미에 대해 한 번 생각해보자.

모세가 하느님께 아뢰었다. "제가 이스라엘 백성에게 가서 '너희 조상들의 하느님께서 나를 너희에게 보내셨다' 하고 말하면 그들이 '그 하느님의 이름이 무엇이냐?' 하고 물을 터인데, 제가 어떻게 대답해야 하겠습니까?" 하느님께서는 모세에게 "나는 곧 나다" 하고 대답하시고, 이어서 말씀하셨다. "너는, 나를 너희에게 보내신 분은 '나다' 하고 말씀하시는 그분이라고 이스라엘 백성에게 일러라." 그리고 하느님께서는 다시 모세에게 말씀하셨다. "너는 이스라엘 백성에게 이렇게 일러라. '나를 너희에게 보내신 이는 너희 선조들의 하느님 야훼시다. 아브라함의 하느님, 이사악의 하느님, 야곱의 하느님이시다.' 이것이 영원히 나의 이름이 되리라. 대대로 이 이름을 불러 나를 기리게 되리라."(출애굽기 3,7-15)

이 내용은 유대인들에게는 거의 신적 존재나 다름없는 모세가 신을 만나는 장면을 배경으로 한다. 이집트 왕자로 살던 모세가 동족을 괴롭히는 이집트 군인을 얼결에 죽이고는 미디안 땅으로 도망쳐 나왔다. 그곳에서 제사장 이드로의 딸 시뽀라와 결혼하여 양치기로 잘 살고 있었을 때였다. 하루는 양떼를 몰고 광야를 지나 호렙산으로 갔다가, 불에 붙기는 했는데 타지는 않는 떨기나무를 보게 되었다. 그곳에서 신의 음성을 듣게 되었다. 그 신은 이집트 땅에서 고통당하고 있는 동족들을 구해내라고 모세에게 명령했다. 모세는 걱정하는 마음으로 물었다. '누가 너를 보냈느냐'고 사람들이 물을 텐데, 그러면 나는 무엇이라고 대답해야겠습니까? 그때 그 신이 비로소 자신의 정체를 이렇게 밝히는 것으로 나온다: "에흐예 아쉐르 에흐예." 우리말로 하면 "나는 나다"(공동번역) 또는 "나는 스스로 있는 자다"(개역·표준새번역)가 된다. "나는 있는 나다"(가톨릭성경)로 번역할 수도 있다.

어떤 번역이든 완벽할 수도 없고, 그렇다고 틀렸다고 할 수도 없는 번역이다. 우리말 구조상, 어떤 것도 어쩌면 본래의 히브리어를 충실히 드러내기는 힘들다. 이 구절의 영어 번역인 "I am that I am"이 그래도 우리가 좀 더 알아들을 수 있는 표현이다. 영어 번역을 보면, 'I'를 한정해주는 'that' 이하 구절이 'I am'으로 끝난다. 이것을 어찌 번역해야 할까. 문장 구조가 전혀 다른 우리말로서는 "나는 나다"라든지 "나는 스스로 있는 자다" 또는 "나는 있는 나다"라는 식으로 의역할 밖에는 달리 재간이 없다.

여기에는 기본적으로 '나를 규정할 수 있는 것은 나'라는 뜻이 함축되어 있다. 앞에서 본 대로 세상에 존재하는 것은 관계성과 상대성의 영역을 면치 못한다. 모두 무엇무엇 때문에 존재한다. 아이는 부모 때문에 존재하고, 부모 역시 아이가 있음으로써만 의미 있는 개념이다. 책상은 목수가 만들었기에 존재하고, 말은 귀가 있기에 말로서 들린다. 신자 없는 교회가 있을 수 없고, 시작이 없는 끝이 있을 수 없다. 학생은 선생으로 인해 존재하고 선생 역시 마찬가지이다. 도대체 존재하는 것은 무엇이나 홀로 독자적으로 존재하지 않는다.

자존성의 흔적

그러나 위 성서에 등장하는 신은 무언가 다른 모습을 보여준다. 모세에게 자신을 "에흐예 아쉐르 에흐예"라고 밝히는 신 규정에는 자신의 존재 원인을 자신에게 둔다고 말할 수밖에 없는, 그런 '자존성自存性'의 흔적이 보인다. 종교학자 카렌 암스트롱Karen Armstrong은 이 구절에 대해 '내가 누구인지 알려고 하지 마라!' 또는 '네 일이나 열심히 하라!'는 의미 정도로 해석했지만,* 그런 해석으로 끝내기에는 성서의 맥락상 모세를 이집트로 이끌어가는 힘의 원천을 설명하기 곤란하다. 전체적 맥락에서 보건대 모세에게 명령하는 이 신은 인간에 선행하면서 인간에 대해 자신의 뜻을 일방적으로 펼치는 자이다. 나아가 이 구절은 자신의 기원을 자신에게 두는, 그런 의미의 자존적 존재의 흔적을 보여준다. 고대

* 카렌 암스트롱, 배국원 · 유지황 옮김, 『신의 역사』(동연, 1999), 57쪽.

유대인은 이 구절을 통해 자신들의 신관의 확장과 심화를 표출했고, 또 그런 계기가 되었다고 할 수 있다.

역사 안에 제한된 존재가 역사 자체 혹은 역사의 기원을 어찌 다 설명하겠는가. 그 무언가의 기원에 해당한다고 간주되는 그 어떤 실재는 자신의 정체성을 상대방의 언어가 아니라 자신의 언어로 설명한다. 신이 자신을 설명하는 결정적인 언어는 자기 자신뿐이었다는 뜻이다. 그래서 '나는 나'라고밖에 표현될 도리가 달리 없었다. 그런 점에서 이 구절에는 신의 자존성自存性의 흔적이 함축되어 있다.

"나는 나다"라고 대답하는 이 존재는 상대성의 영역을 끊으려 한다. 그런 의미의 절대성을 보여준다. 앞에서 간단히 보았듯이, 서로(相) 마주하고 있는(對) 상대와는 달리, '절대絶對'는 마주하고 있는 것(對)을 끊어버린(絶) 상태이다. 마주하고 있는 것을 끊었으니 그에 매이지 않으며, 매이지 않으니 자유롭다.

자유自由의 한자상 의미는 '스스로 말미암다'이다. 다른 것에 의존하지 않는다는 뜻이다. 존재하는 것들은 전부 그 무엇으로 인해 존재한다. 스스로 말미암는 것은 없다. 그런 점에서 "나는 나"라는 말 속에는 스스로 말미암는 자라는 뜻이 들어 있다. 이 부분을 강조한 번역이 "나는 스스로 있는 자이다"이다. 다른 것에 의존해 있지 않기에 자유자라는 의미가 함축되어 있다. 자유자이기에 매이지 않는다. 어떤 틀을 늘 넘어선다. 그래서 초월자超越者이기도 하다.

신이 초월자, 자유자, 절대자라면, 신을 그렇지 못한 것처럼 어떤 특정한 행위나 개념 안에 가두어두는 행위야말로 '우상숭배'에 해당한다. 신은 나만 안다고, 그래서 우리만 옳다고, 또 신이 어떤 특정한 곳에만 있다고 고집하는 행위도 마찬가지이다. 신은 이렇게 기도하면 이런 복을 주시는 분이라며, 어떤 기계적인 틀 안에 가두어두는 행위도 우상숭배의 위험성을 벗어나지 못한다. "도라고 말해질 수 있는 도는 영원한 도가 아니다"(道可道非常道, 도덕경 1장)라고 하듯이, 진리는 어떤 특정한 곳에 갇히지 않는다. "나는 나"라는 언명도 이와 통한다.

성서에도 갇히지 않는다

신은 그런 의미의 '절대자'이다. 신은 '있다'는 말에도 갇히지 않고 '없다'는 말에도 매이지 않는다. 몇 해 전 영국 런던에서 "신은 없을 테니 걱정 말고 인생이나 즐겨라"(There's Probably No God, Now Stop Worrying. And Enjoy Your Life)며 '무신론'을 광고하는 이색 버스가 운행한 적이 있었다. 진화생물학자 리처드 도킨스Richard Dawkins가 주도해, '신이 있다'는 유치한 주장을 비판하는 광고 문구였다. 이것을 본 일부 기독교인들이 그에 발끈하며 논쟁이 벌어졌다. 하지만 무신론 주장에 발끈하는 기독교 신자나, 무신론적 주장을 펼치는 이나 사실상 신을 상대성 영역에 떨어뜨리기는 매한가지이다. 신이 있다느니, 없다느니 싸우는 것은 오십보백보로 모두가 신을 인간의 범주 안에 가두어두는 일이다. 탁월한 과학자 도킨스가 적극적인 무신론주의자로 자처한 것은 따지고 보면 신을 좁디좁은 상대성의 영역에 가둬두었던 기독교인의 책임이 크다.

하지만, 앞으로 하나하나 살펴보겠지만, 성서에서 묘사하는 신은 사실상 성서 안에도 갇히지 않는 초월자다. 그리고 보편자다. 기독교의 신은 기독교 안에도 갇히지 않는다. 신이 성서라는 문자 안에만 들어 있는 것처럼 보는 사람이 있다면, 그는 성서라는 책과 문자만 살려두고 신은 죽이는 자다. 신이 기독교 안에 갇힌 것처럼 말하는 이도 마찬가지이다. 기독교라는 제도, 예배당이라는 건물은 신이 거주하기에 좁아도 너무 좁은 공간이다. 그곳에 갇힌 신은 이미 신이 아니다. 그것은 그저 그러기를 바라는 인간의 욕망일 뿐이다. 신이 정말 우주의 창조자라면, 그 신이 어찌 알량한 문자나 제도 안에 갇히겠는가.

많은 기독교인들이 신이 존재한다면서 사실상 신을 존재하지 않는다고 하는 고백과 별반 다르지 않은 다짐에 머물 때가 많다. 논리적 차원에서 그것은 신을 부인하는 것이나 다름없는 오류일 수도 있다. 신을 말로는 유일신이라면서도 실제로는 여러 신들 중 최고신처럼 생각하는 것이 그 전형적인 사례다. 아무리 '높은' 신이라고 해도 그것 역시 '낮은' 신에 대한 상대적 존재이고, 다신교적 개념이다. 보이지는 않지만 저 구름 너머 어딘가 존재하는 어떤 형상을 지닌 존재처럼 신을 생각한다면, 그 신은 그저 상상 속의 외계인일 뿐이다.

성서에서 결국 말하고자 하는 신은 존재하는 모든 것이 바로 그러한 모습으로 있을 수 있도록 해준 생명의 원천이다. 머리말에서 말한 대로 신은 자연법칙과 같다 해도 과히 틀리지 않는다. 신은 사물 하나하나와 연결되지만 그에 매이거나 갇히지 않는다. 모든 피조물, 인간이 만들어 낸 일체의 것에 제한되지 않는다. 그래서 모든 것을 넘어선 분, 즉 초월자이다. 물론 초월자라 해서 그저 인간이나 사물에 무관심하다는 뜻이 아니다. 전 우주의 모든 것, 그 한복판에 있되, 그 안에 갇히지 않는다는 뜻이다. 신은 나의 일거수일투족 안에 있되, 내 안에 있는 신이 신의 모든 것은 아니라는 뜻이다.

이슬람의 알 할라즈(858?-922)라는 급진적 신비가가 이렇게 말했다. "나는 곧 진리이다." 그러나 그는 신을 모독했다는 이유로 십자가에서 사형당하고 말았다. 하지만 그것은 자기를 높이려는 것이었다기보다는, 나는 죽고, 내 안에 신으로 가득 찼다는 뜻으로 해석될 만한 일이었다. 결국 신이 진리라는 말이었다. 하지만 오해를 받아 처형당했다. 이슬람 신비주의자였지만, 그는 예수야말로 인간과 신이 합일된 최고의 신비주의자라고 간주했다.

바울로도 "이제는 내가 사는 것이 아니라 그리스도가 내 안에 사신다"(갈라디아서 2,20)고 고백했다. 이것 역시 자신을 높이는 것이 아니라, 이기적 자기는 죽고 우주적 진리를 자기 안에서 보게 된 자의 고백이다. 신을 숨 쉬고 잠자는 모든 곳에서 보는 것이다. 이런 내용이 "나는 나다"라는 촌철살인과 같은 한 마디 속에 담겨 있는 것이다. 이 마당에 어찌 신이 교리 안에, 교회 안에, 문자 안에, 내 안에 다 갇힌다고 말할 수 있겠는가. 신이 어찌 특정 언어적 규정, 종교적 개념 안에 다 갇히는 상대적 존재이겠는가. "나는 나"라고 말한 이 신은 필연적으로 다양한 방식으로 스스로를 드러낼 수밖에 없는 근원자다. 여러 종교적 표현들을 존중하지 않을 수 없는 이유 가운데 하나도 여기에 있다.

신들 가운데 하나를 선택하다
택일신론

> "나는 야훼다. 나는 아브라함과 이사악과 야곱에게
> 전능의 신으로 나를 드러낸 일은 있지만
> 야훼라는 이름으로 나를 알린 일은 없었다."
> (출애굽기 6,2-3)

엘에서 야훼로

성서를 역사적 흐름에 따라 살펴보면, 신의 이름이 시대별로 달리 불려왔음을 알 수 있다. 야훼가 모세에게 자신을 소개하는 장면인 위 구절이 그러한 사실을 집약적으로 보여준다. 이 구절의 의미인즉, 과거에는 신을 가나안의 최고신 '엘'을 차용해 '엘 샤다이'(전능의 신)처럼 부르다가, 모세 이후로는 '야훼'라고 부르게 되었다는 뜻이다. 신의 이름이 '엘'에서 '야훼'로 바뀌게 되었다는 것이다. '엘'이라는 이름은 이스라엘(신이 겨루신다), 이스마엘(신은 들어주소서), 벧엘(신의 집) 등의 이름과 장소에도 그 흔적이 남아 있다.

그런데 점차 신에 대한 호칭이 달라졌다. 호칭이 달라졌다는 것은 사람들의 신관이 달라졌다는 뜻이다. 엄밀히 말해 엘과 야훼는 다르다. 둘다 신에 대한 일종의 호칭이지만, 엘이 여러 신들 가운데 최고신 개념에 가깝다면, 야훼는 유대인 민족신으로서의 정체성이 강화되는 가운데 형성된 새로운 신의 이름이다. 두 이름이 어떤 차별성을 지니는지, 그리고 어떤 맥락에서 사용되었는지 엄밀하게 구분하려면 긴 지면이 필요하다. 여기서 짚고 넘어가야 할 것은 종교사상사적 차원에서 보건대 특정 집단 중심의 최고신과 유일신 사이의 간격은 생각보다 넓다는 것이다.

다신론에서 택일신론으로

사람들이 신을 엘이라고 부르던 시절은 분명히 다신교적 세계관을 배경으로 한다. 유대인에게 '엘'은 유일신이었기는커녕 민족 전체가 추구하는 헌신의 대상도 아니었다. 그러다가 신의 이름이 야훼로 전이되어가면서, 유일신 사상의 흔적이 나타나기 시작한다.

이때 '흔적'이라고 표현한 이유는 야훼 신앙이 유일신론monotheism이라기보다는 택일신론擇一神論, henotheism—여러 신들 가운데 한 신을 유일신처럼 택해 숭배하는 자세—의 모양새에 가깝기 때문이다. "너희는 내 앞에서 다른 신들을 섬기지 못한다"(출애굽기 20,3)는 십계명에도 담겨 있듯이, 유대인들은 기본적으로 다른 신들 자체를 부정하지는 않았다. 일종의 계명으로 문자화되었다는 것은 실제로는 다신교적 체계 속에서 다른 신을 섬기는 사람이 많았다는 뜻이다. 가령 유대인의 세 번째 왕 솔로몬도 일종의 종교혼합주의자였다. 그는 저마다의 신들을 섬기던 후궁들을 여럿 거느렸고, 다른 신을 섬기는 인접국과 우호적인 관계를 유지했다. 신을 야훼라고 부르던 시절도 다신교적 세계관을 전제했다. 시편에서는 이런 구절이 있다.

"하느님(야훼)이 신(엘)들의 모임 가운데 서서서 그들 가운데서 재판하신다. '언제까지 너희는 불공평한 재판을 하려는가? 언제까지 악인에게 편들려는가? 약한 자와 고아를 보살펴주고, 없는 이와 구차한 이들에게 권리 찾아주며, 가난한 자와 약자들을 풀어주어라. 악인의 손에서 구해주어라.'"(시편 82,1-4)

다신교적 세계관 속에 있던 유대인에게 전통적인 엘의 자리를 대신해 야훼가 부각되고 있음을 보여주는 구절이다. 야훼는 기존 신들과는 달리 사회적 정의와 평등을 요청한다. 야훼를 자신의 신으로 믿던 이들에게 사회적 의식이 생겨났다는 뜻이다. 그런 의식을 가진 이들이 야훼에게 집중하게 된 것은 자연스러웠다.

이런 식으로 여러 신들 가운데 한 신에게 집중했고 그 신에게 숭배하는 경향이 생겨났다는 것은 당시로서는 새로운 상황이다. 그런 신관을 이른바 택일신론henotheism이라 한다. henotheism을 단순 번역하면 '일(henos)·신(theos)·론(ism)'이지만, 이른바 유일신론monotheism과 구분하기 위해 이 글에서는 택일신론으로 의역하고자 한다. 택일신론은 여러 신들 가운데 하나를 택해 자신들의 유일신인 양 숭배하는 자세라는 점에서 존재론적으로 하나뿐이라는 유일신론과 차이가 있다.

성서에서 야훼 신앙은 기본적으로 택일신론적 신앙이다. 이에 비해 '엘'은 전형적으로 다신교적 최고신에 대한 호칭이었다. 헌신과 숭배의 정도에서 택일신론적 야훼 신앙과 다신교적 엘 신앙은 차이가 있다. 택일신론적 야훼 신앙이 등장했다는 것은 신을 야훼라고 부르는 이들 간에 집단적 통일성이 추구되었다는 뜻이다. 다음 장에서 보겠지만, 다른 신이 아닌 야훼에 집중해야 한다는 '정치적' 요청이 커졌다는 뜻이다. 그만큼 '엘'의 종교와 '야훼'의 종교는 서로 다르다고 할 수 있다.

그럼에도 불구하고 성서에 따르면, 과거에 엘이라고 스스로를 드러낸 신이 이제는 야훼로 스스로를 드러낸다고 한다. 그렇게 드러낸다고 말하는 주체가 같은 '나'이니, 엘이나 야훼나 겉 이름은 다르지만 모두 같은 존재가 된다(고 당시 야훼주의자들이 이해했다)는 말이다. 신에 대한 이름이 다른 만큼 다른 종교라는 딱지를 붙여놓아도 무방하겠으나, 그럼에도 불구하고, 그 신이 같은 '나'라는 것이다. 야훼가 등장하기 위해 오랜 시간과 여러 단계가 필요했다는 뜻이자, 신 이해에도 역사가 있다는 뜻이다. 이 부분의 구체적인 내용에 대해서는 이 책의 부록("이제는 범재신론이다")을 참고하기 바란다. 부록을 먼저 읽어두는 것도 좋겠다.

예수는 야훼를 몰랐다

이러한 변화의 역사는 신약성서에 이르러서 더 급격하게 나타난다. 예수를 믿는다는 기독교인들이 신의 이름을 으레 야훼 혹은 여호와라고 쉽사리 부르지만, 공교롭게도 예수는 신을 야훼라고 부르지 않았다. 신약성서에서는 야훼라는 이름 자체가 등장하지 않는다. 신의 이름을 함부로 부르지 말라는 십계명에 따르다가 야훼가 함부로 불릴 수 없는 두려운 분으로 인식되면서, 유대인들 사이에 야훼라는 이름 자체가 사라져갔기 때문이다.

당연히 예수는 야훼라는 이름을 몰랐다. 신을 그저 '아버지', 구체적으로 '하늘에 계신 아버지' 내지 그저 '신'으로만 불렀다. 특히 아버지라는 표현은 친근감, 자비, 사랑, 생명의 원천 등의 의미 내지 이미지를 지닌다. 신을 두려워하며 성립된 종교(즉, 유대교)와는 아주 다른 신관을 지닌 셈이다.

그렇다면 엘, 야훼와 예수의 아버지는 같은 존재인가 다른 존재인가. 하나만 옳다고 선택적으로 답할 수 있는 문제는 아니다. 무엇보다 다양한 이름들 속에서 불연속적 연속성, 혹은 연속적 불연속성을 볼 수 있어야 하기 때문이다. 예수를 믿고 따른다는 기독교인들은 가만 보면 예수를 믿거나 예수의 신을 수용하기보다는 예수가 몰랐거나 버렸던 유대인의 신을 신봉하는 경향이 크다. 그러면서 다른 종교에 대해서는 배타적인 자세를 당연시하곤 한다. 그것이야말로 얼마나 큰 모순인가.

야훼와 천주, 같은가 다른가

한국에서는 신을 오랫동안 하늘, 하느님, 천天, 상제, 신, 천지신명 등으로 불렀고, 도道, 법法, 리理 등등으로 그 내용을 표현하곤 했다. 그러다가 기독교인이 된 사람들은 '하느님'이라는 전통적인 이름을 차용해 표현했고, 개신교에서는 신의 유일성을 강조해 '하나님'이라는 말을 만들어냈다. 가톨릭에서는 '천주天主'라고도 불러오고 있다.

이 가운데 '천주'는 중국에서 활동했던 예수회 선교사 마테오 리치 Matteo Ricci(1552-1610)가 라틴어 데우스Deus를 중국어로 번역하면서, 라틴어 어원에는 없던 하늘(天)과 주主라는 개념을 붙여 만든 사실상 창작품이다. 이 창작된 이름 '천주'는 '엘'과 같은 신인가 다른 신인가. 그리스도교와 관계없이 오랫동안 '상제上帝'라고 불리던 신과 그리스도인에 의해 '하느님' 또는 '하나님'이라고 불리는 신은 다른 신인가 같은 신인가. 다르다고 말할 수만은 없다는 사실은 분명하다. 어떤 이름이든 이름은 그 실재를 온전히 담아내지 못하기 때문이다. "이름이 특정하게 붙여질 수 있다면 그것은 영원한 이름이 아니라"(名可名非常名,『도덕경』)고 하지 않던가.

물론 같다고만 할 수도 없다. 의미 혹은 개념은 언어를 통해 형성되는데, 언어가 달라졌다면 그 의미나 개념도 달라질 수밖에 없기 때문이다. 이것은 앞에서 본 엘과 야훼의 관계와도 유사하다. 엘과 야훼는 한편에서는 불연속적이지만, 연속적이라고 해석하는 이들에게는 그만큼 연속적이기도 하다. 그런 점에서 어떤 이해든 언어적 이해는 상대성을 면치 못한다. 특정한 신의 이름만 절대적으로 옳다며 고집하는 행위 자체가 신에 대한 모독과도 같은 행위가 된다는 말이다. 특히 추상적 실재에 대한 이해일수록, 절대적 이해, 완전히 객관적 이해라는 것은 없다.

아버지와 하늘님, 같은가 다른가

엘이든 야훼든 히브리식 이름이다. 신이 다른 문화권에서 다른 이름으로 불리는 것은 자연스럽다. 바울로가 아레오파고에서 종교심이 강한 그리스 사람들이 여러 신들 가운데 이름 모를 신에게 바쳤던 신전 앞에서 그 이름 모를 신이 바로 예수의 하느님이라고 설교한 적이 있는데, 그것도 신명神名의 다양성의 한 사례다. 어떤 이름이 그 이름이 지시하는 대상과 단순히 동일하다고 말할 수는 없다는 것이 상식 아니던가.

기독교라는 이름도 기독교적 하느님의 실재를 온전히 담아내지는 못한다. 그러니 언어가 좀 다르게 나타난다고 해서, 쉽사리 차별적인 생각을 먼저 가져서는 안 된다. 그리스도인이라면 시대와 상황에 따라 신적 존재에 붙여진 다양한 이름들을 하느님이 스스로를 드러내는 방식의 다양성으로 볼 수 있어야 한다. 다양성 속에서 다양성을 통해 일하시는 하느님의 모습을 읽어내고, 삶 속에서 구체화시켜내야 할 일만 남은 것이다.

유대인들에게만 알려진 신이 어찌 진정한 의미의 유일자, 근원자가 되겠는가. 그것은 특정 민족의 신이지, 결코 보편자가 될 수 없다. 정말 보편자, 그런 의미의 유일자라면, 역사와 문화, 환경에 따라 여러 이름으로 불려 마땅하다. 때로는 사랑이라는 이름으로, 때로는 정의라는 이름으로, 때로는 보잘것없는 이의 '얼굴'로, 법法이나 천天이라는 이름으로도 불릴 수 있다. 종교가 다르다고, 다른 이름으로 불린다고, 겉모습이 다르다고, 쉽사리 차별성만 부각시켜서는 곤란한 일인 것이다.

내면에서 신을 찾다
주체성의 발견

"그 날 내가 이스라엘 가문과 맺을 계약이란 그들의 가슴에 새겨줄 내 법을 말한다.
내가 분명히 말해 둔다. 그 마음에 내 법을 새겨주어,
나는 그들의 하느님이 되고 그들은 내 백성이 될 것이다."
(예레미야 31,33)

축의 시대

철학자 칼 야스퍼스Karl Jaspers는 기원전 900년 전부터 기원전 200년 사이의 시대를 '축의 시대Axial Age'라고 명명했다. 중국에서 공자와 맹자, 노자와 장자, 인도에서 베다의 저자들과 붓다, 이스라엘에서 이사야와 예레미야, 그리스에서 소크라테스와 플라톤 등이 집중적으로 탄생한 시기를 의미한다. 참으로 신기한 일이다. 오늘날 인류 정신문명의 기초는 이 시대에 다 놓였으니 말이다. 인류가 진보하는 것 같지만, 오늘날에도 무언가 철학적 사유에 대해 깊이 논하다보면 거의 축의 시대 사상가들에게까지 연결된다. 오늘날까지 우리는 사실상 축의 시대의 통찰을 넘어선 적이 없다.

종교학자 카렌 암스트롱이 야스퍼스의 아이디어를 방대하게 구체화

시킨 책 『축의 시대』(원제 "*Great Transformation*")에 따르면,* 축의 시대 이전에는 대체로 다신교적 세계관 속에서 최고신을 믿었다. 최고신이라지만 더 큰 우주적 질서에 종속되는 존재였다. 최고신마저 따라야 하는 질서가 있다고 생각했다. 이러한 우주적 질서를 유지하는 것이 중요했다.

우주적 질서의 회복을 위해 동물을 희생 제물로 바쳤다. 질서를 유지하는 힘이 고갈되어간다 싶으면, 동물 제사로 그 힘을 재생하고자 했다. 동물 제사에는 중요한 원리가 들어 있었다. 생명은 죽음을 전제로 한다고 생각했다는 점이다. 그래서 세상도 태초에 어떤 희생이 있었기에 생겨났다고, 가령 창조주가 용을 죽여 혼돈에서 질서를 가져왔다고 믿기도 했다.

고대인들은 이렇게 삶과 죽음, 창조와 파괴가 불가분리의 것이라는 사실을 알았다. 다른 생명이 자신의 생명을 내어놓기 때문에 자신이 살 수 있다고 생각했다. 그러기에 희생된 동물에 경의를 표하기도 했다.

그러다가 이러한 동물 제사에 머물지 않고, 제사의 의미, 인간의 내적 가치를 발견하기 시작했다: "내가 반기는 것은 제물이 아니라 사랑이다. 제물을 바치기 전에 이 하느님의 마음을 먼저 알아다오."(호세아 6,6) 제사라는 형식 자체가 아니라 제사의 대상을 내적으로 수용하는 것이 더 중요하다는 생각을 가졌다.

이러한 흐름을 주도한 이들은 동물을 제물로 바치는 행위 자체만으로 세상의 질서가 정비된다고 보지 않았다. 제의적 가치를 인정하기는

---

* 이와 관련한 좀 자세한 내용은 이 책의 부록 〈정리하는 글〉을 참조할 것.

했지만, 거기에 윤리적 의미를 부여해 인간의 책임성을 부각시켰다. 정신적 생활의 중심에 도덕성이 있다고 여겼다. 하느님을 만나고, 브라흐만과 연결되고, 도道를 깨달으려면 형식적 제사를 지냄으로써가 아니라, 자비로운 삶을 살아야 한다고 가르쳤다. 이러한 사상가들이 살던 시대를 '축의 시대'라고 한다. 이 시대 성현들에게 종교는 곧 자비의 실천이었다. 다들 민족신 혹은 다신교적 조상신 수준에 머물러 있던 시절, 협소한 혈연 중심의 신 이해를 넘어섰고, 신을 자기 자신이나 자기 민족에만 가두어두지 않았다. 그렇게 누구에게나 해당되는 보편적 윤리와 가르침을 선포하기 시작했다.

내면의 발견 – 예레미야

암스트롱에 따르면, 축의 시대 사상가들은, 인도에서든 중국에서든 이스라엘에서든, 진리의 기준을 인간의 내면에서 찾았다. 고대 유다 왕국의 예레미야는 축의 시대를 대표할 만한 예언적 사상가라고 할 수 있다. 예레미야(기원전 627-580)는 고대 이스라엘이 북이스라엘과 남유다로 분단된 이후, 주변 강대국들의 흥망성쇠와 그 과정에 남유다가 당하는 어려움을 직접 경험했다. 특히 바빌로니아에게 멸망당하기 직전 예레미야는 국가가 하느님의 의를 외면하고 외세의 불의한 권력(바빌로니아)에 기생하면서 거짓 평화를 누리는 모습을 목도했다. 유다는 곧 망하리라며 눈물로 충고했다. 예레미야는 그렇게 자신에게 말하도록 요청하는 이는 신이었으며, 신께서 자신 안에서 말씀하신다고 믿었다.

유다가 바빌로니아에게 주권을 내어주고 식민 지배를 받게 되었지만, 예레미야는 그러한 국가적 위기 상황 속에서도 외부의 적을 향해 분노를 표출하지 않았다. 그런 방식보다는 민족 전체가 회개하는 방식으로 사태를 해결해야 한다고 생각했다. 그 회개란 하느님의 마음을 회복하는 일, 즉 내면의 종교적 영성을 회복하는 것이었다.

모세와 예레미야의 차이

맨 위에 인용한 성서 구절은 바빌로니아에게 식민 지배를 당하게 될 절박한 상황에서 나온 예레미야의 호소이다. 아마도 실제로는 바빌로니아에 의해 나라가 망한 이후, 예루살렘 성전에 있던 언약궤마저 빼앗기고 사라진 뒤에 기록된 문헌이 아닐까 한다. 예레미야는 이렇게 선포했다.

앞으로 내가 이스라엘과 유다의 가문과 새 계약을 맺을 날이 온다. 나 야훼가 분명히 일러둔다. 이 새 계약은 그 백성의 조상들의 손을 잡아 이집트에서 데려 내오던 때에 맺은 것과는 같지 않다. 나는 그들을 내 것으로 삼았지만, 그들은 나와 맺은 계약을 깨뜨리고 말았다. 귀담아들어라. 그 날 내가 이스라엘 가문과 맺을 계약이란 그들의 가슴에 새겨줄 내 법을 말한다. 내가 분명히 말해 둔다. 그 마음에 내 법을 새겨주어, 나는 그들의 하느님이 되고 그들은 내 백성이 될 것이다. 내가 그들의 잘못을 다시는 기억하지 아니하고 그 죄를 용서하여 주리니, 다시는 이웃이나 동기끼리 서로 깨우쳐주며 야훼의 심정을 알아드리자고 하지 않아도 될 것이며, 높은 사람이나 낮은 사람이나 내 마음을 모르는 사람이 없으리라. 이는 내 말이라, 어김이 없다.(예레미야 31,31-34)

요지인즉, 예루살렘은 곧 망하겠지만 그래도 하느님께서 앞으로도 사라지지 않을 새로운 법을 주시리라는 것이었다. 고통과 위험 속에서 도리어 새롭게 발견한 진리였다. 그것은 하느님이 조상 적부터 전승되어 오던 모세의 율법과는 다른(32) 계약을 주셔서 유대의 생명을 회복시켜 주시리라는 희망의 표현이었다.(31)

모세의 율법은 인간의 노력을 전제로 하는 조건적인 약속이었다. 인간이 어떤 행위를 하면 그 행위에 어울리는 대가를 베풀어준다는 구조를 지니고 있다. 인간이 신께 다가가려면 율법을 지켜야 했다. 그러나 예레미야에 의하면, 고대 유대는 사실상 율법을 지키지 않았고, 따라서 하느님께 제대로 나아간 적도 없다. 오히려 율법이 굴레가 되어, 율법에 매여 그 본뜻을 이루지 못하고 살아갈 뿐이었다.(32b) 문자적인 법으로는 신께 이를 수 없다는 뜻이 함축되어 있다.

예레미야는 하느님께서 새로운 법을 주시리라 믿었다. 그런데 그 새 법은 문자가 아니라, 유다인들 속에, 그 마음에 두신다는 것이었다.(33a) 가슴 안에 이 법을 새기고 사는 사람이 바로 하나님의 백성이 된다는 것이다.(33b)

마음의 법

예레미야에 따르면, 진리가 마음에 새겨져 있으니, 새삼스럽게 용서받지 못할 죄악이라는 것도 없다. 하느님께서 모든 것을 용서해주시고, 다시는 잘못을 기억하지 않으실 때가 오리라는 것이었다: "내가 그들의 죄악을 사하고 다시는 그들의 죄악을 기억하지 않겠다."(34c)

하느님의 법이 마음에 새겨져 있으니 더 이상 죄인도 없다. 새삼스럽게 야훼를 알아야 한다고 강조할 필요가 없다.(34a) 이미 작은 자나 큰 자나, 높은 자나 낮은 자나 다 하느님을 알기 때문이다.(34b) 하느님의 법이 이미 가슴에 새겨져 있기 때문이다.

인간의 노력을 전제로 하는 모세의 율법과 달리, 이 새로운 법에는 아무런 조건이 없다. 하느님께서 먼저 인간에게 다가오셨기 때문이다. 신이 인간 외부의 규칙이 아니라 인간 내면에 있기 때문이다. 여기서 인간이 경험하는 고통과 괴로움 등은 회피의 대상이 아니고 신 안에서 벌어지는 일로서, 있는 그대로 직면해야 하는 대상이 된다. 이는 예레미야가 깨달은 새로운 메시지였다. 그에 근거해 다른 이도 존중하고 공감하며 아픔을 살피는 영성은 축의 시대 사상가들이 펼쳐놓은 진리다. 이러한 진리를 인도에서는 브라흐만 혹은 불성 등으로 불렀다.

하느님이 인간의 마음 안에 자신의 법을 새겨놓았다. 마음 안에 새겨져 있으니 빼앗길 것도 없고 사라지지도 않는다. 내가 대학 시절 열심히 다니던 교회가 누전으로 전소된 적이 있었다. 예배당도 잘못되면 불도 난다. 그러나 내적 신앙은 불에 타지 않는다. 문자와 물건으로 된 언약

궤는 빼앗길 수 있지만, 마음에 새겨진 신의 법은 빼앗길 수도 없고, 사라지지도 않는다. 이것은 축의 시대 유대의 예언자적 사상가 예레미야의 통찰이다. 신도 인간 안에서 찾아낸 사례, 그런 의미의 주체성의 발견이라고 할 수 있다.

하지만 이천육백 년도 더 지난 오늘날도 많은 이들이 여전히 자신의 내면보다는 외부의 사물에 흔들린다. 목사들도 하느님의 법을 마음 안에서 찾지 않는다. 신자들은 그저 목사의 설교에서, 성경의 특정 문자에서 의지처를 찾는다. 그렇지 않으면 불안해한다. 마음에 하느님의 법이 새겨져 있다고 믿으면 불안하거나 두려워하거나 할 이유가 없을 텐데 말이다. 지금으로부터 이천육백여 년 전에 선포된 축의 시대의 통찰을 여전히 넘어서지 못하고 있다는 암스트롱의 지적은 의미 있다. 인류의 물질문명은 화려하게 꽃피었어도 정신세계는 그다지 진보하는 것 같지 않다.

하나가 전체다
'야훼 한 분뿐'이라는 말

"너, 이스라엘아 들어라. 우리의 신(엘로힘)은 야훼시다. 야훼 한 분이시다.
마음을 다 기울이고 정성을 다 바치고 힘을 다 쏟아 너의 신 야훼를 사랑하여라."
(신명기 6,4-5)

가장 유대적인 계명

이 구절은 예루살렘 성전 멸망 이후 나라 없이 수천 년을 떠돌던 유대인들을 지켜주던 구절이다. 자신의 정체성을 중시하는 유대인일수록 일할 때, 잘 때는 물론 일어날 때도 이 구절을 거듭 기억했고, 손과 이마에 붙여서라도 생활화하겠다며 다짐하는 내용이었다: "오늘 내가 너희에게 명령하는 이 말을 마음에 새겨라. 이것을 너희 자손들에게 거듭거듭 들려주어라. 집에서 쉴 때나 길을 갈 때나 자리에 들었을 때나 일어났을 때나 항상 말해주어라. 네 손에 매어 표를 삼고 이마에 붙여 기호로 삼아라. 문설주와 대문에 써 붙여라."(신명기 6,6-9)

이처럼 "우리의 신(엘로힘)은 야훼다. 야훼 한 분뿐이다"는 선언은 유대인에게 그만큼 중요했으며, 유대교의 기본 정신을 이루어왔다. 그 의미인즉, 여러 민족들이 여러 신들을 섬기고 있지만, 유대인들은 야훼만을 숭배함으로써 야훼 신앙을 중심으로 민족적 정체성도 확립해나가겠다는 다짐인 것이다. 국난 상황일수록 전 구성원으로 하여금 동일한 가치를 공유하게 함으로써 정치적 결속력을 다지려는 것은 동서고금의 정책이라 해도 과언이 아니다. 위 구절에서의 야훼중심주의는 다른 신 존재 자체를 부정하는 발언이라기보다는 유대 민족은 야훼를 따르겠다는 실천적 고백이자 요청이었던 것이다. 그런 점에서 앞에서 말했던 택일신론적 신앙의 표현이다. 이 정신은 예수에게도 고스란히 계승되었다. 예수는 이렇게 가르쳤다.

> 첫째가는 계명은 이것이다. '이스라엘아 들으라, 우리 하느님은 유일한 주님이시다. 네 마음을 다하고 목숨을 다하고 생각을 다하고 힘을 다하여 주님이신 너의 하느님을 사랑하라.'(마르코복음 12,29)

예수도 유대인으로서, 조상들과 동일한 가르침 위에 있었다. 예수는 자신이 믿는 신을 주님으로, 전적인 헌신의 대상으로 삼았다. 위 성서구절이 요청하는 내용과 연장선에 있었다. 그러니 예수에게서 비롯된 기독교가 신을 하나라고 주장하게 된 것도 자연스럽다. 신이 하나라는 사실을 신앙고백의 핵심으로 삼아온 것이다. 유대교와 기독교에 영향을 받으면서 형성된 이슬람에서도 첫째로, 그리고 가장 중요하게 고백하는 것이 "하나님은 한 분이시다"라는 고백이다. 유대인들처럼, 아이가 태어날 때 귀에다 속삭이고 사람이 죽을 때도 선포한다. 사람으로 태어나서 이것만은 알고 살라는 것이다.

신은 자연법칙과 같다

그런데 이들 세계 인구의 절반을 차지하는 종교들의 가르침이 똑같은데도 이들 간에는 갈등과 알력이 끊이지 않는다. 왜인가?

그것은 신이 한 분이라는 말을 이해하기보다는 오해하기 때문이다. 오해한다는 것은, 앞 장에서의 표현을 빌리면, 신을 상대성의 영역에 둔다는 뜻이다. 그것도 자기중심적으로만 이해한다는 뜻이다. 신을 인류 안에서 인류와 관계 맺는 보편자로서보다는, 나아가 이타적 실천과 내적 성숙의 근원과 지향점으로서보다는, '하나'를 수량적 개념으로만 이해한 채, 개인 혹은 집단 이기주의를 정당화하는 근거로 받아들인다는 뜻이다.

물론 이런 식의 신 이해는 성서 안에도 들어 있다. 하지만 성서의 행간과 심층을 잘 보면, 성서는 이런 협소한 신 이해를 극복해왔다는 사실도 알 수 있다. 가령 야훼는 기본적으로 유대 민족의 신이었다가 이사야, 예레미야 등의 탁월한 예언적 사상가들을 만나면서 민족주의적 한계를 넘어서기 시작했으며, 예수를 거치면서 사랑 혹은 자비를 내용으로 하는 보편적 성격을 획득하기 시작했다. 그러나 상당수 기독교인들이나 무슬림들이 신의 민족주의적 혹은 혈연주의적 성격을 넘어서지 못한 채, 자기 집단 중심적 사유의 대상에 제한시키고 말았다. 신을 상대성의 영역에 함몰시킨 것이다. 그것이 오해의 핵심이다. 그러면 '신이 하나'라는 말을 어떻게 이해해야 한다는 뜻인가.

무엇보다 '신이 하나'라는 말은 신이 모든 것이며 모든 것 안에 있다는 말이다. 신약성서적으로 해설하면, 모든 사물이 제각기 따로 살고 있는 것 같지만, 실상 모든 것은 신을 한 뿌리로 하여 살고 있다는 뜻이다. 모든 이가, 모든 것이 여기에 근원을 두고 있는 피조물이라는 뜻이다: "우리는 그 분 안에서 숨 쉬고 움직이며 살아간다."(사도행전 17,28) 그러니 신이 없는 곳이 없다. 무소부재無所不在하다는 것이다.

신은 마치 자연법칙과도 같다. 자연법칙 자체는 눈으로 보이지 않는다. 그보다는 눈으로 보고자 하는 행위 자체가 자연법칙에 따른다. 바람 소리를 듣고 바람에 흔들리는 나무를 만지고자 하지만, 자연법칙은 듣고 만지고자 하는 행위 자체의 근원이다. 바람 소리를 듣는 귀의 작용 자체가 자연법칙에 따른다. 신은 이러한 자연법칙과도 같다고 이해해도 90% 이상은 옳다. 신을 하늘에 있는 최고신처럼 생각하는 것보다도 훨씬 바른 이해이다.

컴퍼스의 원리 – 신의 세계 창조

중세 기하학자들은 컴퍼스의 원리를 비유로 숫자 '하나의 전체성'을 설명하곤 했다. 컴퍼스는 우주의 창조과정을 상징적으로 보여주는 도구이다. 컴퍼스의 뾰족한 침은 신의 눈과 같다. 그리고 컴퍼스의 팔은 신의 창조력과 같다. 신의 눈과 같은 그 침이 스스로를 확장하면서 세상이라는 원이 창조되었다. 그 의미는 단순하다. 세상이 아무리 복잡한 듯

해도, 세상이 아무리 제 잘난 듯 움직여도, 모두 신의 창조력 안에 있다는 것이다. 가령 내가 내 자신에 대해 상상할 때 그 상상된 세계가 컴퍼스의 팔로 그려진 원과 같다면, 상상의 주체는 컴퍼스의 침과 같다. 내가 하는 각종 상상들이 전부 내 안의 중심에서 나온 것이듯, 컴퍼스의 중심과 팔은 신이 자신의 영역을 무한히 확장해 세상을 창조하는 모습을 상징적으로 보여준다.

삼라만상은 원으로 상징되는 전체 안에 있다. 그 전체 안에 있음으로써 비로소 자신의 정체성을 획득한다. 원은 완전과 전체를 의미하면서, 사물 하나하나를 가능하게 해준 장소이자 원천이다.* "우리는 그분 안에서 숨 쉬고 움직이며 살아간다"(사도행전 17,28)고 하듯이, 신이 하나라고 할 때의 그 신은 만물이 숨 쉬고 움직이며 살아가게 하는 근원이자 그 만물을 감싸 안는 원과 같다.

그리스 수학자들은 컴퍼스의 침과 그 침의 자기 확장인 원이라는 전체를 숫자 '하나'(그리스어 모나드)로 나타냈다. 원이 모든 모양의 원형이듯이, 1은 모든 수의 부모이다. 가령 3×1=3, 5×1=5처럼, 어떤 숫자든 거기에 1을 곱하면 그대로 그 수 자신이 된다. 어떤 수를 1로 나눌 때도 똑같다. 1은 함께하는 모든 것의 속성을 그대로 보존시킨다. 1은 모든 것을 떠받치면서 조용히 그것들을 있는 그대로 살려준다. 비유하자면 1은

---

* 고대 수학자들은 원을 기초로 각종 도형을 창조해내기도 했다. 원과 원이 만난 두 지점을 이은 것이 선이다. 그 선과 두 원이 만나는 지점을 연결해 삼각형을 창조해냈으며, 사각형도 창조해냈다. 선도 삼각형도 모두 원 위에 있기에 원의 연장이기도 하다. 우주의 다양성은 완전과 전체의 변형인 것이다.

온갖 소리에 대해 침묵이며, 형상에 대해 무형이며, 현상에 대해 근원이다. 그 근원의 외화外化가 원인 것이다.

한국 기독교인은 신을 '하나님' 또는 '하느님'으로 표기한다. 하나님이라고 하든, 하느님이라고 하든, 우리말 어원은 'ᄒᆞᆫ'이다. 'ᄒᆞᆫ'은 하나, 하늘, 크다, 빛, 무규정성 등을 의미한다. 'ᄒᆞᆫ'이야말로 하나이자 전체를 의미하는 우리말이다. 'ᄒᆞᆫ'을 그리스 기하학자들은 '점'과 '원'으로 표현했고, 숫자로는 하나, 즉 '모나드'로 표현했다. 하느님이 맞다, 하나님이 맞다며 여전히 논쟁하는 기독교인이 있는데, 유치하기 짝이 없는 일이다. 하느님이나 하나님이나 모두 'ᄒᆞᆫ'에 어원을 둔 같은 말이기 때문이다.

이런 맥락에서 신이 하나라는 말, 유일신이라는 말은 신이 모든 것이라는 뜻이며, 있지 않은 데가 없다는 뜻이다. 이미 모든 곳에 신이 있기에 어떤 존재자도 신의 자리에 올라설 수 없다는 뜻이다. 모든 존재하는 것의 근원이기에 어떤 것도 신보다 위에 두어서는 안 된다는 뜻이다. 문자도 건물도 조직도 사람도, 그 어떤 것도 신 이상일 수 없다는 뜻이다. 판단의 대상이기 이전에 판단의 주체라는 뜻이다. 자신의 일거수일투족이 주체와 관련되어 있고 그 주체의 표현이라는 점에서, 주체로서의 신이야말로 인간의 모든 것이다. 예수가 마음을 다하고 목숨을 다하고 생각을 다하고 힘을 다하여 그 신을 사랑하라는 말도 이런 맥락에 있다.

이것은 신이 개념적 분석의 대상이기 이전에 진리의 기준을 생명에서 찾고 사랑의 삶을 살아야 하다는 요청이다. 생명이나 사랑의 힘보다 중요한 것은 없다는 뜻이다. 신이라는 추상의 언어를 구체적인 언어로 바꾸면 생명, 사랑과 같은 말이 되겠기 때문이다. 신이 한 분이라고 선포하는 이는 모든 곳에서 생명과 사랑의 원리에 맞게 살아가겠다는 다짐을 하는 것과 다르지 않은 것이다.

지대무외(至大無外)

강조하건대 '신이 하나'라는 말은 신이 여러 가지 것 중에 일부로서의 하나라는 뜻이 아니다. 그때의 하나는 '전체로서의 하나'다. 동양의 고전인『장자』에 이런 말이 있다.

> 지극히 큰 것은 밖이 없으니 그것을 '큰 하나'라고 한다.(至大無外 謂之太一) 지극히 작은 것은 안이 없으니 그것을 '작은 하나'라고 한다.(至小無內 謂之小一) 두께가 없어 쌓을 수 없이 작은 것도 (작은 하나의 입장에서 보면) 천리 크기가 되고, (큰 하나의 입장에서 보면) 하늘과 땅도 낮고 산과 호수도 평평하다.(『莊子』「雜篇」 "天下")

여기서 말하는 '지극히 큰 것은 밖이 없다'는 말, 이것이야말로 신의 하나됨을 잘 말해준다. 밖이 있다면 그것보다 더 큰 것이 있다는 뜻이다. 밖이 없을 만큼 크다는 것은 전체라는 것이다. 그것이 진정한 '하나'인 것이다. 그래서 '하나는 전체'다.

오해와 무지가 전쟁도 일으킨다

신은 "없는 곳이 없다"(無所不在)하다는 말도 그것이다. 신이 모든 곳에 계시니, 이 말 그대로 모든 곳에서 하느님을 본다면 도대체 싸울 일이 없을 것이다. 그런데 특정한 곳에서만 신을 보니까 자기만 옳다고 주장하게 되고 전쟁까지 불사하게 되는 것이다. 진리를 자기중심적으로 판단하는 이 오래된 습관이 생명의 살상까지 낳는 것이다. 유대교나 기독교 그리고 이슬람의 이름으로, 나아가 신의 이름으로 인간의 분열과 갈등을 조장하는 모순을 낳게 되는 것이다. 다른 종교에 대해 무지하면서도 오로지 이 잘못된 '하나'라는 숫자 개념에 매여 다른 종교인들을 우상숭배니 뭐니 하며 매도하고 배격하게 되는 것이다.

성서에는 유대인의 성공과 실패의 역사가 담겨 있다. 지독한 민족주의도 들어 있고 평화의 메시지도 들어 있다. 역사 속에서 다양하게 전개되어온 신의 모습이 왜곡된 집단이기적 욕망과 혼합되어 담겨 있다. 같은 성서를 보면서도 예언자적 사상가들이 전해준 신의 보편적 메시지와 그것을 구현해내지 못한 실패의 역사를 구분해서 볼 줄 알아야 한다.

유대인이 가나안에 들어가면서 전쟁을 벌인 이야기는 유대인의 신앙이 확립되어가고 유대국가가 건립되어가는 역사 차원에서 보아야지, 신념이 다르다고 인간을 죽여도 좋다는 진리의 선언으로 알아들으면 곤란하다. 성서 전체가 일점일획도 틀림이 없는 신의 말씀이라면서 그 안에 전쟁 이야기 같은 것까지 하느님의 요청이라는 식으로 읽으며 살인과 침략의 근거로 삼아서는 안 된다. 성서의 '행간'을 읽어야지 문자만을 읽어서는 곤란하다는 말이다.

다른 것은 다 이론이라고 쳐도 하나만큼만 실천할 수 있다면 세상이 평화로워질 것이다. 바로 모든 곳에서 신을 볼 줄 아는 안목을 지니는 것이다. 신은 자연법칙과도 같다. 자연법칙이 작용하지 않는 곳이 어디 있던가. 신은 모든 곳에 계신다. 내가 유혹당하는 곳에는 같이 유혹당하면서 이겨내기를 바라며 계시고, 심지어는 전쟁의 고통마저 함께하면서, 인간으로 하여금 전쟁의 원인에 대해 반성하고 전쟁이 끝내기를 바라는 분이시다. 그런 것을 볼 줄 아는 이가 신을 사랑하고 인간을 사랑하는 자다. 이것을 아는 이가 하느님 나라에 '가깝다'.(마르코복음 12,34) 이것을 실천하는 이가 하느님 나라 '안에' 있는 것이다. "모든 것은 그분에게서 나오고 그분으로 말미암고 그분을 위하여 있다"(로마 11,36) 하지 않던가. 앞으로도 계속 살펴보겠지만, 신은 만물이 나오고 통하고 지향하는 곳이라는 이 구절이야말로 유일신이라는 말이 무엇을 뜻하는지 잘 보여준다.

신이 없는 성서도 있다
거룩의 상대성

> "그리워라, 뜨거운 임의 입술, 포도주보다 달콤한 임의 사랑.
> 임의 향내, 그지없이 싱그럽고 임의 이름, 따라놓은 향수 같아 아가씨들이 사랑한다오.
> 아무렴, 사랑하고말고요. 임을 따라 달음질치고 싶어라.
> 나의 임금님, 어서 임의 방으로 데려가 주세요."
> (아가 1,2-4)

신 없는 성서 이야기

신이라는 말이 등장하지 않는 이야기도 신의 말씀일 수 있을까? 다소 의아스런 질문 같지만, 물론이다, 있다. 이제까지의 논리대로라면, 신은 없는 곳이 없기 때문이다. 그러니 신이라는 말이 없는 이야기에도 신이 있다고 해야 할 도리밖에 없다. 실제로 구약성서의 일부인 「에스델」(개역성서식 표현 「에스더」)에는 '하느님'(하나님)이나 '야훼'(여호와)라는 말이 전혀 나오지 않으며, 「아가」에도 '하느님'이라는 말은 전혀 없이, 사랑의 힘이 '야훼의 불'과 같다(아가서 8,6)며 비유적인 표현으로 야훼가 딱 한 번 등장할 뿐이다.

선입견 없이 읽으면 「아가」는 그저 연인 사이의 아름다운 듯 노골적인 사랑 노래이고, 「에스델」은 한 여인의 헌신으로 인해 집단적 죽음의 위기에 몰렸던 유대 민족 전체가 살아남게 된다는 한 민족의 옛 이야기에 지나지 않는다.* 그러나 유대교에서는 그것을 신의 말씀으로 받아들였고, 그리스도교에서도 그 취지를 인정해 성서 안에 포함시켰다. 이것은 무엇을 의미하는가?

이것은 무엇보다 신이 특정 민족을 초월해 어디서든 작용하고 계신다는 뜻이다. 겉으로만 보면 페르시아의 지배를 받으며 위태롭게 살아간 한 소수민족의 과거사에 지나지 않겠지만, 전체 역사와 삶이 신의 인도로 이루어져왔다고 믿는 이들에게는 신의 사건이 되고, 따라서 '거룩한' 이야기가 되는 것이다. 교제의 대상을 신으로 바꾸어 읽을 줄 아는 이에게 연애시가 절절한 신앙시가 될 수 있는 것이다. 한갓 보잘것없는 일 속에서도 신의 뜻을 읽어낼 줄 아는 이에게 그것은 얼마든지 신의 계시이자 말씀이 되는 것이다. 이런 식으로 '성서'라는 것도, '신'이 명시적으로 등장하느냐 아니냐에 관계없이, 그것을 거룩한 책, 즉 성서로 받아들이는 이에게 성서가 된다. 이것은 모든 종교 경전에게도 적용되는 원리이다.

---

* 기원전 722년 북이스라엘의 멸망 이후 586년에는 남쪽 유다가 바빌로니아에 의해 멸망했는데, 페르시아가 바빌로니아를 무너뜨린 이후 기원적 538년 유다의 영토를 제한적으로나마 회복시켜준다. 그러자 바빌로니아에 포로로 살던 유대인들이 537년 고국으로 일차 귀환하게 되었고, 458년에는 2차로 귀환하는 일이 생긴다. 「에스델」은 그 사이를 배경으로 하는 고대 유다에 관한 기록이다. 특히 에스델 1-4장은 유대인 에스델이 페르시아의 왕후가 되는 과정, 페르시아 왕을 암살하려는 계획을 역시 유대인 모르드개가 무마시키는 내용, 최고실력자 이방인 하만이 유대인 전체를 학살하려는 음모, 에스델의 공로로 유대인 학살 음모가 수포로 된 사연 등등을 담은 고대 이스라엘 역사 이야기이다.

거룩의 상대성

그런 식이다. 하느님의 말씀이라는 것은 획일적으로 규정되어 있지 않다. 성서가 어떤 사람에게는 거룩한 말씀이 되지만, 어떤 이에게는 읽어도 알 수 없는 지루하고 어려운, 나와 상관없는 공허한 남 이야기에 지나지 않을 수도 있다. 그러니 겉표지에 "聖書"라 씌어 있다 해서 무조건 거룩한 말씀이 되는 것은 아니다. 또 겉표지에 "성경"이라는 말이 씌어 있지 않다고 해서 그곳에 신의 뜻이 들어 있지 않은 것도 아니다. 신을 느끼게 해주는 책이라면 그렇게 느끼는 이에게 그 책은 '성서'이다. 책꽂이 한구석에서 몇 년인지 몇 십 년인지 먼지만 뒤집어쓰고 있는 책을 어찌 성서라 하겠는가. 그런 점에서 세상천지가 성서여야 하고 성서일 수 있다. 이것을 신앙의 언어로 표현하면, 모든 곳을 신이 작용하고 일하는 현장으로 보고, 그런 안목으로 살아야 한다는 뜻이다.

『꾸란』을 진지하게 읽다 보면, 구약성서와 비슷하다는 느낌이 든다. 아랍어 고유명사들이 한국인에게는 다소 어색하지만, 전체 내용은 구약성서의 분위기에서 크게 벗어나지 않는다. 더욱이 수십억의 사람이 이 글을 읽고 인생의 전환을 경험한 뒤 신께 헌신하는 삶을 살게 되었으리라 생각하면, 『꾸란』을 그저 기독교인과 무관한 남의 이야기로만 치부할 수는 없다. 도리어 기독교인조차도 자신이 믿는 신이 『꾸란』을 통해서 수십억의 사람에게 의미 있는 메시지를 전하고 있다는 느낌이 들어야 정상이겠다 싶을 정도다. '하느님'이라는 낱말 한 번 나오지 않는 「아가」가 '거룩한 책'(성서)이듯이, 기독교인에게도 『꾸란』이 거룩한 책이 아닐 이유가 없는 것이다.

나는 불교의 『화엄경』에서 인생의 전환을 경험하기도 했다. 거기서는 세상이 복잡하게 얽혀 있으며, 작은 사건 하나도 사실상 전 우주를 담은 우주적 사건이라는 사실, 먼지 한 점도 나의 온 삶과 무관하지 않다는 사실을 알려준다. 한 그루의 나무가 목수의 눈에 띈 뒤 오늘 내 책상으로 재탄생했다는 시각으로 기록된 관계성의 가르침들…… 그러한 사실을 곰곰 씹으며 세계를 다시 보니 정말 그랬다. 세계가 어느 것 하나도 분리되기는커녕 유기적 관계 속에서 실존하고 있는 적나라한 실상을 『화엄경』 안에서 보게 된 것이다. 나는 화엄사상에서 인간과, 삼라만상과 관계를 맺고 있는 신을 볼 수 있었다.

『뜻으로 본 한국 역사』

언젠가 내 기독교 강의를 수강한 한 학생이 이메일을 보내왔다. 자기 집안은 불교 집안이고 자기도 불교 신자라고 생각했는데 이제부터는 예수님에 대해 알아보겠노라, 교회에도 한 번 나가보겠노라는 내용이었다. 그 친구가 교회에 출석하도록 하는 것이 나의 목표는 아니었지만, 어찌되었든 그 학생은 기독교에서 말하는 예수가 그렇게 배타적이지만은 않다는 것을 알고서 예수에 대해 한 번 알아보겠다는 생각이 들었다는 것이다. 나는 그것도 좋겠고, 기왕 자신이 알던 불교를 제대로 알고 믿는 것도 충분히 좋겠다는 답신을 보냈지만, 어찌되었든 하느님의 말씀은 이렇게 한 기독교인이 던지는 불교 이야기를 통해서도 작용한다.

이런 안목으로 한국 역사를 보면, 무속에서 신으로 섬기는 최영 장군, 조선을 외세의 침략으로부터 구해준 이순신 장군, 세종대왕 등과 같은 분들이 모두 하느님의 사자가 아닐 수 없다. 함석헌 선생이 『뜻으로 본 한국 역사』를 쓰게 된 것도 이런 안목에 따른다. 우리 역사서에 성서적 '하느님'이 등장하지 않는다고 해서 어찌 하느님의 말씀과 무관한 역사라 하겠는가. 하느님이 우리 민족 안에 없었던 적이 있는가? 그런 적은 없다. 하느님이 없던 곳과 때가 있다면 그 하느님은 우주적 창조자가 아니라 제한적 유한자에 지나지 않을 것이기 때문이다.

『신 없는 사회』

필 주커먼Phil Zuckerman이라는 미국의 종교사회학자가 『신 없는 사회』*라는 책을 냈다. 세계에서 가장 덜 종교적이면서도, 가장 건전하고 도덕적이며, 게다가 풍족하게 살기까지 하는 덴마크와 스웨덴 사회에 대한 실증적 연구서다. 이 책에서 저자는 '종교적 믿음'이 없이도 훌륭하게 작동하는 사회가 얼마든지 가능하다는 사실을 여러 사람을 인터뷰하며 조목조목 제시한다. 저자의 의도는 사람이 사는 데 종교 또는 신이라는 것은 불필요하다는 것을 드러내는 데 있다. 종교적 신념에 목맬 필요가 없다는 것이다.

물론 이 책에서의 '신'은 제도화한 종교의 신앙 내지 신념의 대상에 붙

---

* 필 주커먼, 김승욱 옮김, 『신 없는 사회』(마음산책, 2012).

여진 이름이다. 하지만, 범재신론적 시각에서 보면, 사람들이 교회에 출석하지 않는다고 해서 그 사람들 속에 신이 없는 것은 아니다. 신은 언제나 어디에나 있다. 건전하고 도덕적이고 풍요롭게 살기까지 한다면, 사람이 신의 이름을 부르느냐 아니냐에 상관없이, 그것이야말로 신적 현존의 증거이다. 그런 점에서 '신 없는 사회'란 사실상 불가능하다. 건전하고 도덕적이며 풍요롭게까지 살 수 있는 것도 그것을 가능하게 해주는 아주 근본적인 원리 위에서 가능한 것이다. 그 원리의 다른 이름이 신인 것이다. 주커먼과 범재신론자들의 신 개념 혹은 의미의 범주가 서로 다른 셈이다.

사람이 사람으로 살아갈 수 있게 되는 근원은 사람이 만든 것이 아니다. 그것은 그냥 그렇게 주어진 것이다. 그래서 '은총'이고 '은혜'이다. 원불교의 핵심 교설 중 하나가 사은四恩 사상이다. 요지인즉, 천지의 모든 것이 법신불의 은혜라는 것이다. 원불교에서 기독교 교회에서와 같은 하느님이나 하나님이라는 말을 쓰지는 않지만, 내가 보건대 원불교도 법신불에 기반한 범재신론적 사유를 전형적으로 보여주고 있다.

이러니 아무리 기독교인이라고 해도 다른 종교에는 신이 없다고 말한다면, 그것은 지나치게 협소하거나 왜곡된 신 이해에 따른 것이라 하지 않을 수 없다. 자연법칙이 그렇듯이, 사람이 한시도 떠날 수 없도록 애당초 주어져 있는 원리나 법칙, 나로 하여금 그렇게 살아가게 해주는 근본 원리 같은 것을 의식한다면, 신 없이도 잘살 수 있다는 말은 하지 못하게 될 것이다.

인간과 세상을 이런 식으로 보아야 한다. 하느님이라는 낱말을 구경

한 번 할 수 없는 「아가서」가 '성서'가 될 수 있듯이, 예수라는 말을 외치지 않는 곳에서도 그리스도가 이미 계실 수 있다는 안목을 지니고 다종교적 사회에서 함께 호흡하며 살아야 하는 것이다.

타락한 도시도 사랑한다
진짜 기적

> "이 니느웨에는 앞뒤를 가리지 못하는 어린이만 해도 십이만이나 되고 가축도 많이 있다. 내가 어찌 이 큰 도시를 아끼지 않겠느냐."
> (요나 4,11)

신으로부터 도망치는 예언자

「요나서」는 얼핏 쉽고 가벼운 이야기 같지만, 진지하게 전체 구조까지 음미하면서 읽다 보면 인간의 한계, 연약함에 대한 깊이 있는 통찰을 주는 책이다. 특히 인간이 신을 어떻게 오해하고 있는지를 여실히 보여주는 책이기도 하다. 구체적으로 보자.

요나서의 주인공 요나는 명색이 예언자였다. 그에게 신이 명령했다: "저 큰 도시 니느웨로 가서 그들의 죄악이 하늘에 사무쳤다고 외쳐라."(1,1) 오늘날 이라크 북부지역에 해당하는 니느웨는 한때 앗시리아의 수도이기도 했던 대도시였다. 다 돌아보려면 3일이나 걸리는 큰 도시였다고 한다.(3,3) 당시 앗시리아는 북이스라엘을 멸망시킨 강대국이었으니, 당연히 이스라엘 백성에게 앗시리아의 대도시 니느웨는 악의 대명사처럼 비추어지던 곳이었다. 예나 이제나 사람이 많이 몰려 사는 곳은 생존경쟁이 치열해 각박해지고 범죄도 많아지게 마련인 듯, 성서에서도 한편에서는 대도시 니느웨의 죄악이 하늘에까지 미쳤다고 전하고 있다. 그런데 바로 이 니느웨로 가서 죄악의 실상을 알려 회개할 수 있도록 하라는 것이 요나를 향한 신의 명령이었던 것이다.

그런데 요나는 이러한 요청을 은근슬쩍 거부했다. 죄악이 사무친 니느웨는 엄청난 심판을 받아 마땅하다고 생각했기 때문이다. 더욱이 "신을 믿는 백성"을 무너뜨린 "신이 없는 도시"의 상징 니느웨는 천벌을 받아야 할 곳이지 구원을 받아야 할 곳이라고는 전혀 생각하지 않았다. 어쩌면 죄악이 관영한 그곳에 가는 것이 두려웠는지도 모른다. 그래서 그는 신의 뜻을 따르지 않고 도리어 니느웨의 반대 방향인 다시스로 도망치고자 했다. 다시스는 오늘날의 스페인에 해당하는 지역이니, 당시 유대인들의 기준으로는 땅 끝 마을, 심정적으로 신이 계신 곳과 가장 먼 지역으로 받아들여지던 곳이었을 것이다. 신의 명령이 안 들리는 곳, 신의 모습이 보이지 않을 것 같은 곳으로 도망치려 했던 셈이다.

앎 따로 삶 따로, 그저 그런 신학자

요나는 신을 떠나 바다 건너 다시스로 가다가 엄청난 풍랑을 만났다. 뜻밖의 풍랑인지라 배에 탔던 다른 사람들이 점을 쳐보았다. 그 결과 요나가 풍랑의 원인으로 지목되었다. 그래서 사람들이 요나에게 물었다: "네가 무슨 짓을 했기에 우리가 이런 변을 당하느냐? 네 직업, 출생지,

고향, 국적은 무엇이냐?"(1,8) 그때 요나는 이렇게 답했다: "나는 히브리 사람입니다. 하늘을 내시고, 바다와 육지를 만드신 하느님 야훼를 공경하는 사람입니다."(1,9) 얼핏 보면 맞는 말 같지만, 가만 보면 이 말은 진실이 아니다. 그뿐만 아니라 당시 요나의 행위에 비추어보면 가관이라 할 만한 답변이다. 직업, 국적, 고향 등을 묻는 간단한 질문에 장황하게 답을 한 것까지는 좋은데, 앞에서는 자기의 뜻을 앞세워 신의 명령을 거부해놓고는 다른 상황이 되니까 스스로를 신을 경외하는 사람이라 소개하고 있으니 말이다. 더 나아가 요나는 사람들 앞에서 자신이 믿는 신이 어떤 분인지, 요즘 식으로 하면 신론에 관한 일장 설교를 늘어놓았다. 신은 바다와 육지를 지은 창조주라는 것이었다. 신을 섬기는 일에서 벗어나 도망가려던 요나가 상황이 바뀌니까 신의 대변자처럼 행세하는 꼴이 우스꽝스럽게 느껴진다.

스스로 신을 경외한다고 발언했던 요나는 자신의 말에 책임을 지기 위해서인지 "자기를 바다에 집어넣으라고 하면서 이렇게 말하였다. '그래야 바다가 잔잔해질 것입니다. 이렇게 무서운 태풍을 만난 것은 내 탓인 줄 압니다.'"(1,12) 자신을 희생 제물로 삼으라는 이 말은 얼핏 이웃을 위한 사랑과 자기희생의 극치처럼 보인다. 그런데 정말 그런가? 그의 내면으로 들어가 보면, 그것은 사실은 신에 대한 체념이고, 전적으로 홀로 서려는 인간의 오만이었다. 최악의 경우 도망갈 구멍을 한 군데는 남겨두고서, 삶이 극단에 처하면 제 손으로 제 목숨을 결판낼 수 있다고 생각하는 존재가 인간이라고 한다면, 아마 요나도 그런 심정이었을지 모른다. 신으로부터 도피하고자 하나, 결국은 그 신으로부터 한 치도 벗어나지 못하는 인간……. 어쨌든 사람들은 요나 말대로 그를 바다에 던져 넣었고, 바다는 잔잔해졌다.

습관적으로 설교하는 목사

그러나 죽음으로 모든 것을 결말지으려고 했던 요나의 계획을 비웃기라도 하듯, 신은 그를 죽음에서 건져 올렸다. 큰 물고기를 시켜 요나를 삼킨 뒤 사흘이나 캄캄한 배 속에 두셨다가 다시 육지에 토해내도록 한 것이다. 인간이 죽음을 각오하고 결정한 것조차도 신께는 결정적인 것이 못 된다는 뜻이다. 자신의 주관적인 선택이란 것이 신의 전권에 비하면 얼마나 보잘것없는 것인가.

그 후 신은 요나에게 같은 명령을 다시 내렸다. 이번에는 요나가 신의 명령대로 니느웨로 가서 이렇게 선포했다: "사십 일이 지나면 니느웨는 잿더미가 된다."(3,4) 그러나 요나는 이렇게 말을 하면서도 타락한 악의 도시 니느웨는 자신의 말을 듣지 않을 것이라고 생각했으며, 내심으로는 오히려 듣지 않기를 바랐다. 요나의 마음은 여전히 완고했으며, 악한 사람들은 저주를 받아 마땅하다는, 자신의 의도를 굳게 지키고자 한 셈이다. 그랬는데 이게 웬일인가. 성서에 따르면, 전부 다니려면 사흘이나 걸린다던 도시에서 하루 동안만 선교를 했는데도 니느웨 도시 전체가 단식을 선포하고, 왕이나 일반 백성이나 할 것 없이 모두 굵은 베옷을 입고는 회개하는 뜻밖의 일이 벌어졌다. 왕은 짐승들까지 회개의 표시로 아무것도 먹지 말게 하도록 명령했다.(3,5-9) 성서는 그 회개의 소리가 하늘에까지 들렸고, 신은 그 성읍에 재앙을 내리지 않았다고 적고 있다.

그러나 요나는 저주받아야 할 이방의 땅 니느웨가 구원되는 모습을 보고 견딜 수가 없었다.(4,1) 신을 모르는 이방인의 땅이 구원되는 꼴을 보느니 차라리 죽는 것이 낫다며 신에게 분노했다. 자신의 주관적 감정을 제어하지 못하는 요나의 모습에서 그가 믿는 신이 얼마나 편향되어 있는지 알 수 있다. 많은 기독교인이 범하는 오류이기도 하지만, 종교적 차원에서의 정죄는 신이 하는 것이지, 결코 사람이 하는 게 아니다. 교회를 나오지 않는다고 해도, 타종교인이나 무신론자라고 해도, 아무리 어리석은 행동을 하는 사람인 듯해도, 그가 신 앞에서까지 죄인이라고 함부로 판단해서는 안 되는 것이다.

요나는 오늘날의 이른바 '열심한' 신자들의 자세를 잘 보여준다. 교회에 충성하는 사람들 중에는 이른바 타종교에 대해 배타적인 경우가 많은데, 가만 보면 그것은 신을 잘 알고 잘 믿어서 그렇게 하는 것이라기보다는, 자기의 고집에 지나지 않을 때가 더 많다. 요나도 신을 모르는 이방인이 구원받는 꼴을 보느니 차라리 죽는 것이 낫겠다는 심한 표현을 두 번이나 하고 있다.(4,3; 4,8) 신께서는 오늘날 종교인들도 종종 범하는 이런 왜곡된 사고방식에 대해 정정할 수 있는 기회를 다시 열어주신다.

보잘것없는 이를 더 사랑한다

요나는 니느웨가 앞으로 어떻게 될 것인지, 요새 식으로 말하면 굿이나 보고 떡이나 먹을 심산으로 니느웨 성읍 동쪽에 초막을 지었다. 그 옆에는 사막 지역에서 키가 10미터 이상이나 자란다는 아주까리가 시원한 그늘을 만들어주었다. 그늘 밑에서 요나는 기분이 좋았다. 그러나 그것도 잠시, 이튿날 새벽에 벌레가 나타나 아주까리를 갉아먹었다. 아주까리는 곧 시들었다. 해가 뜬 뒤에는 뜨거운 열풍이 불었다. 날이 더워지자 요나는 이 고생을 하느니 차라리 죽는 것이 낫겠다며 있는 온갖 불평을 다 늘어놓았다. 그러자 신이 이렇게 책망한다: "너는 이 아주까리가 자라는 데 아무 한 일도 없으면서 그것이 하루 사이에 자랐다가 밤 사이에 죽었다고 해서 그토록 아까워하느냐? 이 니느웨에는 앞뒤를 가리지 못하는 어린이만 해도 십이만이나 되고 가축도 많이 있다. 내가 어찌 이 큰 도시를 아끼지 않겠느냐?"(4,10-11)

이때 앞뒤를 가리지 못하는 어린아이를 개신교 개역성서에는 '좌우도 분별하지 못하는 사람'으로 변역해놓고 있다. 이것은 선악을 판단하지 못하는 무지한 자라는 뜻도 되고, 공동번역성서에서처럼, 미숙한 어린아이라는 뜻도 된다. 어떤 번역이든 근본 의미는 크게 달라지지 않는다. 중요한 것은 인간은 그런 사람들을 바로 그런 이유 때문에 무시하지만, 신은 바로 그런 이들이기 때문에 사랑하신다는 사실이다. 그 마음이 신의 마음인 것이다. 신을 모른다고 해서, 실정법을 어겼다고 해서, 타종교인이나 무종교인이라고 해서 구원이 없다고 함부로 말하거나, 우상을 숭배한다고 저주하거나 해서는 안 된다. 타락한 듯한 지역 안에 있다고 해서 모두 구원과 상관없는 양, 함부로 판단해서는 안 된다는 것이다. 신의 마음을 꿰뚫은 듯 처신하다가 교만에 빠지기 쉬운 존재가 인간인 것이다.

성서에서는 니느웨가 회개해서 신이 재앙을 돌이킨 것처럼 묘사되어 있지만(3,10), 실상 신은 어쩌면 그들에게 재앙을 내릴 마음조차 없었는지도 모른다. 어린아이들, 무지하고 보잘것없는 이가 십이만 명이나 있는 도시를 어찌 사랑하지 않겠는가? 이것이 신의 마음이라는 것이다.

햇빛을 가려주던 아주까리가 죽었다고 아까워하던 요나가 수십만 명이 죽어나갈지도 모르는 상황에 대해서는 도대체 무신경이었다. 안타까워하지도 않았다. 자기의 마음에 드는 것은 아무리 작은 물건이라도 애지중지하지만, 제 관심사를 벗어나거나 맘에 들지 않는 경우는 그들이 다 죽어나가더라도 별 신경 안 쓰는 것이 인간의 마음이다. 남의 암癌보다 나의 감기가 더 아프다고나 할까. 내 손톱 밑의 가시가 전쟁으로 죽어나가는 수만 명의 목숨보다 더 아프게 느껴지는 것과 같다고나 할까. 그러고 보니 요나는 인간의 마음을 거울처럼 비추어준다. 요나서의 서술 방식은 해학적이지만, 인간 마음의 실상을 꿰뚫고 있는 그 내용은 대단히 진지하다.

진정한 기적, 인류의 구원

널리 알려졌다시피, 신약성서에서는 기적을 보여달라는 제자의 말에 예수가 요나의 기적뿐이 보여줄 것이 없다고 말하는 장면이 나온다.(마태오복음 12,39) 흔히 예수의 사후 부활을 예견한 것으로 해석되는 구절이다. 일견 옳은 해석일 것이다. 하지만 좀 더 넓게 보면 새로운 의미도 읽힌다. 신께서는 뭘 모르는 자를 더 사랑하는 방식으로 결국 인류의 구원이라는 진정한 의미의 기적을 보여주실 분이라는 것이다. 실제로 예수는 사람들이 죄인이라고 규정한 이를 더 사랑하며 그들과 지내는 방식으로 신적 구원의 실상을 증언하였다. 기독교가 이런 예수에게서 비롯되었다면, 기독교인은 하느님이야말로 죄인에게 더 가까이 계시는 분이라는 사실을 신앙의 역설로 삼아야 할 것이다. 자기 욕심을 신앙의 이름으로 포장해서는 안 된다. 이러한 자세가 성서의 입장에서 여러 종교들을 어떻게 보아야 할지 살펴보는 이 책의 기본자세이자, 다른 종교를 대하는 종교인의 기본자세가 되어야 할 것이다.

멸망은 신의 뜻이 아니다
노아 계약의 유효성

"사람은 어려서부터 악한 마음을 품게 마련. 다시는 사람 때문에 땅을 저주하지 않으리라. 다시는 전처럼 모든 짐승을 없애버리지 않으리라. 땅이 있는 한, 뿌리는 때와 거두는 때, 추위와 더위, 여름과 겨울, 밤과 낮이 쉬지 않고 오리라."
(창세기 8,21-22)

잃어버린 새 계약

성서에 따르면 하느님께서는 '무법천지'가 되다시피 한 세상을 큰 홍수로 '청소'하시고는 노아의 식구들을 중심으로 새 세상을 여셨다고 한다. 이른바 '노아의 홍수' 이야기이다. 위 인용문은 엄청났던 빗물이 빠진 뒤 노아의 식구들이 배에서 내려 번제를 드리자 하느님께서 그 번제물의 향긋한 냄새를 맡으시고는 속으로 다짐하셨다는 내용이다. 악한 마음을 품을 수밖에 없는 것이 사람이지만, 그렇다고 해도 다시는 사람을 저주하거나 짐승을 없애버리는 일은 하지 않으시겠다는 것이다. 그러면서 하느님은 계절이 변화하듯이 그렇게 변화하는 세상은 끝이 없으리라며 피조물의 희망찬 미래를 홀로 그리신다. 그리고 급기야 노아와 그 아들들을 향해 거듭 다짐에 약속을 더하신다.

하느님께서 노아와 그의 아들들에게 또 말씀하셨다. "이제 나는 너희와 너희 후손과 계약을 세운다. 배 밖으로 나와, 너와 함께 있는 새와 집짐승과 들짐승과 그 밖에 땅에 있는 모든 짐승과도 나는 계약을 세운다. 나는 너희와 계약을 세워 다시는 홍수로 모든 동물을 없애버리지 않을 것이요, 다시는 홍수로 땅을 멸하지 않으리라." 하느님께서 또 말씀하셨다. "너뿐 아니라 너와 함께 지내며 숨 쉬는 모든 짐승과 나 사이에 대대로 세우는 계약의 표는 이것이다. 내가 구름 사이에 무지개를 둘 터이니, 이것이 나와 땅 사이에 세워진 계약의 표가 될 것이다. 내가 구름으로 땅을 덮을 때, 구름 사이에 무지개가 나타나면, 나는 너뿐 아니라 숨 쉬는 모든 짐승과 나 사이에 세워진 내 계약을 기억하고 다시는 물이 홍수가 되어 모든 동물을 쓸어버리지 못하게 하리라. 무지개가 구름 사이에 나타나면, 나는 그것을 보고 하느님과 땅에 살고 있는 모든 동물 사이에 세워진 영원한 계약을 기억할 것이다." 하느님께서는 노아에게 "이것이 땅 위에 있는 모든 짐승과 나 사이에 세워진 계약의 표이다." 하고 다시 다짐하셨다.(창세기 9,8-17)

노아의 홍수 이야기를 둘러싼 다양한 해석학적 비판이야 얼마든지 가능하겠으나, 그것이 무엇이든, 여기(창세기 6-9장)에 나타난 고대 이스라엘의 자기 이해에는 크게 두 가지 측면이 있다. 첫째, 다시는 세상을 멸망시키지 않겠다는 하느님의 다짐과 약속의 대상에 이스라엘 외의 모든 종교도 포함될 수밖에 없다는 것이고, 둘째, 하느님이 사실상 전 인류와 새롭게 맺은 계약에 이스라엘 사람들 자신이 살아 있는 증인이자 중개자라는 의식이 담겨 있다는 것이다.* 이런 정신이 후에 "하느님은 모든 사람이 구원받기를 원하신다"(디모데전서 2,4)는, 달리 말해 하느님은 애당초부터 전 인류를 저주하고자 하지 않으셨으며, 사람에게는 한계도 있지만 개의치 않으시고 결국 구원으로 이끄신다는 전언으로 이어졌다고 할 수 있다. 비가 걷히고 구름 사이로 무지개가 나타나면 하느님이 자신의 약속을 기억하고 지키는 증거로 이해하라는 메시지(창세기 9,16)는 그리스도인이라면 늘 되새겨야 하는 '보편적 구원의지'의 징표인 것이다.

왜 멸망을 바라는가

물론 교회가 하느님 위에 올라서서 하느님의 이름으로 이교도를 지옥불로 내모는 저주야 여러 차례 있었던 일이다. 이제는 물이 아니라 불로 멸망시킬 것이라며, 비기독교인의 멸망을 정당화해온 사례는 수도 없이 많다. 가령 플로렌스공의회(1439-1445)에서는 이렇게 선언했다: "우리 주이시며 구세주의 말씀으로 설립된 로마 성 교회는 가톨릭교회 밖에 존재하는 사람들, 즉 이교인뿐 아니라 유대인, 이단자들도 죽기 전에 가톨릭교회로 돌아오지 않으면 영원한 생명에 참여할 수 없고 오히려 악마와 그의 졸도들을 위해 마련되어 있는 영원한 불에 빠지게 되리라고 굳게 믿고 고백하고 선포한다." '다시는 멸하지 않으리라'며 다짐에 다짐을 한 하느님의 약속을 인간이 짓밟는 행위가 아닐 수 없을 것이다.

* 하인쯔 R. 슐렛테, 정은순 옮김, 『신학적 주제로서의 종교』(분도출판사, 1984).

축복보다는 저주에 익숙했던 인간의 경험상, 기회만 되면 불이 아니라면 운석이 떨어져서라도 멸망할 것이라는 이야기들은 지금도 지속되고 있다. 다양한 성서 구절들을 자기 식대로 선별하고 해석하면서 자기 행위를 정당화해온 것이 교회이기도 했으니, 애당초 교회는, 아니 인간은 구원도 하느님이 아닌 자기 수중에 있기를 늘 바랐는지도 모르겠다.

누구나 아는 일이지만, 예수가 저주와 정죄를 부정하고 사랑과 용서를 선포한 분이었다면, 그것은 하느님이 노아와 맺은 계약을 가장 충실히 구현한 행위라고 할 수 있다. 예수를 따른다는 그리스도인이라면, 노아 계약을 눈여겨보고 늘 강조해야 할 것이다. 하느님은 구원하는 분이지 저주하는 분이 아니며, 포용하는 분이지 내모는 분이 아니라는 사실을 늘 되새겨야 하는 것이다.

몇 해 전 "로마 가톨릭교회가 성공회 교회의 전례와 신자를 가톨릭 안으로 받아들이고, 성공회 고유의 전례와 전통을 허용하기로 했다"는 뉴스(〈한겨레신문〉 2009년 10월 22일자 13면)를 보면서 신의 약속이 그래도 유효하긴 한가 보다 하는 실낱같은 희망을 품은 적이 있다. 가톨릭교회가 그런 결정을 하게 된 속사정이야 잘 알 수 없지만, 좋게 보아 저주보다는 포용에 가까운 행위인 것은 분명하다. 제 아무리 예수 같은 삶을 사는 성인이자 위대한 신학자라 해도 개신교인이라는 이유 하나만으로 밀가루 전병(성체) 하나 얻어먹지 못하게 만드는 가톨릭의 현실이 숨겨진 오만함으로 느껴지기도 하고, 가톨릭과 일체가 되기를 원하는 성공회 신자들이라면 가톨릭 신자로 인정할 수 있다는 발언에도 오만함의 냄새가 여전하지만, 그래도 포용 쪽으로 선회한 것이 홍수 뒤 무지개의 흔적인 것도 같아서 다소 희망적이다.

여러 종교들은 기독교 이전에도 이후에도 생겨나고 성행한다. 또 그 종교들이 기독교식 종말의 어느 한 지점에 모두 기독교화하리라는 가능성도 거의 없다. 아니 그렇게 되어서도 안 되고 될 수도 없다. "다시는 멸하지 않으리라"는 신의 약속이 지켜지려면 다양해져가는 종교적 현실이 있는 그대로 긍정되지 않을 수 없겠기 때문이다. 종교적 다양성은 신의 구원 의지와 표지의 다양성으로 읽혀야 할 것이다.

신은 얼굴을 보여주지 않는다
신의 흔적

> "그러나 나의 얼굴만은 보지 못한다. 나를 보고 나서 사는 사람이 없다. … 내 존엄한 모습이 지나갈 때 너를 이 바위굴에 집어넣고 내가 다 지나가기까지 너를 내 손바닥으로 가리리라. 내가 손바닥을 떼면, 내 얼굴은 보지 못하겠지만, 내 뒷모습만은 볼 수 있을 것이다."
> (출애굽기 33,21-23)

다 알 수 없으니까 신이다

성서에 "하느님의 얼굴을 본 사람은 죽는다"(출애굽기 33,20)는 구절이 나온다. 얼굴을 봐야 그이를 온전히 파악할 수 있는 법인데, 하느님의 얼굴을 보면 죽는다니, 무슨 뜻인가.

먼 옛적에는 다신교적 자연신론의 형태가 주류를 이루었다. 응당 물, 불, 나무, 바위, 천둥, 번개가 그대로 신령이었다. 그러다가 고대 이스라엘에서 자연계를 넘어서는 신 관념이 등장했다. 자연계는 신 자체가 아니라, 신의 모습을 드러내는 수단이며, 신은 자연계를 초월하는 분이라는 것이다. 그러니 자연계에서 신의 모습을 다 볼 수 없는 것은 당연했다. 하느님의 얼굴을 보면 죽는다는 다소 의아스런 구절도 하느님은 만물을 넘어서는 분이시라는 관념 속에서 나온 것이다.

유대인들은 모세야말로 하느님을 친히 뵙고 직접 계명을 받은 사람이라고 믿어왔다. 그런데 성서에 따르면 하느님은 모세에게조차 당신의 얼굴은 보여주지 않았다. 관련된 구절을 읽어보자.

> 모세가 "당신의 존엄하신 모습을 보여 주십시오" 하고 간청하자, 야훼께서 대답하셨다. "내 모든 선한 모습을 네 앞으로 지나가게 하며, 야훼라는 이름을 너에게 선포하리라. 돌보고 싶은 자는 돌보아 주고 가엾이 여기고 싶은 자는 가엾이 여긴다."(출애굽기 33,18-19)

당신의 존엄한 모습을 보여달라는 요청에 하느님께서는 당신의 '선한 모습'을 보여주겠노라 하신다. 그 선한 모습이란 '돌보고 싶은 자는 돌보아 주고 가엾이 여기고 싶은 자는 가엾이 여기는' 일이다. 하느님은 어떻게 사람을 돌보시는가. 알 수 없는 여러 가지 방법이 있겠으나, 중요한 것은 사람을 통해서 그렇게 하신다는 사실이다. 하느님은 사람의 삶을 통해서 당신의 모습을 남기신다. 가령 예수는 이렇게 말했다: "누구든지 주여, 주여 하는 자마다 하늘나라에 들어가는 것이 아니라 하늘에 계신 내 아버지의 뜻을 행하는 사람이라야 들어갈 것이다."(마태오복음 7,21) 다른 곳에서는 이렇게 말한다: "너희가 여기 있는 형제 중에 지극히 보잘것없는 사람 하나에게 해준 것이 바로 나에게 해준 것이다."(마태오 6,31-32)

신은 흔적으로만 드러난다

하느님의 선한 모습이라는 것은, 성서를 관통하여 보자면, 바로 이런 것들이다. 하느님의 모습은 돌로 만든 형상 속에 있는 것이 아니다. 하느님의 모습은 물건 속에 갇혀 있는 것이 아니다. 심지어는 교리 속에도, 이념 속에도 갇히지 않는다. 한 마디로 하느님의 살아 있는 모습은 사람들이 변화되는 그곳에서 가장 구체적으로 보인다. 은혜가 베풀어지고 긍휼이 베풀어지는 곳에 하느님의 모습이 있다. 하느님이 용서하듯 인간도 용서하며(마태오 18,23-35), 자신의 달란트를 내어주고 쏟아서 유익하게 만드는(마태오 25,14-30) 곳에 하느님이 모습이 있다. 율법의 문자를 넘어 율법의 정신이 구현되는 곳에 있다. 사람을 살리는 곳에 있다.

돈 많은 세리 자캐오가 재산의 절반을 가난한 사람에게 나누어주고, 남을 등쳐먹은 것이 있다면 네 배나 갚겠다고 결심하자 예수께서는 오늘 이 집에 구원이 내렸다고 선포한다.(루가복음 19,1-10) 나누고 베푸는 곳에서 구원이 이루어진다는 뜻이다. 그것이 하느님의 '선한 모습'이다. 그런 일이 벌어지는 곳에 하느님의 모습이 담겨 있는 것이다. 하느님은 이렇게 당신의 모습을 간접적으로 보여준다. 흔적과 자취만을 보여주는 것이다. 그 흔적과 자취, 성서는 그것을 하느님의 '뒷모습'이라고 말한다.

하느님의 뒷모습, 즉 등은 하느님의 일부이고 하느님의 흔적이다. 하느님이 어떻게 생겼는지, 사람은 그 흔적을 볼 수밖에 없으며 또 흔적을 보고 알 수 있다는 것이다. 은혜가 베풀어지는 곳에 하느님이 계신다.

인간이 변화되는 곳에, 이웃을 위한 헌신이 있는 곳에, 불편한 생활을 마다한 생태적 삶, 덜 쓰고 안 버리는 행위, 억압과 차별을 이겨내고 평등과 평화를 이루려는 이들 속에 계신다. 오해와 편견을 없애려 고군분투하는 이들 안에 계신다. 하느님은 그러한 모습으로만 계시는 분이다.

그리고 당신을 부분적으로만 알려주시면서, 더 깊이, 더 많이 알고 따라오라며 요청하는 분이다. 그러한 요청에 응답하는 일은 평생의 과제이다. 하느님을 다 안다고 큰소리치는 사람이 있다면, 그는 대부분 자기 자신에 대해서도 잘 모르는 허풍쟁이이거나, 아주 무지하거나, 교만한 사람일 것이다.

교리적인 잣대로 인간을 정죄해서는 안 된다. 설령 교회에 나오지 않는 사람이라 할지라도 열심히 사는 이들 속에서 하느님의 모습을 볼 수 있어야 한다. 종파나 종교가 중요한 것이 아니다. 구원은 결국 하느님께서 하시는 것이기 때문이다. 특정 인간이나 종교에 맡겨진 일이 아니다. 인간은 그런 흔적을 드러내며 살아야 할 뿐이다. 그렇게 함으로써만 하느님의 모습이 보여지는 것이기 때문이다. 그런 식으로 사람은 하느님의 모습을 보되, 뒷모습을 보게 되는 것이다. 하느님의 얼굴을 보면 죽는다는 말 속에는 결국 하느님의 뒷모습을 보여주는 삶이 되어야 한다는 요청이 들어 있는 셈이다. 그렇게 살고 있는지 반성부터 할 일이다.

신은 없는 곳이 없다
의심의 힘

"하느님, 당신의 생각은 너무 깊어 미칠 길 없고, 너무 많아 이루 다 헤아릴 길
없습니다. 세어 보면 모래보다도 많고 다 세었다 생각하면 또 있사옵니다."
(시편 139,17-18)

'지랄같은' 신앙

시인 구상具常(1919-2004) 선생은 어려서부터 가톨릭 신앙을 가지고 살아오신 분이다. 그분의 시에서는 기독교적 체취, 신앙이 물씬 흘러나온다. 인생 전체를 기독교적 세계관 안에서 살아온 분이라는 느낌을 주는 분이다. 그래서인지 사람들은 그분과 만나 가끔 이런 질문 아닌 질문을 던진다고 한다: "선생님께서는 신앙을 가지셨으니 인생의 동요가 없고 마음 든든하겠습니다." 그러면 선생께서는 직접 내색은 못 하시지만, 속으로는 이런 생각을 하며 쑥스러워하신다고 한다: '내 마음이 신앙 때문에 얼마나 지랄같은지 몰라서 하는 말이지 택도 없는 소리를 다 하는구나!' 성탄절 밤에 산타클로스 할아버지가 선물을 놓고 간다는 것 같은 말을 믿을 때까지는 몰라도, 철이 나면서부터는 나이 여든이 다 되도록

신자이기 때문에 고민이 더 컸다고 고백하시는 것을 본 적이 있다. 그러나 신앙 때문에 지랄같았다고 고백하는 그분의 모습에서 도리어 신앙적 깊이가 묻어나는 느낌을 받았던 기억은 신선했다. 신앙을 가진 이래 편안하기만 하지 않고, 도리어 답답해하거나 갈등하기도 했던 나의 경험과 중첩되었기 때문이다.

멋도 모르고 교회 열심히 나가다가 고교시절 이른바 예수 믿는 사람이 되었지만, 대학 이후, 특히 대학원에서 공부하면서부터는 신앙 때문에 도리어 고민이 더 커졌다는 사실을 고백하지 않을 수 없다. 예배 시간은 그저 상념의 시간이 되기 일쑤였고, '저이들이 믿는다는 것은 도대체 무엇일까' 의심하기도 했다. 그러면서도 오랫동안 기독교 신앙은 무슨 족쇄와도 같아서 버리려 해도 버릴 수 없고 떠나려 해도 떠날 수도 없는 것이었다.

부정 속의 긍정

그러다가 전에는 보지 못하던 새롭고 신나는 사실을 발견하게 되었다. 그것은 버리려 해도 버려지지 않고, 떠나려 해도 떠나지지 않는 이곳에 역설적이게도 참된 신앙이 있다는 사실이었다. 의심하는 것은 범죄 행위가 아니라, 도리어 더욱 분명히 알아가는 과정이며, 그것을 통해서만 진리에 도달할 수 있다는 사실을 확인하게 되었다. 하느님은 부정한다고 해서 부정되지도 않고, 버린다고 해서 버려지는 분이 아니라는 것이었다. 의심하고 고민하고 갈등하는 것은 신앙을 부정하는 행위가 아니라 도리어 신앙에 훨씬 가까워지는 것임을 알게 되었다. 하느님은 남들을 그저 따라하는 곳에서가 아니라, 습관적으로 교회에 출석하는 행위에서가 아니라, 도리어 버리려 애쓰는 곳에서 더 가깝게 찾아온다는 사실을 분명히 알게 된 것이다. 그러는 사이에 내게 신은 모든 것이 되시고, 가장 깊은 곳에 계시며, 만사의 근원이 되시는 분으로 자리잡았다.

그런 눈으로 보니 "신은 죽었다"며 철저하게 '신'을 거부하려고 했던 니체가 도리어 입으로는 신이 있다면서도 그저 일상에 매몰되어 살아가는 습관적인 기독교인들보다 더 신에게 가까운 사람이었다. 신은 인생의 깊이를 느끼려고, 진리가 무엇인지 온 몸과 마음으로 철저하게 찾아내려고 애쓰는 사람에게 스스로를 더 분명하게 드러내 보이시는 분이신 것이다. 설령 그것이 신을 거부하는 형식이라고 할지라도 말이다.

1960년대에는 미국을 중심으로 "신 죽음의 신학", 이른바 사신신학死神神學이라는 것이 유행한 적이 있었다. 기존의 신 관념에 대한 전적인 부정이었다. 하지만 아무리 신의 죽음을 말한다 해도 그것을 통해 부정되는 것은 신에 대한 기존 관념이지 신 자체가 아니었다. 논의의 여지는 있지만, 단순하게 말하자면, 신은 신에 대한 부정을 가능하게 해주는 근원적인 힘과 같다. 그런 점에서 사신신학은 도리어 신의 모습을 현대 지성인들에게 신의 모습을 새롭게 살려주는 계기가 되었던 것으로 보인다.

행주좌와가 신의 작용

신은 이미 인간의 판단 이전부터 인간 안에, 아니 모든 곳에 계신 분이다. 시편 139편의 다음 구절들이 그러한 사실을 몸으로 고백하고 있다. 요약해보자.

하느님은 내가 앉는 것도 아시고 일어서는 것도 아시며, 멀리서도 내 생각을 꿰뚫어보신다.(2) 내가 누워 있든지 어딜 걸어가고 있든지 간에 내 모든 행위를 훤히 아시며,(3) 입을 벌리기도 전에 무슨 소리를 할지 다 아신다.(4) 내 앞과 뒤를 막으시고 내 머리 위에 안수하시는 분이시다.(5) 한 마디로 하느님께서 내 옆, 위, 아래, 나를 온통 둘러싸고 있다는 뜻이다. 인간이 안다고 할 수 없고 파악할 수 없을 만큼 깊고 넓고 높은 분이시라고 성경에서는 말한다.(6) 인간은 하느님의 뜻을 벗어날 수도 없고, 어디로 피할 수도 없다.(7) 하느님은 어디에나 계시기 때문이다. 그분은 하늘에도 계시고 땅에도 계신다.(8) 새벽 햇살이 비춰듯이, 순식간에 바다 끝까지 날아간다고 해도 그곳에 계시고, 그곳에서도 권능의 오른팔로 나를 지켜주시는 분이시다.(10) 하느님 앞에서는 밤도 대낮처럼 환해서, 인간은 어두움 안에 숨어 있을 수 없다.(11-12)

아담이 하느님의 명령을 어기고는 부끄러워 무화과나무 잎으로 앞을 가리고, 또 하느님께 들킬까 하여 나무 사이로 숨었지만, 하느님 앞에서 부끄러움 자체, 두려움 자체까지 가릴 수 있는 것은 아니었다. 어두움이 바로 빛이고, 천지가 바로 하느님의 거처이기 때문이다: "땅도 주님의 것이요 그 안에 가득히 있는 것도 다 주님의 것입니다."(고린도전서 10,26) 인간이 아무리 신으로부터 떠나려고 해도 떠날 수 없는 이유가 여기 있다. 때로는 우리 자신도 마치 신이 없는 양 살기도 하지만, 사실 신은 언제나 인간 안에, 앞에, 위에, 뒤에, 어디에나 있다. 부정한다고 부정되지도 않고, 긍정한다고 그 긍정 안에 다 갇히지도 않는다. 그래서 시편 저자는 "하느님의 생각은 너무 깊어 미칠 길 없고, 너무 많아 이루 다 헤아릴 길 없습니다. 세어 보면 모래보다도 많고 다 세었다 생각하면 또 있사옵니다"(시편 139,17-18)라며 고백하는 것이다.

신이 정말 이런 분인지 안다는 것이야말로 은총이다. 신을 인간이 다 알 수 없다는 것은 당연하다. 심지어 내가 신을 알아가는 과정조차 신에 의해 주어져야만 가능한 일이다. 신에 대한 앎은 물론 믿음조차도 신에 의해 주어져야만 가능한 것이라는 말이다. 심지어 인간이 호흡하는 것 하나하나 안에도 신이 이미 계실 뿐만 아니라, 그 호흡의 원리 자체가 신이 된다. 숨 한 번 내쉬는 것에도 신의 섭리가 있으니, 내가 살아간다는 것 자체가 놀라운 사건이 된다.

당신은 오장 육부 만들어주시고 어머니 뱃속에 나를 빚어 주셨으니 내가 있다는 놀라움, 하신 일의 놀라움, 이 모든 신비들, 그저 당신께 감사합니다. 당신은 이 몸을 속속들이 아십니다. 은밀한 곳에서 내가 만들어질 때 깊은 땅속에서 내가 꾸며질 때 뼈 마디마디 당신께 숨겨진 것 하나도 없었습니다. 형상이 생기기 전부터 당신 눈은 보고 계셨으며 그 됨됨이를 모두 당신 책에 기록하였고 나의 나날은 그 단 하루가 시작하기도 전에 하루하루가 기록되고

정해졌습니다.(시편 139,14-16)

내가 어머니 모태에 있을 때 이미 신은 나의 오장육부를 지으셨고, 나의 모습을 주셨으며, 내가 이미 어떻게 되실지 나의 날이 시작된 순간부터 이미 아셨다고 한다. 한 마디로 내가 이렇게 된 것은 오로지 신의 은총이라는 말이다. 그러한 사실을 생각하면 하도 기이하고 놀라워서 감사하지 않을 수 없다는 것이 시편 저자의 고백이다. 이것은 결코 학교에서 배워 그저 따라 외우는 인생 정보가 아니다. 자신의 삶을 돌이켜보니, 내가 풍랑 속에서 살아온 날들의 주인이 내가 아니라 바로 신임을 성찰하게 된 사람의 신앙고백이다. 신은 모든 곳에 계셨음을 비로소 알고 느낄 때 자연스럽게 나오게 되는 고백이다.

솔직한 의심

이러한 신은 알음알이의 대상이기보다는 자연스런 믿음의 대상이다. 그러나 분명히 맹목적인 믿음의 대상은 아니다. 도리어 의심하고 고민하고 과연 정말 그런가 하고 따지다가 어느 순간에 분명하게 다가오시는 그런 분이다. 앵무새처럼 교리를 암송하는 사람에게보다는, 마치 마음으로부터는 원하지만 육신이 약해서 스스로를 죄인의 괴수라고 고백할 수밖에 없었던 바울로처럼, 이기적인 욕망에 휩싸여 사는 자신의 답답함을 절감하고 절규하는 이에게 더욱 확실하고 분명하게 당신의 모습을 드러내시는 분이다.

그러한 신의 모습을 본 이는, 마치 "나는 사도 중에 지극히 작은 자"라고 스스로를 낮추었던 바울로처럼 겸손해진다. 내가 아는 것이 신의 전부라며 교만해하지 않는다. 도리어 신이 나를 살펴보시고 알아주시기를, 나에게 무슨 악한 행위가 있는지 보시고 나를 영원한 길로 인도해주시기를 끝없이 기도한다.(시편 139,23-24) 신께 모든 것을 내어맡긴 그런 사람은 얼굴만 보아도 그 신앙의 깊이를 느낄 수 있고, 한두 마디만 대화해보아도 신앙의 향기가 묻어난다.

이 마당에 종파가 다르다고 배타하겠는가. 소속이 다르다고 무시하겠는가. 도리어 그곳에서 신의 일하시는 모습을 보며 감사하며 살 것이다. 신은 저렇게 다양한 방식으로 스스로를 드러내신다는 사실에 기뻐해야 할 일이다.

구상 시인이 신앙 때문에 지랄같았다는 말을 하고 있지만, 사실은 훨씬 편안하고 단아해 보이는 이유도 거기에 있었다. 신앙을 제대로 경험해보았다는 뜻이며, 신은 그러한 깊은 경험을 통할 때 분명히 알려지는 분이심을 진작 깨달았다는 뜻이다. 인간은 그저 머릿속에서의 앎에 그치지 않고, 언제나 옳은 길, 영원한 길로 나아갈 수 있게 되기를 기도할 뿐이다. 그것이 인간의 의무이다. 신은 그 어떤 상황에서도 끝없이 추구해야 할, 열린 진리인 것이다.

땅이 하늘이다
승천의 탈신화

"하늘은 나의 보좌요 땅은 나의 발판이다. 너희가 나에게 무슨 집을 지어 바치겠다는 말이냐?
내가 머물러 쉴 곳을 어디에다 마련하겠다는 말이냐?
모두 내가 이 손으로 지은 것이 아니냐?"
(이사야 66,1)

하늘로 올라갔다는 말

기독교에서는 예수가 부활했다고 한다. 부활했을 뿐만 아니라, 부활 후 하늘로 올라갔다고도 한다. 승천昇天했다는 것이다: "예수는 사도들이 보는 앞에서 승천하셨는데 마침내 구름에 싸여 그 모습이 보이지 않게 되었다."(사도행전 1,9) 전승에 따르면, 유대인의 먼 조상 에녹도 믿음이 좋았던 탓에 죽지 않고 하늘로 올라갔다고 한다: "에녹은 믿음으로 하늘로 옮겨져서 죽음을 맛보지 않았습니다. 이렇게 하느님께서 그를 데려가셨기 때문에 아무도 그를 볼 수 없었습니다."(히브리서 11,5)

하늘로 올라갔다니 무슨 뜻인가? 풍선이 까마득히 멀어지듯 시야 밖으로 사라졌다는 뜻인가? 로켓이 솟구치듯 대기권 밖으로 날아갔다는 말인가? 예수가 하늘로 올라갔다고 할 때의 하늘이란 어디이고 또 무엇인가? 그 하늘을 오늘 우리는 어떻게 받아들이고 이해해야 할까?

동서고금을 막론하고 하늘 신앙이 없던 적은 거의 없다. 우리말 하느님도 '하늘'과 '님'의 합성어이니, 우리 민족 역시 하늘을 신앙의 대상으로 해온 셈이다. 물론 오늘의 눈으로 엄밀하게 보면 이때의 하늘은 일종의 상징이다. 유한한 삶에 대한 무한성의 상징이고, 햇빛과 단비를 내려주는 생명의 상징이자, 때로는 천둥과 벼락을 내리는 심판의 상징이기도 하다. 사람들은 푸르디푸른 창공이 머리 위에 펼쳐져 있다는 사실만으로도 두렵고 불변하는 어떤 힘을 느끼기도 했다. 계시와 권위의 원천으로 상상되기도 했다.

하늘 아닌 곳이 어디인가

특히 고대 세계에서는 하늘에 천정이 있다고 생각했다. 그 천정 너머에 있는 신이 세상을 내려다보며 통치한다고도 믿었다. 그런 배경 속에서 다양한 신화들도 생겨났다. 하지만 지금은 하늘에 천정이 있고 그 천정 너머로 신이 존재한다는 그동안의 이미지가 우주과학적 발견 앞에서 무너지고 말았다. 우주는 무한하며, 인간 삶의 토대인 듯한 이 땅덩어리가 우주 공간 안에서는 정말 먼지 한 점만도 못할 만큼 미미하다는 사실을 오늘날의 우주과학이 증언하고 있다. 동시에 우주의 눈으로 보면 우리가 두 발 디디고 사는 이 땅 자체가 곧 하늘이다. 땅 아래도 하늘이고 위도 하늘이다. 내가 그대로 하늘의 한복판에 있는 셈이다. 도대체 하늘 아닌 곳이 어디란 말인가.

예수가 승천했다고 전하는 성서의 하늘이란 분명히 저 높은 공간 어딘가를 말하는 것이다. 저 위에 천정과 같은 것이 있다고 생각했기에 하늘로 올라갔다는 신화적 양식도 생겨난 것이다. 하지만 우리가 서 있는 이 땅마저 사실상 하늘의 일부라는 것을 알아가고 있는 오늘날, 예수가 하늘로 올라갔다거나, 심지어 구름을 타고 다시 오리라는 신화적 표현은 정말 신화적 표현으로서만 의미를 지닌다. 빛의 속도로 평생을 날아가도 끝이 없을 것 같은 하늘을 알아가고 있는 오늘날, 하늘은 더 이상 저 높이에 있는 어떤 공간을 의미하지 않는다. 설령 우주 끝에 천정 모양의 하늘이 있다손 쳐도 그 어마어마한 우주 끝에서 신적 존재가 하필 한 점 먼지만도 못한 지구로 그것도 손오공처럼 구름을 타고 오리라는 상상은 이제 신화적이다 못해 순진하게까지 느껴진다.

결국 오늘 우리에게 하늘은 한 번 더 적극적인 '탈신화'를 요청한다. 하늘이라는 공간성을 추상화시켜 '승천'이라는 것에 대해 신학적으로 해설하자면, '승천'이란 죽은 예수가 죽음으로 끝나지 않고 하느님의 생명 안으로 들어갔다는 강력한 신앙의 표현이다. 부활이나 승천은 물론 예수의 모든 사건이 제한적 시공간 안에 머물지 않으며, 죽음마저도 영원한 하느님의 섭리 속에서 이루어진 생명의 사건이 된다는 것을 말하려는 것이다. 그것이 예수가 하늘로 올라갔다는 것의 진정한 의미이다.

존재론적 고향

그리고 그것은 모든 그리스도인에게서 벌어질 미래이기도 하다. 그래서 예수는 '부활한 첫 사람'(고린도전서 15,20)이 되신 것이다. 모든 이가 예수처럼 부활할 것이라는 말이다. 모든 이가 하늘의 생명에 온전히 참여하게 되리라는 것이다. 그러니 그리스도인이라면 그러한 희망을 품어야 한다는 것이다. '믿음의 조상들'이 "하늘에 있는 더 나은 고향을 갈망"하며 살았다는 성서의 전언(히브리서 11,16)도 크게 이러한 배경 속에서 나왔다. 지구가 하늘 한복판에 있는 하늘 자체이듯이, 예수의 승천이라는 말 속에는, 사람이 하느님 안에 있지 않았던 적이 없다는 사실을 예수가 온전히 보여주었다는 의미가 들어 있는 것이다. 그리고 그를 따르는 이들이라면 그렇게 살아야 한다는 뜻도 함축적으로 들어 있다.

믿음의 조상들이 "하늘에 있는 더 나은 고향"을 갈망했다는 것은 그저 비일상적 환상을 꿈꾸며 살았다는 뜻이 아니다. 하늘에 있는 고향을 향한다고 해서 우주 공간 속으로 로켓을 타고 갈 만한 곳에 고향이 있다는 뜻이 아니다. 우주적 차원에서 보면, 우리가 두 발을 디디고 살고 있는 이곳이 바로 하늘이기 때문이다. 우주의 눈으로 보면 하늘의 한가운데 있지 않은 것은 없다. 우리가 디디고 있는 땅이 바로 하늘이다. 그렇다면 하늘에 있는 고향을 갈망한다는 것은 이 땅 위에서 살면서 이 땅의 하늘적인 가치를 잊지 않는다는 뜻이기도 하다. 삶의 존재론적 근원에 대해 인식하며 산다는 말이다. 그리고 보면 그것이 오늘날 종교적 선각자들이 깨달아가고 있는 하느님의 세계이다.

누가 하늘을 독점하는가

　모든 곳에서 하느님을 보는 것, 그런 식으로 인간의 근본 도리를 실천하며 살아가는 것이 그리스도인의 삶이다. 우리가 두 발 디디고 사는 이 땅 역시 하늘인 마당에, 어찌 하늘과 하늘 아닌 곳을 나누고, 신 있는 곳과 신 없는 곳을 나눌 수 있겠는가. 우주 안에서 보면 먼지만도 못할 정도로 미미한 이곳에서 어찌 기독교와 비기독교를 나누고, 신자와 비신자를 차별할 수 있겠는가. 누가 하늘을 독점할 수 있다는 말인가. 신자든 비신자든, 그리스도인이든 비그리스도인이든, 모두 하늘을 딛고 하늘 안에서 살아가는 존재이다. 삼라만상이 신의 거처이자 작품이기 때문이다: "하늘은 나의 보좌요 땅은 나의 발판이다. 너희가 나에게 무슨 집을 지어 바치겠다는 말이냐? 내가 머물러 쉴 곳을 어디에다 마련하겠다는 말이냐? 모두 내가 이 손으로 지은 것이 아니냐?"(이사야 66,1) 신의 초월성과 보편성을 발견했던 이천육백여 년 전 제2이사야의 통찰은 오늘날 교회 중심주의자들이 회복해야 할 최우선의 메시지이다. 누군가 하늘을 독점하고 있는 듯한 신화는 이제 다 깨져가고 있는 시대인 것이다.

신은 떠나지 않는다
360°로서의 신

"얘야, 너는 늘 나와 함께 있고 내 것이 모두 네 것이 아니냐?"
(루가복음 15,31)

종교, 상통하는 이야기들

여러 종교들의 가르침은 구조가 비슷하다. 진리는 원천적으로 이미 이루어져 있으니, 마음의 눈을 열고 이미 이루어져 있는 진리를 보아야 한다고 선포한다. 가령 『열반경』에는 "일체중생실유불성一切衆生悉有佛性"이라는 말이 있다. 살아 있는 것에는 모두 불성이 있다는 것이다. "중생이 곧 부처"라거나 "산천초목이 다 불성을 이루고 있다"(山川草木悉皆成佛)는 가르침도 있다. 사람들이 어떻게 생각하든, 모든 것은 불성의 작용이자 원천적으로 불성 자체이니 그만큼 귀하다는 것이다.

후에 천도교로 개칭된 동학의 창시자 최제우 사상의 핵심은 "시천주侍天主"이다. 인간은 누구나 '천주를 모시고 있다'는 것이다. 이것을 동학의 3대 교조 손병희는 "사람이 곧 하늘"(人乃天)이라는 식으로 표현했다.

인간이 그대로 하늘이니 누가 누구를 억압하고 누가 누구에게 억압당하는 일이 벌어져서는 안 된다는 뜻이 들어 있다. 남녀노소, 빈부귀천이 따로 없기 때문이다. 그러니 "사람을 하늘처럼 섬겨야"(事人如天)한다는 이것이 동학 최고의 윤리가 된다.

성서에서는 "생겨난 것 치고 말씀으로 말미암지 않은 것은 없다"(요한복음 1,3)고 말한다. 세상에 존재하는 것은 모두 하느님의 말씀으로 생겨난, 하느님의 귀한 피조물이라는 것이다. 이러한 가르침들은 한결같이 진리란 인간이 만들어낸 것이 아니라, 본래 주어져 있는 것이며, 인간은 마음의 문을 열고 그 진리를 온전히 볼 수 있어야 할 뿐이라는 요청이 들어 있다.

아버지와 두 아들 이야기

흔히 '탕자의 비유'라고 알려진, 성서의 '아버지와 두 아들 이야기'(루가 15,11-32)도 그런 내용을 충실히 담고 있다. 잘 알려진 구절이지만, 하느님은 어떤 분이신지, 내가 두 발을 디디고 있는 자리가 어디인지 되돌아보게 만든다.

한 아버지에게 두 아들이 있었다. 어느 날 둘째 아들은 원하는 것을 마음대로 해보려는 욕심에 아버지께 요구했다: '아버지, 제 몫 좀 챙겨주십시오. 저도 제 식대로 한 번 살아볼랍니다.' 아버지는 두말 없이 둘째 몫의 재산을 챙겨주었다. 둘째는 가능한 한 아버지의 손길이 닿지 않을 만한 먼 곳으로 떠났다. 그곳에서 제멋대로 살며 흥청망청 지냈다.

그러다 갖고 있던 돈은 바닥났고, 심한 흉년마저 겹치자 굶주리게 되었다. 그러자 그는 까맣게 잊고 살았던 아버지의 집이 생각났고 그리워졌다. 그는 아버지의 집으로 돌아가기로 결심했다. 자기가 있던 그 자리는 양식이 풍성하고 기쁨이 넘치는 집이었음을, 아들과 아버지는 도대체 떼려야 뗄 수 없는 관계임을, 그래서 다시 돌아가야 할 자리임을 둘째는 떠나보고야 비로소 떠올리게 되었던 것이다.

아버지는 떠난 아들을 늘 기다리고 있었다. 마을 어귀에 있던 아버지는 멀리서 아들이 돌아오는 것을 보았다. 그러자 달려 나가 초라해진 아들의 목을 끌어안고 기쁘게 입을 맞추었다. 아들의 잘못에 대해 일언반구 따지지 않았다. 아들이 돌아왔다는 사실만으로 한없이 기뻐서 성대한 잔치를 베풀기에 여념이 없는 분이었다. 아들이 돈을 달랄 때는 내주는 분이었고, 뉘우치고 돌아오니 더 기쁜 분이었다. 그렇게 예나 이제나 한결같은 분이었다. 어제도 없고 내일도 없는, 오늘뿐인 분이었다.

유영모 선생은 '오늘'이라는 말을 "온 + 늘"로 푼다. '온'은 온전하다는 뜻이고, '늘'은 한결같다는 뜻이다. 언제나 온전하고 한결같음이 바로 '오늘'이라는 말이다. 오늘은 영원하다. 하느님이 '영원한 오늘'과 같은 분인 것이다. 왔으면 그만이지 하며, 그것으로 족해하고 기뻐하는 분이다. 물론 돌아오지 않았다고 해도 늘 함께하시는 분이셨다. 이것이 둘째 아들의 아버지였다.

그런데 이 광경을 본 큰아들은 동생을 꾸짖기는커녕 기쁨의 잔치를 베풀어주는 아버지가 못마땅했다. 아버지와 늘 함께했는데도 자신에게는 염소새끼 한 마리 잡아주지 않던 아버지가 방탕하게 살다온 동생에게는 소를 잡아 성대한 잔치를 베풀어주는 모습을 보고는 도대체 말이 되느냐며 따졌다. 그런 큰아들에게 아버지는 또 이렇게 말한다: "애야, 너는 늘 나와 함께 있고 내 것이 모두 네 것이 아니냐?"(루가 15,31) 아버지께서는 애당초 이미 모든 것을 자신에게 내주고 계셨던 분이었음을 늘 함께 살았던 큰아들도 몰랐다. 한집에 살고 있었다는 이유로 아버지의 사랑을 독점할 수 있을 것처럼 생각했지만, 아버지와 그저 같은 공간에 있었을 뿐, 큰아들은 아버지가 어떤 분인지 사실 잘 알지 못했다. 자기가 아버지의 이름을 더 많이 불렀으니 아버지의 사랑을 더 많이 받아 마땅하다는 식으로 생각했지만, 아버지는 그러한 판단 안에 갇히지 않는 분이라는 사실을 잘 몰랐다. 이런 큰아들에게 아버지는 자신의 것이 본래 큰아들의 것이었다는 사실을, 그러기에 큰아들 역시 이 모든 것을 온전히 누리고 살던 자신의 귀한 아들이었음을 되새겨준다.

둘째에게든 첫째에게든 아버지는 늘 함께하고 늘 내어주는 분이셨다. 늘 아버지와 함께 있었던 첫째가 아버지에 가깝고 집나간 둘째는 아버지와 멀다고 생각할 법하겠으나, 사실상 아버지는 그 누구와도 떨어져 본 적이 없는, 모두를 위한 분이셨다. 기독교인과도 비기독교인과도, 유신론자와도 무신론자와도, 남녀노소 빈부귀천 가릴 것 없이 함께하고 내어주는 분이셨다. 그것이 예수의 아버지셨다.

0°에서 360°로

비로소 돌아온 자리, 그곳은 아버지의 집이다. 아버지의 집은 저 하늘

꼭대기에 있는 것이 아니다. 지금 있는 자리, 전에 있던 자리가 모두 아버지의 집이다. 둘째는 떠나기 전이나 떠난 이후나 돌아온 뒤나 아버지와 함께 살았다. 그러나 떠나기 이전의 삶과 돌아온 이후의 삶이 결코 같은 삶만은 아니다. 전에도 아버지 곁에 있었지만 그때의 아버지는 나의 존재감을 제한하는 거추장스러운 타인이었다. 그러나 돌아온 이후의 아버지는 자신의 모든 것을 다 내어주는, 자기 존재의 근원이었다. 과거의 자리가 0°의 자리였다면, 돌아온 후의 자리는 360°도의 자리라고 할 수 있다.

0°와 360°는 수학적으로는 같은 지점이지만, 종교적인 차원에서는 결코 같지 않다. 0°의 자리는 불평과 불만, 시기와 질투의 자리, 더 많이 소유하라고 충동하는 자리이지만, 360°의 자리는 내 것이 네 것이라며, 다 내어주고 기쁨의 잔치를 벌이는 자리이다. 0°의 자리가 내 멋대로 살아보고픈 욕망의 자리라면, 360°의 자리는 떠난다고 할 때 미련 없이 내어주고, 그러면서 다시 돌아오기를 애타게 기다리는 자리이다. 그리고 다시 돌아오면, 과거를 불문하고 기쁨으로 받아들이는 자리이다. 0°의 자리가 기독교의 교회 중심적 자리라면, 360°의 자리는 교회 안이든 밖이든 어디서든 베풀어지는 은총의 자리이다. 특정 조직이나 제도나 건물이 아니라, 모든 곳이 하느님의 교회임을 볼 줄 아는 자리이다. 하느님은 어떤 자리든 떠나 본 적이 없는 분이기 때문이다. 모든 곳에 계시고 이미 모든 것을 내어주시고 계신 그런 분이시기 때문이다.

제2부

우상의 재해석

문화적 혼용과 탈경계 신앙

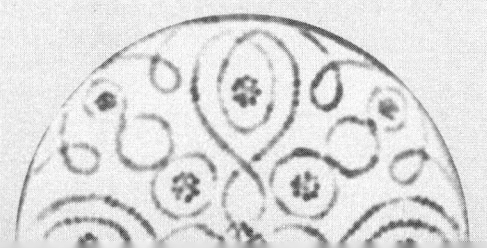

절한다고 우상숭배가 아니다
형식과 마음

"탐욕을 부리는 자가 우상을 숭배하는 자입니다."
(에페소서 5,5)

한국 기독교인은 기독교인인가

　기독교는 율법과 혈연 중심의 민족 종교를 넘어섰기에 세계의 보편 종교로 거듭날 수 있었다. 그런데 불행하게도 한국에 전해진 기독교, 한국 기독교인의 대다수는 기독교인이라기보다는 고대 유대교인에 가깝다. 이슬람 국가를 제외하면 거의 세계 최고 수준인 남성 '할례'(이른바 포경수술) 비율은 말할 것도 없거니와, 무엇보다 이천오백여 년 전 확립된 유대인들의 각종 율법 규정이 확연히 다른 시간과 장소, 문화권에 살고 있는 한국인들에게까지 상당 부분 문자 그대로 남아 금과옥조처럼 여겨지는 현실이 그렇다.

　율법의 '문자'가 아닌 '정신'을 실현하고자 한 예수가 율법을 거스른다는 이유로 율법가들에 의해 희생되었는데, 예수를 따른다는 오늘날 기독교인들이 다시 예수를 죽인 율법가의 편에 선다. "사람이 안식일을 위해 있는 것이 아니라 안식일이 사람을 위해 있는 것"이라는 예수의 정신을 여전히 반대로 알아듣는다. 개신교권에서 여전히 회자되는 '주일성수主日聖守'라는 말 속에 사람보다 조직과 의례를 더 중시하는 분위기가 강력하게 들어 있다.

오늘 한국 기독교인들은 우상숭배 개념도 신약성서보다는 고대 유대인들의 다분히 문자주의적 시각 안에 머문다. 사실 고대에는 자연 현상을 신처럼 숭배하는 경우가 많았다. 이것은 세계 어디서든 보편적으로 나타나는 현상이다. 그런데 유대교 본연의 사상 중 독특한 점이 있다면 신은 그 자연을 초월하는 분이라는 사실을 발견했다는 것이다. 그래서 유대교 엘리트 지도자들은 자연이나 자연의 형상을 신과 동일시하지 말라며 경계했다. 십계명의 일부인 우상숭배 금지 조항도 그 일환이다. 다시 말해, 우상을 섬기지 말고 절하지 말라는 조항(출애굽기 20,4; 신명기 5,8)은 본래 동물이나 새 등의 구체적인 형상 안에서 신을 보면서 자존자, 초월자로서의 신(야훼)을 다신교적 최고신 또는 부족신(엘) 수준으로 격하시켜버리는 고대 이스라엘 대중의 종교적 몰이해에 대한 엘리트 사제 계급들의 신학적 경고이다. 신은 특정 형상 안에 갇히지 않는 초월자이시니 그러한 구체적인 형상이 신인 양 경배하지 말라는 것이다.

그것을 강조하다보니 어떤 형상이든 만들지도 말고 절하지도 말라는 규정도 생겨났다. 요점은 자연의 구체적인 형상 자체를 신처럼 섬기지 말라는 것이다. 신학적으로 풀자면, 어떤 것이든 하느님보다 더 높여서는 안 된다는 뜻이다. 하느님 아닌 것을 하느님보다 높인다는 것은 무엇인가? 신약성서에서는 이러한 물음을 중시하면서, 숭배의 문자적 의미보다는 신학적이고 신앙적인 측면을 강조한다.

우상이라는 착각

신약성서에는 구체적인 형상을 숭배하지 말라거나 절하지 말라는 차원의 우상숭배 금지 규정은 나오지 않는다. 그 대신 '음행', '탐욕' 등 '세상적인 일에 마음을 쓰는 행동'을 가리키는 비유적 표현으로 우상숭배偶像崇拜(에이돌로라트리아)라는 용어를 사용하고 있는 경우가 있을 뿐이다.(에페소서 5,5; 필립비서 3,19 참조)

신약성서에서 말하는 우상숭배는 단순히 어떤 형상에 몸을 굽히는 행위를 말하는 것이 아니다. 이른바 우상 앞에 놓인 제물을 그리스도인이 먹으면 우상숭배의 죄를 짓는 것이라고 생각한 초기 그리스도인들에게 바울로는 이렇게 설교했다. 요지인즉, '우리가 믿는 하느님은 한 분이신데, 세상에 우상이랄 것이 뭐 있겠는가, 우상 앞에 놓인 제물은 그저 음식일 뿐, 구원을 얻고 못 얻고의 기준이 되지 않는다.'(고린도전서 8,4-8)

다른 신 앞에 바쳐진 제물을 먹는다고 해서 영혼이 더러워지는 그런 것도 아니다. 하느님은 한 분이신 까닭에 다른 어떤 것을 신으로 간주할 이유도 없다는 뜻이다. 절을 하는 행위도 같은 맥락이다. 신약성서에서 말하는 우상숭배란 어떤 형상 앞에 절을 하는 그런 행위를 말하는 것이 아니다. 그보다는 하느님을 인간적인 욕심 안에 가두는 행위를 의미한다. 자신의 이익을 구하는 행위의 수단 내지 근거로 하느님을 들먹이는 행태가 하느님을 우상의 차원으로 끌어내리는 행위, 즉 우상숭배인 것이다. 보통 때는 하늘에 모셔두고 무관심해하다가 아쉬울 때 하느님, 예수님 하며 욕구 충족을 위해 찾는 그런 수준이라면, 하느님을 욕심 안에 가두는 행위이니, 그것이야말로 우상숭배라는 것이다. 당연히 그런 우상숭배는 멀리해야 한다. "자신의 이익을 구하는 것이 아니라 남의 이익을 도모"하는 행위를 해야 하는 것이다.(고린도전서 10,24)

상에 대한 집착을 넘어

그럼에도 불구하고 한국 기독교인들은 여전히 문자주의literalism에 사로잡혀 있다. 대체로 우상의 속뜻보다는 고대 유대교 율법의 문자적 정의에만 얽매어 어떤 형상에 절하기만 하면 무조건 단죄하는 경향이 농후하다. 불상이 그저 '상'과 연결된다는 이유로 '우상'시하고, 개신교인은 천주교인이 성모상에 절하는 행위조차 비난한다. 하느님의 '외아들' 예수님을 낳은 분에 대한 공경의 표시인데—물론 천주교인 가운데도 마리아를 하느님과 동급으로 생각하는 이들이 있다. 이전에 두루 있었던 여신 숭배 전통이 한국 가톨릭에서는 성모 숭배 안에 남아 있는 셈이라고나 할까—교회사적 의미나 그 속뜻을 알려 하지 않는다. 물론 알려주는 이도 없다. 무지하기 때문일 것이다. 그저 문자적 의미만 알아들으니, 허리를 굽힌다는 행위만으로 단죄한다. 저도 모르는 사이에 다반사로 하는, 욕망에 마음을 굽히고 돈에 허리를 굽히는 행위가 사실상 우상숭배라는 사실에는 아랑곳하지 않는다. 거기에는 별 반성이 없다.

허리 굽혀 절하는 것을 금지하는 규정은 앞에서 말한 대로, 자연 현상을 신처럼 간주하던 시절에 생긴 금지 규정이다. 하지만 오늘은 자연이 탈성화되어, 자연은 그저 자연일 뿐만 아니라 인간에 의한 정복의 대상이라고 생각할 정도로 무가치해졌다. 그로 인한 자연 파괴를 염려하고 반성하면서 자연주의 내지 생태학이 주요 관심사로 떠오르고 있는 것이다. 어찌되었든 요즘처럼 세속화한 세상에 어느 누가 흙이나 청동으로 만든 형상 자체를 신이라 생각하고 그것에서 복을 구하는 이가 어디 있는가?

가령 불자들이 불상에 절을 한다면, 그것은 본래 그 너머의 진리에 존경을 표시하는 행위이다. 창을 통해 밖의 경치를 보듯이, 형상 너머의 진리를 형상을 '통해' 보고자 하는 행위인 것이다. 물론 성모님을 하느님과 동일시하는 가톨릭 신자가 있듯이, 불상을 불교적 진리 이상으로 생각하는 불자들도 있지만, 그것이 기독교의 전부가 아니고, 그것이 불교의 전부가 아닌 것은 분명하다.

언제까지 예수를 죽일 것인가

하지만 대체로 이런 것을 구분하지 못한 채 이른바 '우상'을 문자 그대로 행동을 해석한 뒤 맞지 않으면 쉽게 단죄하는 경향이 지배적이다. 특히 개신교에 제일 심하다. 하지만 유감스럽게도 그것은 그렇게 단죄되어서 죽은 예수를 다시 죽이는 행위가 아닐 수 없다. 그 예수가 옳은 분이라고 믿는다면서도 상당수 기독교인들이 자신도 모르는 사이에 여전히 예수를 단죄하는 자리에 다시 선다. 종교의 이름으로, 율법의 이름으로 사람을 '죽이는' 사례가 여전히 한국 사회에서 횡행하고 있는 것이다. 무지하기 때문일 것이다.

하느님이 계시지 않은 곳이 어디 있으랴. 그래서 무소부재하다고 하지 않는가? 당연히 세상천지는 하느님이 일하시는 곳이다. 어디서든 일하시는 하느님을 발견할 수 있어야 할 것이다. 신앙의 이름으로 해야 할 것은 포용이고 용서이고 사랑이며, 해서는 안 될 것은 정죄이다. 언제 진정한 의미의 우상숭배에 대한 이해가 이루어질까. 하느님께서 이미 깨끗하다고 하신 것을 저 혼자서 속되다며 금기시한 베드로의 잘못(사도행전 10장)을 오늘 반복해서는 안 될 것이다.

우상은 아무것도 아니다
바울로의 우상관

"우리가 알고 있는 대로 세상에 우상은 아무 것도 아니고
또 하느님은 한 분밖에 안계십니다."
(고린도전서 8,4)

절에 바친 제물, 교회에서 먹어도

1세기 기독교 교회가 당면한 문제 중의 하나는 우상과 관련된 것, 즉 이방신이나 우상이라고 생각되던 것에 제물로 드렸던 것을 그리스도인이 먹을 수 있느냐 하는 것이었다. 일반적으로 그리스-로마 시대에 제물을 함께 나누어 먹는 것은 그 공동체와 해당 신을 재통합시키는 수단이었다. 굿이나 보고 떡이나 먹는다는 속담이 있듯이, 우리나라도 동제洞祭를 지내거나 하면 제사 때 바쳤던 제물은 동네 사람들 다 함께 나누어 먹는 것이 관례였다. 그것은 신을 정점으로 해서 그 지역 및 공동체를 통합하는 수단이었다. 굳이 종교적인 의미를 부여하지 않는다 해도, 제물을 나누어 먹는 일이 사람들과의 교제 수단이 되는 것은 분명했다. 그래서 다소 개화한 그리스도인들은 이러한 식사에 자유롭게 참여하기

도 했다. 하지만 일부 그리스도인들은 이러한 공동 식사가 다른 신을 섬기는 행동이라고 간주해 제물 음식을 거부했다. 이때 바울로는 이렇게 가르쳤다: "우상은 세상에 아무것도 아니다."

우상 앞에 놓았던 제물을 먹는 문제가 나왔지만 우리가 알고 있는 대로 세상에 우상은 아무 것도 아니고 또 하느님은 한 분밖에 안계십니다. 남들은 하느님도 많고 주님도 많아서 소위 신이라는 것들이 하늘에도 있고 땅에도 있다고들 하지만 우리에게는 아버지가 되시는 하느님 한 분이 계실 뿐입니다. 그분은 만물을 창조하신 분이며 우리는 그 분을 위해서 있습니다.(고린도전서 8,4b-6a)

흔히들 기독교는 하느님을, 불교는 부처를, 이슬람은 알라를, 무당은 잡신들을 섬긴다고 생각하면서, 기독교인은 자신도 모르는 사이에 하느님을 여러 신들 중 하나로 간주한다. 다신교적 사고를 갖는 것이다. 그런 현상은 저제나 이제나 여전하다. 그때 바울로의 일성은 오늘날 그리스도인들도 두고두고 되새겨야 할 일이다: '하늘이나 땅에 이런저런 신들이 많이 있다고 하나, 우리에게 신은 한 분뿐이 아니냐'는 말. 의미인즉, 그 심중까지 적극적으로 해설하건대, 만일 신이 한 분이시라면 그분은 계시지 않은 데가 없을 테고, 그렇다면 어떤 음식이든 그것을 나누는 일 역시 그분과의 관계성 안에서 이루어지는 일이 아니겠냐는 것이다. 그 마당에 우상이랄 것도 뭐 있겠느냐는 것이다. 다른 편지에서는 이렇게 말한다: "모든 것은 그분에게서 나오고 그분으로 말미암고 그분을 위하여 있다."(로마서 11,36) 이 책의 주제인 '범재신론'의 요지를 쏙 뽑아낸 명문이 아닐 수 없다. 나아가 성서 전체를 요약한 문장이 아닐까 한다.

더러운 음식은 없다

당연히 그 한 분에 대한 신앙만 분명하면 설령 그것이 어디에 바쳐진 제물이든 좋은 음식이 될 수 있지 않겠느냐는 것이다. 그러나 속 좁은 사람들은 여전히 이것을 깨닫지 못한 채 우상에 대한 고정 관념을 버리지 못하고, 당연히 인간관계 때문에 어쩔 수 없이 제물을 나누어 먹고는 양심에 가책을 느끼거나 자신이 더러워졌다는 죄의식을 가진다. 이것을 보고 바울로는 안타까운 마음에 이렇게 설교한다.

어떤 교우들은 아직까지도 우상을 섬기던 관습에 젖어 있어서 우상에게 바쳤던 제물을 먹을 때는 그것이 참말로 우상의 것이라고 생각합니다. 그리고 그들의 양심이 약하기 때문에 그 음식으로 말미암아 자기들이 더럽혀졌다고 생각합니다. 음식이 우리를 하느님께로 가까이 나가게 해 주는 것은 아닙니다. 그것을 안 먹었다고 해서 손해될 것도 없고 먹었다고 해서 더 이로울 것도 없습니다.(고린도전서 8,7-8)

어찌 음식물 가지고 하느님 앞에 나아가고 나가지 못하고가 결정되겠는가! 바울로에 따르면 어떤 신 앞에 바쳐진 제물이든 그것은 먹지 않았다고 손해될 것도 없고 먹었다고 딱히 이로울 것도 없는 정도의 것이다. 음식물 규정에 얽매이는 수준을 하루속히 벗어나야 한다는 것이다. 왜인가? 정말 하느님이 한 분이시라면 그분은 어디에든 계실 테고 그러니 무슨 행위에도 거리낌이 있을 이유가 없기 때문이다.

약한 사람은 여전히 있으니

물론 믿음의 정도에도 수준 차이가 엄청나다. 불교식으로 말하면 사람의 근기根機가 워낙 다양한 법이다. 어떤 신전에 바쳐진 제물이라도 맛난 음식으로 생각해 자유롭게 먹을 수 있는 사람이 있는가 하면 도대체 껄끄러워 손도 못 대는 사람도 있고, 저만 먹지 않으면 되는 것을 남들도 먹지 못하게 하거나 먹는 사람을 비방하고 정죄하는 낮은 근기의 사람들도 분명히 있다. 이때 바울로가 던지는 충고 한 마디: "다만 여러분의 자유로운 행동이 믿음이 약한 사람을 넘어지게 하는 일이 없도록 조심하십시오."(고린도전서 8,9)

자유롭게 행동하되, 믿음이 약한 사람을 넘어지지 않게 하는 정도로 하라는 것이다. 왜냐하면 그 믿음이 약한 이 역시 그리스도가 포용하시려고 하던 자인데 굳이 그 여린 이의 양심에 상처를 입혀서야 되겠느냐는 것이다.(고린도전서 8,12) 함수, 지수, 로그, 미분적분을 잘한다고 해서 더하기와 빼기밖에 못 하는 초등학생 저학년을 그것도 수학이냐며 무시해서는 안 된다는 것이다. 물론 더하기, 빼기밖에 못 하는 초등학생이 지수, 로그, 미적분을 수학이 아니라고 거부하는 더 황당한 일이 생기지 않도록, 수학의 세계가 지금 알고 있는 것보다 훨씬 깊고 넓다는 가르침도 늘 병행해야 하는 것이다. 신앙도 마찬가지이다. 교리도 신학도 늘 새로운 세계에 대한 개방성을 전제하는 가운데 신자들의 신앙이 성숙될 수 있도록 해야 할 책임이 교회에 늘 부여되어 있는 것이다.

유대교에서 분리되다
탈율법주의

> "율법을 지키는 것으로는 누구를 막론하고 하느님과의
> 올바른 관계를 가질 수가 없기 때문입니다."
> (갈라디아서 2,16)

초기 기독교의 신앙 양상

1세기 그리스도교회의 신앙 양상은 크게 두 갈래로 나뉘어졌다. 그 하나는 오랫동안 유대교 율법에 익숙했다가 그리스도인이 된 사람들이었고, 다른 한 부류는 박해를 피해 비유대 문화권으로 들어간 유대인들 또는 유대교의 율법과 전혀 상관없는 문화권에 살던, 이른바 이방인들이었다.

유대교 율법에 익숙했던 전자의 경우는 신앙 생활도 율법적으로 했다. 이들은 예수에 대한 신앙도 613개나 되는 유대교 율법을 지킴으로써 가능하다 여겼고, 특히 할례와 같은 의례를 준수하려고 했다. 그 대표적인 사람이 야고보였고, 베드로도 그러한 입장을 견지했다.

하지만 후자에 속한 이들은 신앙 생활과 율법을 거의 별개로 생각했

다. 율법 밖의 문화에 더 익숙했던 데다가 율법보다는 그리스도 체험이 더 컸기에, 율법은 그리스도가 오신 뒤 효력이 상실된 것으로 간주했다. 그저 그리스도에 대한 믿음과 올바른 행실이면 충분하다고 여겼다. 그 대표적인 사람이 바울로다.

물론 율법주의적이었던 야고보와 베드로, 그리고 율법에 매이지 않았던 바울로도 다 초기 교회의 주요 지도자들이었다. 하지만 초기 교회 성립기, 이들 간에는 개성 차이도 있었고, 율법을 둘러싼 입장 차이도 컸다. 지도자들 간에 입장 차이가 생기자 신자들 간에도 혼란이 생겼다. 그러자 이를 해결하고자 서기 49년경 예루살렘 교회에서 사도 회의가 소집되었다. 그리고 거기서 중대한 결정을 내렸다. 지도자들의 소명과 개성을 존중하면서 그 소명에 맞게 전도 대상을 나누어 선교하기 시작한 것이다.(갈라디아서 2,9) 그 뒤 베드로는 유대인 중심의, 바울로는 이방인 중심의 선교를 본격 도모하게 되었다.

바울로의 선교관

이 지도자들 간에는 가끔 비판적 논쟁들도 벌어지곤 했다. 한번은 이런 갈등이 생겼다. 베드로가 자신의 예수 체험을 전해주고자 안티오키아에 있는 교회에 갔을 때 일이다. 안티오키아 교회는 유대인과 이방인이 섞여 있던 교회였다. 초기 교회의 주요 의례인 애찬식도 유대인과 이방인이 뒤섞여 거행했다. 그 자리에 유대인의 율법을 존중하던 베드로가 가게 되었고, 함께 식사를 하게 된 것이다. 베드로는 이처럼 기회가 되면 이방인들과 함께 식사하기도 했을 만큼 '골수' 율법주의자는 아니었다.

그런데 이 자리에 베드로보다 더 율법적이었던 야고보의 사람들이 들어왔다. 유대인 율법의 음식규정대로라면 이방인과 식사를 할 수 없도록 되어 있었는데,(에제키엘 4,13; 호세아 9,3-4) 이방인과 식사하는 장면을 깐깐한 율법주의들이 목격하게 되었으니 베드로는 난처했다. 그래서 애찬의 시간을 사양하고 슬쩍 자리를 피했다. 야고보의 사람들을 자극하면 큰 문제가 생길지 모른다 생각했기 때문이었을 것이다.

그런데 이러한 사실을 바울로가 알게 되었다. 그러자 바울로는 베드로를 비판했다. 조금 전까지 이방인과 어울려 식사를 해놓고는 율법적 사람들이 들어온다고 해서 자리를 피하는 행동은 위선적이라는 이유에서였다. 그러기보다는 이방인과 더불어 식사하면서 적극적으로 함께 어울리는 게 더 좋다는 것이 바울로의 충고였다.(갈라디아서 2,11-14) 유대인의 율법으로부터 자유로울 때 진정한 그리스도인이 될 수 있다는 것이었다. 유대 민족 중심적 사고방식을 넘어설 때에야 그리스도 신앙이 세계화할 수 있다는 것이었다. 이것이 바울로 신앙관의 핵심이었고, 당시 세계에 어울리는 신앙적 실천을 위한 요청이었다.

율법주의를 넘어

물론 이러한 요청은 내내 유대인의 율법적 문화 속에서 살았던 베드로에게는 결코 쉬운 일이 아니었다. 그렇기는 하지만 베드로는 이러한 충고를 이해하지 못할 정도의 사람은 아니었다. 그도 결국은 하느님이야말로 종족이나 신분상의 이유로 인류를 차별하는 분이 아님을 깨닫고서 교회의 지도자가 될 수 있었기 때문이다. 선교라는 것은 율법주의적 자기중심주의의 일방적 적용과 확대가 아니라, 자신을 제한하고 이웃을 인정 및 포용하는 데서 시작한다. 하느님께서 모든 곳에서 일하고 계신다는 사실을 수용하고 구체화하는 곳에서 진정한 선교가 이루어지는 것이라는 말이다.

그런 점에서 기독교 선교의 역사는 혈연이나 민족 중심의 율법주의를 극복해온 역사라고 할 수 있다. 오늘날로 치자면 자기 집단 중심주의를 극복해온 역사인 것이다. 바울로식 보편성의 승리인 셈이다. 이런 자세를 오늘날의 상황 안으로 가져오건대, 다른 종교인과 적극적으로 만나지 못하고서 그리스도인으로 산다는 것은 모순이라고 할 수 있다. 종교적 자기폐쇄주의를 벗어나 이웃과 편견 없이 만날 때, 그 이웃이 그리스도교의 언어를 비로소 알아들을 수 있게 되는 것이다. 바울로의 주장을 따르건대, 여러 종교에 대한 이해와 종교 간 대화가 필요한 이유도 여기에 있다. 오늘의 상황을 감안해 더 적극적으로 말하면, '타'종교를 '이웃'종교로 대할 수 있어야 하는 것이다.

대화의 이유

바울로에게는 이방인들이 알아들을 수 있는 언어로 예수의 의미를 해설하고 해석할 줄 아는 능력이 있었다. 율법의 근본 의미를 읽고 그로부터 자유로워짐으로써 이른바 이방인에게 신앙의 보편성을 알려준 바울로가 없었다면, 기독교가 오늘과 같은 자리매김을 한다는 것은 애당초 불가능했을 것이다. 기독교가 오늘의 기독교가 된 데에는 바울로의 이런 자세가 한복판에 놓여 있다. 오늘날의 종교나 종파, 각종 이념들보다 더 강력했던 당시의 민족 내지 율법적 장벽을 넘어섬으로써 오늘의 기독교가 성립될 수 있는 기초가 닦였기 때문이다. 기독교인들이 자신만의 언어와 세계관을 넘어, 이웃이 알아들을 수 있는 언어를 구사하는 훈련을 해야 하는 이유도 여기에 있다.

스스로 종이 되다
종교적 자유

"나는 어느 누구에게도 매여 있지 않은 자유인이지만 되도록 많은 사람을 얻으려고
스스로 모든 사람의 종이 되었습니다."
(고린도전서 9,19)

여전한 안식일법

유대교는 인류의 보편적 종교라기보다는, 유대인을 통해 전승되어온 유대인의 종교이다. 과거에 비하면 율법적 의무가 약해지고 그 해석 방식도 다양해졌지만, 율법 중심의 종교적 분위기, 특히 안식일법을 지키려는 분위기는 현대 유대인들에게도 여전히 남아 있다. 그 덕에 오늘날의 이스라엘에서도 주말이 되면 호텔 장사가 잘 된다고 한다. 단순히 주말을 즐기는 인파 때문이라기보다는, 호텔 음식을 먹으며 시간을 보내면서 안식일에 요리나 노동을 해서는 안 된다는 오랜 전통에 따르기 위해서이다. 안식일 법을 준수하는 형태가 다소 바뀌기는 했지만, 수천 년 전 안식일 규정이 여전히 지속되고 있음을 보여주는 적절한 사례라고 할 수 있다.

이천 년 전 이런 규정은 그저 문화가 아니라 법이었다. 그것도 신정체제에 근거한 법이었기에, 그 법을 지키는 것은 신께 이르는 길로 여겨졌다. 인간의 행위로 구원에 이른다는 사고방식을 잘 담고 있는 셈이다. 과거의 유대교는 지금에 비할 수 없이 강력한 율법 중심체제로 뒷받침되고 있었다.

예수, 그 반대의 길

하지만 그런 상황 속에서 태어났고 활동했지만, 예수의 가르침은 반대에 가까웠다. 예수는 짧은 생애 동안 인간의 행위가 아니라 신의 은총으로 구원된다는 사실을 보여주었다. 아니 신은 죄인을 도리어 더 사랑한다는 사실을 온 몸으로 보여주었다. 인간이 노력해서 구원에 이르는 것이라기보다는, 신께서 이미 구원하셨으니 그에 대한 감사의 생활을 해야 한다는 것이 예수다운 사고방식이었다. 인간의 행위라는 것이 애당초 사회적 한계 안에 상당 부분 갇혀 있는 것일 수밖에 없는 마당에, 그런 행위, 그것도 일반 무지렁이들로서는 다 알기도 지키기도 힘든 율법적 행위를 구원의 절대 기준으로 삼을 수 없다는 의미가 들어 있다고 할 수 있다.

고대 유대교적 율법과 상관없는 지역에 주로 머물면서 인간적 노력으로서의 율법의 한계를 지적하고 구원은 은총으로 이루어지는 것이라는 사실을 적절히 해석하고 보여준 또 한 사람이 있으니, 바울로다.

인간의 법, 하느님의 법

나는 어느 누구에게도 매여 있지 않은 자유인이지만 되도록 많은 사람을 얻으려고 스스로 모든 사람의 종이 되었습니다. 내가 유대인들을 대할 때에는 나 자신은 율법의 지배를 받지 않으면서도 그들을 얻으려고 율법의 지배를 받는 사람처럼 되었습니다. 나는 그리스도의 법의 지배를 받고 있으니 실상은 하느님의 율법을 떠난 사람이 아니지만 율법이 없는 사람들을 대할 때에는 그들을 얻으려고 율법이 없는 사람처럼 되었습니다. 그리고 믿음이 약한 사람들을 대할 때에는 그들을 얻으려고 약한 사람이 되었습니다. 이와 같이 내가 어떤 사람을 대하든지 그들처럼 된 것은 어떻게 해서든지 그들 중에서 다만 몇 사람이라도 구원하려고 한 것입니다.(고린도전서 9,19-22)

예수가 율법을 넘어 자유로웠듯이, 바울로도 율법으로부터 자유로웠다. 그는 스스로 밝히기를, 자신은 어느 누구에게도 매여 있지 않은 자유인이지만, 되도록 많은 사람을 얻으려고 스스로 모든 사람의 종이 되었다고 한다. 유대인을 대할 때는 유대인처럼 행동했다고 한다. 왜인가? 그들을 얻기 위해서였다는 것이다. 그는 율법으로부터 자유로운 사람이었지만, 율법에 매여 있는 사람에게는 율법에 매인 사람처럼 행동했다. 왜 그랬을까? 율법에 매여 사는 사람을 얻기 위해서였다. 또 율법이 없는 사람을 대할 때는 율법을 모르는 사람처럼 행동하기도 했다. 역시 그들을 얻기 위해서였다. 믿음이 약한 사람을 대할 때는 그 자신이 약한 사람이 되었다. 역시 그들을 얻기 위해서였다. 그는 이 사람을 만나면 이 사람에 맞게 행동하고, 저 사람을 만나면 저 사람에 맞게 행동할 수 있는 사람이었다. 어떤 사람을 대하든지 그들처럼 되었다. 진리를 전하기 위해 다양한 형편에 있는 사람들을 만나면 다양한 형편에 맞게 행동할 줄 아는 이것이 유대인의 법을 넘어선 '하느님의 법'(9.21)이라고 믿었기 때문이다.

법과 자유

이러한 삶이야말로 참으로 초월적인 신과 하나되고자 하는 삶이 아닐 수 없다. 신을 구름 너머에 있는 어떤 특정 형상처럼 상상하고서, 신을 특정 집단이나 특정 사람과만 관계 맺는 존재인 양 믿는 이들이라면 결코 바울로처럼 행동하기 힘들 것이다. 그런 사람은 정말 율법을 넘어선 자유의 삶을 이해하지 못할 것이다. 이해하기는커녕 저주하려들지 모를 일이다. 그런 사람은 신을 자기의 생각 안에 가두어두고, 자기만 맞고 남은 틀리다고 거부부터 할 것이다. 그 사람이 율법을 잘 지키는 사람이었다면 율법을 지키지 않는 사람들을 정죄했을 것이고, 만일 율법에 매이지 않는 사람이었다면 율법에 매인 사람을 비난했을 것이며, 건강한 사람이었다면 약한 사람을 깔봤을 테고, 높은 자리에 있는 사람이었다면 아랫사람을 무시했을 것이다.

그러나 바울로는 율법으로부터 자유로운 사람이었으면서도 율법에 매인 사람처럼 행동하기도 했다. "되도록 많은 사람을 얻으려고 스스로 모든 사람의 종이 되었다"는 것이다. 이것은 신과 하나되려는 사람이었기 때문에 가능한 삶이었고, 스스로 상대방에게 자신을 낮출 수 있을 만큼 겸손하면서도 용기 있는, 그러나 자유로운 삶이었다. 다른 곳에서는 이렇게 말한다: "나는 어떤 처지에서도 자족하는 법을 배웠습니다. 비천하게 살 줄도 알며 풍족하게 살 줄도 압니다. 배부르거나 배고프거나 넉넉하거나 궁핍하거나 그 어떤 경우에도 적응할 수 있는 비결을 알고 있습니다."(필립비서 4,11-12) 참으로 자신 있고 당당하고 자유로운 삶이다.

그런데 현실에서도 바울로처럼 살 수 있을까? 기독교는 분명히 바울로의 이러한 사고방식과 실천을 근간으로 세계 보편 종교로서의 기초를 쌓을 수 있었으나, 이미 신앙과 맞바꿀 정도로 제도화한 교회 안에서 정말 바울로처럼 행동하는 것이 가능할까? 특히 율법을 모르는 이 앞에서 율법을 모르는 이처럼 자유롭게 행동한다면, 교회는, 수도원은 그 이를 정말 '율법'을 모르는 이라며, 신앙에 문제가 있다며, 교인 자격을 박탈하려 들지나 않을까. 아마 그럴 것이라는 느낌이 더 강력하게 드는 게 여전한 교회의 현실이다.

차별을 넘어서다
베드로의 종족주의 탈출기

"베드로가 '주님, 저는 일찍이 속된 것이나 더러운 것은 한 번도 입에 대어본 적이 없습니다'라고 대답했다. 그러자 '하느님께서 깨끗하게 하신 것을 네가 속되다고 하지 말라'는 음성이 다시 들려왔다."
(사도행전 10,14-15)

다름을 수용하다

신약성경 「사도행전」(10장)에 고르넬리오라고 하는 로마 군대의 백인대장 이야기가 나온다. 백인대장은 휘하에 백 명의 군사를 거느린 지휘관이다. 성서에서는 이 사람이 하느님을 경외하고 기도하며 백성을 구제하는 등, 경건한 생활을 하는 사람이었다고 전한다. 이때 하느님을 경외한다는 말은 유대인이 아니면서도 나름대로는 율법을 따르면서 유대교적 신앙생활을 하려고 노력하는 그런 행동을 일컫는다. 고르넬리오와 베드로에 얽힌 이야기는 다음과 같다.

하루는 고르넬리오가 제 구시쯤 되었을 때, 그러니까 우리 시간으로 오후 세시경에 어떤 환상을 보게 된다. 환상 중에 천사가 나타나 하는 말이 베드로를 데려오라는 것이었다. 그래서 그는 베드로에게 종을 보내 자기 집으로 청하기로 했다.

 종들이 도착할 즈음인 이튿날, 마침 베드로도 제 육시, 그러니까 낮 열두시경에 옥상에서 기도하다가 꿈인지 생시인지 모를 그런 무아경에 빠져든다. 환상 중에 보니 네 귀퉁이가 줄에 매여 있는 보자기 같은 그릇이 하늘에서 내려왔다. 그 안에는 네 발 달린 땅 짐승, 기어 다니는 벌레들, 새들이 들어 있었다. 그런데 그것들을 잡아먹으라는 음성이 들려왔다. 그러나 베드로가 보기에 그 짐승들은 율법상 부정한 짐승들이었다. 그래서 베드로는 속되고 더러운 것을 먹은 적이 없고 또 먹을 수도 없다고 반문했다. 그러자 뜻밖의 음성이 들려온다: "하느님께서 깨끗하게 하신 것을 네가 속되다고 하지 말라!" 이런 일이 세 번 반복된 뒤에 그릇은 하늘로 올라가버렸다.

 베드로는 도대체 그것이 무슨 의미인지 궁금해 하고 있었는데, 마침 고르넬리오가 보낸 종들이 왔다. 고르넬리오가 베드로를 모셔 말씀을 들을 것을 청한다는 말을 듣고는 그들을 하룻밤 묵게 한 다음에 베드로도 그들을 따라 고르넬리오의 집으로 갔다. 고르넬리오를 만나 베드로는 이렇게 말한다:

> 잘 아다시피 유대인은 이방인과 어울리거나 찾아다니지 못하게 되어 있습니다. 그러나 하느님께서는 나에게 어떤 사람이라도 속되거나 불결하게 여기지 말라고 이르셨습니다. 그래서 나를 부르러 왔을 때에 나는 거절하지 않고 따라온 것입니다.(사도행전 10,28)

종족주의에서 벗어나다

그때까지만 해도 베드로 자신은 깨끗한 선민이고 고르넬리오는 좀 불결한 이방인이지만, 하느님의 음성도 있고 해서 와본 것이라는, 다소 교만한 발언을 한다. 그에 개의치 않고 경건한 고르넬리오는 저간의 상황을 상세하게 이야기해준다. 베드로는 고르넬리오가 어떻게 살았으며, 하느님께서 어떤 식으로 자기를 부르도록 요청하셨는가 하는 저간의 사실을 소상하게 들었다. 그 말을 들으면서 베드로는 결정적인 심경의 변화를 일으킨다. 성서는 그 변화 자체를 상세히 묘사하고 있지는 않지만, 이 부분은 베드로 개인사에서나, 기독교 전체 역사에서나 엄청난 사건이 아닐 수 없다. 베드로가 초기 교회의 최고 지도자 내지 전도자로 등장하게 된 결정적인 계기도 사실상 이를 통해 마련되었다고 할 수 있기 때문이다. 그런 뒤 베드로는 이렇게 고백한다:

> 나는 하느님께서 사람을 차별대우하지 않으시고 당신을 두려워하며 올바르게 사는 사람이면 어느 나라 사람이든 다 받아주신다는 사실을 깨달았습니다.(사도행전 10, 34-35)

자기들의 관례에 따라 이방인을 금기시하고 기독교 공동체에 받아들이려고 하지 않았던 그동안의 태도가 잘못된 것임을 깨닫게 된 것이다. 하느님은 유대인이냐 이방인이냐, 즉 민족이나 특정 종파 등을 구원의 기준으로 삼는 분이 아니셨다. 하느님은 그 어떤 인간적 수단을 통해서가 아니라, 인종과 교파를 넘어 직접 사람들과 접촉하는 분이셨다. 그리스도인이냐 아니냐, 세례를 받았느냐 안 받았느냐 등을 기준으로 삼지 않으신다는 것이었다. 그저 하느님을 두려워하며 올바르게 사는 것이면 충분하다는 게 베드로의 깨달음이었다. 하느님을 두려워하며 올바르게 산다는 것이 무엇인지에 대한 논의는 좀 더 해야겠으나, 일단 제도적·교리적 차원의 '그리스도 신앙'과는 무관한 것이라고 할 수 있다. 그런 점에서 칼 라너의 유명한 "익명의 그리스도인론"도 딱히 새삼스러운 것은 아니었다. 베드로의 깨달음이 사실상 익명의 그리스도인 개념에 해당하는 것이기 때문이다. 베드로는 자기 눈에 죄인으로 간주되던 자도 하느님께서는 받아주신다는 사실을 참으로 깨닫고서야 진정한 그리스도의 사도가 될 수 있었다.

당연히 고르넬리오는 베드로를 만나기 전에는 '그리스도'에 대해 몰랐다. 베드로의 설교를 듣고서 그를 비롯한 많은 사람이 그리스도에 대해 알고 믿게 되었다고 성서는 전한다. 그러나 더 분명한 것은 베드로의 설교를 듣기 훨씬 전부터 그는 하느님과의 직접적인 관계 속에 놓여 있었다는 사실이다. 유대교 밖에 있었던 사람, 그리고 그리스도를 모르는 사람이 이처럼 하느님과의 직접적인 관계 속에 있을 수 있다는 인식이 베드로의 삶을 바꾸어놓았다. 그래서 하느님은 율법이나 민족 등 사람의 겉모습을 기준으로 삼지 않으신다는 절절한 고백을 하게 된 것이다.

오늘의 그리스도인은 베드로가 이전에 붙들고 있던 레위기 11장의 율법적 규정을 따라야 하는 것일까, 아니면 그의 회심을 가능하게 한 신관을 따라야 하는 것일까? 베드로의 회심 이야기는 교리적, 자기 종교

중심적 사고방식을 넘어설 것을 오늘의 그리스도인에게 분명히 가르쳐 주고 있다.

예수 이름으로 구원받는다는 말
치유와 헌신

"이분 말고 다른 어느 누구에게도 구원받을 수 없습니다. 사람에게 주어진 이름 가운데
우리를 구원할 수 있는 또 다른 이름은 하늘 아래 없습니다."
(사도행전 4,12)

위 인용문은 그동안 다른 종교에 대한 기독교적 배타성을 정당화해온 대표적인 성서 구절일 것이다. 얼핏 기독교적 정체성을 옹호하기 위한 단호한 선언문 같기도 하다. 그런데 위 구절에는 실제로 다른 종교를 배타하려는 의도가 일부라도 들어 있는 것일까? 위 구절의 전후 맥락을 조금만 눈여겨본다면, 사실은 그렇지 않다는 것을 알 수 있다. 예수가 유일한 구원자라는 의미가 함축적으로 들어 있는 듯하기는 해도, 다른 종교들에 대한 배타성까지 뜻하는 말은 전혀 아닐뿐더러, 여기서 말하는 '구원'도 특정인이 독점하는 '사후 천국'과 같은 것을 의미하는 것이 분명 아니다. '구원'이 무엇인지부터 정리해보자.

구원이라는 말

성전 문 곁에 앉아서 구걸하던 태생 앉은뱅이가 있었다. 기도 차 성전으로 올라가던 베드로 일행이 그를 불쌍히 여겨 예수 그리스도의 이름으로 치유해주었고, 난생 처음 걸을 수 있게 된 앉은뱅이는 성전으로 걸어 들어가 하느님을 찬양하며 기뻐했다.(사도행전 3,1-10) 사람들이 그 장면을 보고 놀라워하며 베드로 일행을 쳐다보자 베드로가 응수했다:

이스라엘 동포 여러분, 왜 이 사람을 보고 놀랍니까? 왜 우리를 유심히 쳐다봅니까? 우리 자신이 무슨 능력이 있거나 경건해서 이 사람을 걷게 하여준 줄로 생각합니까? … 보시는 바와 같이 여러분이 잘 알고 있는 이 사람은 바로 그 예수의 이름으로 낫게 된 것입니다.(사도행전 3,12:16)

그 사건 뒤 유대교 사제 및 사두가이파들이 예수 부활을 전하고 다니던 베드로를 붙잡아 대사제 앞에 세워놓고는 앉은뱅이 치유 사건도 거론하며 이렇게 심문을 했다: "당신들은 무슨 권한과 누구의 이름으로 이런 일을 하였소?"(4,7) 그러자 베드로가 답했다:

오늘 여러분이 우리가 병자에게 선한 일을 한 사실과 그가 어떻게 치유되었는가 하는 경위에 관해서 심문을 하는데, 병자였던 저 사람이 성한 모습으로 여러분 앞에 서게 된 것은 바로 나자렛 예수 그리스도의 이름에 힘입어 된 것입니다. 그분은 여러분이 십자가에 못 박아 죽였지만 하느님께서 죽은 자들 가운데서 다시 살리신 분입니다. 여러분과 이스라엘의 모든 백성은 이것을 아셔야 합니다. 이분 말고 다른 어느 누구에게도 구원받을 수 없습니다.(4,9-10; 12)

제자의 힘이 아니라 예수 이름의 힘

베드로의 말에 담긴 일차적 의미는 병자 치유가 자신의 힘이 아니라 예수 그리스도의 이름에 담긴 힘 덕이라는 것이다. 그 이름에 대한 자신들의 믿음을 통해 앉은뱅이가 치유될 수 있었다는 것이다. 그리고 파생된 신학적 의미로 '구원'(soteria)은 오늘날 많은 그리스도인들이 막연하게 상상하듯 사후 천국 왕생과 같은 것을 의미한다기보다는, 사실상 병자의 치유, 병이 나아 몸이 성해지는 것을 의미한다는 것이다.―이것은 '구원'에 해당하는 영어 salvation이나 독일어 Heil에 고스란히 담겨 있다. 가령 salvation은 라틴어 salvatio에서 나왔고, salvatio는 전체성, 건강, 안녕 등을 의미하는 salus를 어근으로 한다.―사도행전에서는 '구원'이라는 말을 특별한 교리적 의미 없이 다양한 각도에서 사용하는데, 때로는 평화나 생명 등을 의미하기도 하지만, 전후 맥락을 살펴보면 이 문장에서의 '구원'(soteria)은 앉은뱅이가 치유된 사건을 의미할 뿐이다. "이분 말고 다른 누구에게도 구원받을 수 없다"(4,12a)라고 할 때의 '구원'은 그 직전에 베드로가 말한 "여러분이 잘 알고 있는 이 사람은 바로 그 예수의 이름으로 낫게 된 것입니다"(3,16)라고 할 때의 그 '낫게 됨'과 다른 것이 아니라는 말이다. 구원이란 일차적으로 지금 온전해짐, 불완전한 몸의 치유를 의미하며, 그 치유 내지 온전하게 하는 능력이 베드로가 아니라 바로 예수의 이름에 있다는 것이다.

교리언어가 아니라 행위언어

당시 유대교 지도부 상당수는 예수에게 '구원'의 능력과 권리가 있다는 것을 부정했다. 그래서 예수를 십자가에 죽이기까지 했으니 말이다.(3,13) 그렇지만 예수에게서 새로운 종교적 정체성을 발견한 제자들, 특히 유대인으로서 예수를 추종하게 된 이들은 예수의 '구원자'로서의 정체성에 '올인'할 필요가 있었다. 예수를 정죄해 사형에 처한 이들이 다시 교회의 지도자 베드로를 심문하며 옥죄는 상황에서(4,10) 예수에 대한 신앙적 확실성을 적당한 타협으로 회피하거나 포기할 수 있는 일이 아니었다. 그래서 베드로는 위와 같은 다소 확신에 찬 문장을 통해 예수를 따르고 치유하는 '행위'의 정체성을 분명히 하고자 했다. 그것이 예수 이름의 유일성을 강조하는 형태로 나타난 것이다: "사람에게 주신 이름 가운데 우리를 구원할 수 있는 이름은 이 이름밖에 없습니다."(4,12b)

물론 이것은 일차적으로 예수의 이름에 담긴 치유 능력을 강조하는 말이지, 다른 종교를 폄하, 부정, 저주하기 위한 말이 아니었다. 폴 니터 Paul Knitter가 해설하고 있듯이, "우리를 구원할 수 있는 이름은 이 이름밖에 없다"는 말은 예수가 유일한 구원자라는 사실에 대한 철학적이거나 교의적인 정의를 내리려는 것이 아니었다. 그보다는 누구든 자신들처럼 예수에 헌신하기를 바란다는 실천적 요청 혹은 행위적 언어였다.*

예수를 따르게 하려는 언어

당연히 "우리를 구원할 다른 이름은 없다"고 할 때의 그 '다른 이름'이란 불교, 유교, 이슬람과 같은 종교들의 신앙 대상을 말하는 것이라기보다는, 심문관 앞에서 예수에게서 구원의 힘을 얻으면 살아난다는 자신들의 신념을 강조하며 변론하기 위한 언어일 뿐이다. "하느님께서는 사람을 차별대우하지 않으시고 당신을 두려워하며 올바르게 사는 사람이면 어느 나라 사람이든 다 받아주신다는 사실을 깨달은"(10,34-35) 베드로가 어찌 다른 종교를 저주하거나 다른 능력을 부정하는 방식으로 가르치고 선교했겠는가. 바울로가 그리스인들의 다양한 종교관을 포용하며 아레오파고 법정에서 변론했듯이, "사람들에게 생명과 호흡과 모든 것을 주시는 분"이자 "사람들이 더듬어 찾기만 하면 만날 수 있는" 하느님(17,22-27)을 믿는다면서 어찌 다른 이름을 무시하고 봉쇄하고자 했겠는가. 예수의 이름을 부정하는 유대교 지도자들 앞에서 예수의 이름으로 태생 앉은뱅이를 치유한 사건의 정당성을 주장하고, 그렇게 치유하는 주체인 예수의 이름에서 자신의 종교적 정체성을 찾으며, 그 예수의 능력 안으로 다른 이들을 인도하려는 간절한 마음의 반영이었던 것이다. 예수의 유일성을 내세워 사람들을 내몰려는 것이 아니라, 가능하면 모두 예수를 따르게 하기 위한 의도의 표현이었다는 말이다.

기독교 역사상 똑똑하다는 신학자들이 그렇게 많았는데 어찌 이 정

---

* 폴 니터, 유정원 옮김, 『예수와 또 다른 이름들』, (분도출판사, 2008), 109-110쪽.

도의 한두 구절로 다른 종교적 가르침을 일거에 무시하는 근거로 삼고 실제로 수많은 죽임의 역사를 이어오게 되었는지 교회사 내지 선교의 역사 그 어두운 부분을 생각하면 납득이 가질 않는다. 사실은 그런 뜻이 아니라며 바로잡아줄 용기가 없었던 탓이 아닐까.

이때 구원과 관련하여, 그리고 성서 전체를 관통하며 반복적으로 등장하는 용어가 있는데, 바로 예수의 '이름'이다. 당시 사용되던 '이름'의 중요성을 오늘날의 많은 그리스도인이 오해하거나 간과하는 경향이 있는데, 다음에는 성서에서 자명하게 수도 없이 사용되는 '이름'의 의의 및 의미에 대해 생각해보기로 한다.

예수 이름으로 기도한다는 말
이름의 비밀

"내 이름으로 구하는 것은 무엇이든지 다 이루어주겠다."
(요한복음 14,13-14)

하느님과 하느님의 이름

성경에서는 "누구든지 주의 이름을 부르는 자는 구원을 받으리라"(사도행전 2,21; 로마서 10,13; 요엘 2,32)고 말한다. "주님의 이름으로 생명을 얻게 하려"(요한복음 20,31)는 목적으로 성경을 기록했다고 한다. '이름'이 무엇이기에 부르는 이에게 구원과 생명이 베풀어지는가?

구약성경에서 '이름'은 어떤 사람의 신원을 확인시켜주는 단순한 표식이나 호칭이 아니다. 이름은 그런 이름이 붙여진 자의 본질적 성격을 나타내주며, 이름과 이름을 가진 이의 현존은 분리되지 않는다. 간교한 '야곱'의 이름이 '이스라엘'로 바뀌었다는 것은 그의 인격이 달라졌다는 것을 뜻한다.(창세기 32,38) 이름은 그 사람의 인격 내지 본질을 나타내준다.

사물이든 사람이든 그것이 어떤 사람의 이름으로 불린다면, 그것은 그 사람의 권한과 보호 아래 있다는 뜻이며, 그의 소유물이라는 의미다. 당연히 야훼의 이름으로 불리는 것은 야훼의 소유물이며, 따라서 그의 권세와 보호 아래 있다는 뜻이다. 멀리 계신 하느님을 가깝게 체험하게 하는 것이 바로 그의 이름이다. 하늘에 계시는 하느님이 지상에 계신 분처럼 받아들여지는 것은 하느님의 이름을 통해 그렇게 되는 것이다. 하느님의 이름을 통해서 하느님의 초월성과 내재성이 연결되는 것이다. 그렇게 하느님의 이름과 하느님은 사실상 동일하다.(열왕기상 8,27-30) 이름과 존재는 같기에, 하느님의 이름만으로도 경외와 두려움의 대상이고, 축복과 감사와 찬양의 대상이 된다. 그저 '이름'이라는 말만으로 하느님을 가리키기도 한다.(레위기 24,11)

예수와 예수라는 이름

신약성경에서도 상황은 크게 달라지지 않는다. 거기서도 이름은 인격과 밀접히 연결되어 있다. 천사가 요셉에게 마리아가 낳을 아이의 이름을 '예수'라 지으라고 말한다. 그 이유는 자기 백성을 저희 죄에서 구원할 자이기 때문이라는 것이다.(마태오복음 1,21) 이처럼 이름과 그 이름의 내용은 직결되어 있다. 이름이 바뀌면 성격이나 신분상의 변화도 뒤따른다고 본다. 시몬이 신앙고백을 한 뒤에 베드로로 이름을 바꾸고, 사울로가 이방세계에 대한 선교의 소명을 받은 뒤에는 로마식 이름인 바울로로 바꾼 것이 그 예이다.

베드로가 앉은뱅이를 걷게 하자, 산헤드린의 관원들이 "당신들은 무슨 권한과 누구의 이름으로 이런 일을 하였소?"(사도행전 4,7)라고 묻자 베드로가 "나자렛 예수 그리스도의 이름에 힘입어 된 것"이라고 답한다. 예수의 본질과 능력이 그 이름 속에 온전히 담겨 있다고 보기에 쓸 수 있는 말인 것이다. "예언자의 이름으로 예언자를 받아들이는 사람은 예언자가 받을 상을 받을 것이며, 옳은 사람의 이름으로 옳은 사람을 받아들이는 이는 옳은 사람이 받을 상을 받는다"(마태오 10,40-42; 공동번역성서에서는 유감스럽게도 '이름'이라는 말을 빼고 번역해놓았다)는 말도 예언자의 이름, 옳은 자의 이름 속에 그이의 본질이 들어 있고, 이름이 그이의 인격과 사실상 동의어일 때 가능해지는 표현이다. 이름은 그이의 본질과 같다. 흔히 생각을 먼저 한 뒤 말을 하게 되는데, 그때 말은 생각의 표현이다. 마찬가지로 이름은 인격의 표현이며, 인격과 동일하다.

이름을 믿는다는 말

하느님은 어떤 식으로 드러나는가? 이름을 통해서다. 그렇게 드러난 하느님 이름의 가장 구체적인 모습을 성경에서는 육신이 되신 하느님, 즉 예수 그리스도라고 말한다. 그래서 예수의 이름을 하느님의 이름과 거의 대등하게 사용한다. 예수의 이름을 믿는 것은(요한복음 1,12) 하느님의 이름을 신뢰하는 것이고(시편 33,21), 하느님의 이름을 부르는 것은(창세기 13,4) 그리스도의 이름을 부르는 것과 대등하다.(사도행전 9,14) 구약에서 하느님의 이름이 하느님 자신과 동일한 것처럼, 신약에서 예수의 이름과 예수 자신은 동의어이다.(요한 1,12; 2,23) 그 이름이 인격을 고스란히 함축하고 있기 때문이다.

요한복음 3장 18절에서는 "그(예수)를 믿는다"와 "그의 이름을 믿는다"는 문구가 한꺼번에 나온다. (공동번역성서는 적당히 얼버무려 이름이라는 낱말을 뺐지만,) 이것은 '예수'와 '예수의 이름'이 같다는 뜻이다. 예수의 이름을 믿는 것은 예수가 보여준 언행의 의미를 파악하고 받아들이는 것, 한 마디로 그를 받아들이는 것이다. 예수를 받아들여 예수와 연합하게 되는 것이다. "내 이름으로 구하는 것은 무엇이든지 다 이루어주겠다"(요한 14,13-14)는 표현도 그렇게 기도하는 사람이 이미 예수와 결합되어 있으며, 예수 안에 뿌리박고 있다는 뜻이다. 그래서 예수의 이름으로 드리는 기도는 그리스도의 마음에 의해서 촉발되고 그의 성품과 일치하는 기도를 말한다. '내가 하는' 기도라기보다는 '예수에 의해' 그렇게 하게 된 기도라고도 할 수 있다.

이처럼 성경에서 어떤 이름을 부른다는 것은 그 이름 소유자의 본질 안에 참여한다는 것을 뜻한다. 그리스도인, 특히 개신교인은 기도 끝에 "예수의 이름으로 기도드린다"는 표현을 쓴다. 가톨릭에서는 "예수 그리스도를 통하여 빈다"고 한다. 물론 이들은 같은 말이다. 예수의 이름으로, 예수를 통하여 빈다는 것은 예수의 본질 안에서, 예수 그리스도와 함께, 예수 그리스도와 합하여 기도하는 것이다.

이름값을 하는 곳에 구원이 있다

이러한 관념은 불교에서도 비슷하게 나타난다. 정토불교에서는 자비로운 아미타불의 '이름'을 부르면 극락에 태어나게 된다고 말한다. 이를 믿는 불자들은 그래서 "나무아미타불"(아미타 부처님께 귀의합니다)이라 염불한다. 자비로우신 아미타 부처님의 이름을 부르면 그 부처님의 공덕에 힘입어 극락왕생하게 된다는 것이다. 이것은 "누구든지 내 이름을 부르는 자는 구원을 얻는다"는 성서의 내용과 거의 동일한 구조이다.

물론 신학적이고 불교학적으로 중요한 것은 그렇게 이름을 부르는 이가 정말 그 이름을 '믿느냐' 하는 것이다. 그저 이름을 부르기만 한다고 그 이름의 힘과 권능에 참여하게 되는 것은 아니다. 예수 이름으로 기도한다며 드리는 습관적인 기도가 정말로 예수의 이름에 참여하게 해주는 것은 아니다. 그래서 성서에서는 이름과 동시에 믿음을 강조한다. 아니 믿음이 전제된 '이름 부르기'에 대해 말하고 있는 것이다.

예수의 이름을 말하고 나서 예수와 결합하게 되는 것이 아니라, 믿음 속에서 예수와 결합한 사람이 자연스럽게 예수의 이름을 말하게 되는 게 순서인 것이다. 정말 예수와 하나되어 기도한 후에 그것이 예수의 능력에 힘입어 드린 기도라고 공표하게 되는 것이다. 예수 그리스도를 통하여 빈다거나 예수 그리스도의 이름으로 기도드린다면서 예수 그리스도와 상관없는 기도를 드리고 있는 것은 아닌지, 기도의 순서를 제대로 지키고 있는지 반성할 일이다.

신은 언제나 알려지고 있다
성령의 보편성

"이렇게 하느님께서는 항상 당신 자신을 알려주셨습니다."
(사도행전 14,17)

성령은 장벽을 넘어선다

초기 교회의 중심 지도자 베드로가 바로 그 베드로가 된 것은 몇 가지 중대한 체험 덕이었다. 어부였던 베드로가 예수의 문하로 들어간 것 자체가 그의 인생 최고의 사건이었겠으나, 성서와 여러 종교들의 관계를 알아보는 이 글과 관련짓건대 이에 못지않게 중요한 것은, 그가 자신도 모른 채 갇혀 있던 율법주의의 한계를 비로소 넘어서게 된 데서 찾을 수 있다. 앞에서도 보았듯이, 베드로는 예수를 만난 이후도, 예수 이후 교회의 지도자 역할을 할 때도, 전승되어오던 주요 율법을 문자 그대로 지킴으로써만 믿음도 성립된다고 여겼던 율법주의자였다. 레위기 11장에 묘사된 음식물 규정과 같은 율법을 따르고서야 예수도 따를 수 있다고 생각했던 사람이었다.

그러던 그가 이른바 이방인인 로마의 백인대장 고르넬리오와 만나는 뜻밖의 사건을 겪은 이후 구원의 보편성을 깨닫게 된다. "하느님께서는 사람을 차별대우하지 않으시고 당신을 경외하며 올바르게 사는 사람이면 어느 나라 사람이든 다 받아주신다는 사실"(사도행전 10,34-35)을 몸으로 느끼게 된 것이다. 구원과는 거리가 멀다고 생각되던 이방인마저 하느님께서는 자연스럽게 받아주신다는 사실을 깨달으면서, 어부 베드로, 자민족 중심적 율법가 베드로가 사실상 오늘의 베드로로 거듭날 수 있었던 것이다.

이방인에게는 구원이 없다고 믿었던 유대인 베드로에게 하늘로부터 내려온 영(프뉴마)은 그 반대의 길을 지시한다. 이방인과 접촉하면 안 된다고 배워왔던 오랜 규정을 무시한 채 하늘의 영은 베드로를 통해 이른바 이방인에게도 구원의 손길을 내민 것이다. 마치 바람처럼—'영'은 그리스어로 '프뉴마'이며, '바람', '호흡'도 '프뉴마'이다—하늘의 영은 굳은 율법과 관례를 거슬러 자유롭게 움직였고, 그 자유의 바람은 여전히 제도나 관례의 틀을 깨며 움직이고 있다. 건물이나 제도나 관습이나 여타 인간적 수단에 매이지 않는 하느님의 초월성을 느끼고, 인종과 교파를 넘어 직접 사람들과 접촉하는 하느님을 절감한 것이다.

물론 하느님의 보편적 구원은 베드로가 새삼 깨닫기 이전부터 작용하고 있던 원천적인 사실이었다. 본래부터 그랬던 그 원천적인 사실에 눈뜨면서 유대교라는 민족주의적 틀을 벗어난 오늘의 보편 종교 기독교가 탄생할 수 있었던 것이다. 기독교 자체를 호도하려는 의도는 없지만, 어떻든 세계의 대大종교전통으로 성장해간 기독교의 기초에 놓인 구원의 보편성을 늘 간과해서는 안 되는 것이다.

드러나지 않은 적이 없다

기독교를 오늘의 기독교로 만든 바울로도 이러한 구원관을 가지고 선교적 열정을 불태웠던 인물이다. 그 역시 당초에는 유대주의에 사로잡혀 기독교도를 박해하던 인물이었다. 하지만 뜻밖의 환상 속에서 그리스도를 체험하는 일련의 사건을 겪으면서, 자신이 알지 못하던 상황 안에도 그리스도가 들어와 계신다는 사실을 발견하게 된 이후 그는 신론적 보편성을 다질 수 있었다. 하느님은 다양한 방식으로 인간을 구원하신다는 사실을 신앙의 내용으로 삼을 수 있게 된 것이다. 「사도행전」에 등장하는 바울로의 육성 한 토막을 들어보자.

> 지난 날에는 하느님께서 모든 나라 사람을 제멋대로(제 식대로) 살게 내버려두셨습니다. 그러면서도 하느님께서는 은혜를 베푸셔서 하늘에서 비를 내려주시고, 철을 따라 열매를 맺게 하시고 먹을 것을 주셔서 여러분의 마름을 흡족하게 채워주셨습니다. 이렇게 하느님께서는 항상 당신 자신을 알려주셨습니다.(14,16-17)

위 구절은 바울로가 그리스인, 그러니까 이방인을 대상으로 한 설교문의 일부이다. 바르나바와 함께 그리스에 복음을 전하러 갔던 바울로가 태생적 앉은뱅이를 걷게 하는 사건이 벌어지자 그리스 사람들이 바르나바를 제우스로, 바울로를 제우스의 대언자인 헤르메스의 강생쯤으로 여기고는 그들을 신처럼 모시려 들었다 한다. 이때 바울로는 신을 모신다는 것이 무엇인지, 신이 어디에 계시며 어떤 분인지에 대해 일장 연설을 하게 되는데, 위 구절이 바로 그 연설의 일부이다. 자신은 그저 그런 인간일 뿐이니 결코 숭배의 대상이 될 수 없으며, 진정한 숭배의 대상은 창조주 하느님뿐이라고 그는 설교했다: "우리도 여러분과 똑같은 사람입니다. 우리는 다만 여러분에게 복음을 전하여 여러분이 이런 헛된 우상을 버리고 살아 계신 하느님께 돌아오게 하려고 왔을 따름입니다."(14,15a)

그런데 바로 그 하느님은 이미 온 세계 모든 사람에게 은혜를 베풀고 계시는 분이시니, 외견상으로는 사람들이 모두 자기 식대로 살고 있는 것 같지만, 실상 하느님의 은혜를 힘입지 않은 것은 하나도 없다는 논지의 설교인 것이다. 하느님은 "하늘과 땅과 바다와 그 안의 모든 것을 만드신 분"(14,15b)이시니, 그의 구원의 섭리가 미치지 않는 곳은 없다는 뜻이다.

근대주의적 시각에서 보자면, 예수의 역사성을 탈색시키고 오로지 초월적 그리스도만 남겨놓은 데다가, 성차별적 시각에서도 온전히 자유롭지 못한 바울로에 대해 비판의 소리를 물론 높일 수도 있을 것이다. 하지만 혈연, 민족, 율법 등을 넘어서지 못하던 당시의 상황을 중시하며 냉철하게 판단한다면, 바울로는 그리스도의 초월성과 보편성을 발견했던 탁월한 사상가이자, 그 의미를 낯선 문화권에 속한 이도 이해할 수 있는 언어로 해석해 전파할 줄 알았던 열정적 선교자이기도 했다.

의롭게 살 일만 남았다

  신론적 보편성에 대한 바울로의 발견을 오늘의 눈으로 해석하면, 삼라만상, 좀 더 좁히면 다양한 종교들 안에도 하느님이 이미 계신다는 뜻이다. '범재신론'이라 할 만한 이러한 신론적 사고방식은 성서의 문자만이 아니라 맥락과 행간을 읽을 때 더욱 선명하게 보인다. 성서의 문자를 넘어 행간을 차분히 읽어나간다면, 자기 집단 중심적 시각만으로 사람이 깨끗하다 부정하다, 의인이다 죄인이다 규정할 수 없다는 사실을 알게 된다. 사람을 판단하고 구원하는 것은 오로지 하느님의 전권에 속하는 일이기 때문이다. 인간이 그 자리를 넘볼 수는 없는 노릇이다. 보잘것없는 행동 하나하나도 하늘의 은총을 입지 않은 것이 없다는, 감사의 마음과 겸손의 자세를 가지고 사는 것이면 족하다는 신앙적 사실을 알 수 있게 된다. 어느 나라 사람이든, 어느 민족이든 "하느님을 경외하고 의롭게 사는 사람은 이미 하느님에 의해 정결한 자로 받아들여진 자"임을 볼 수 있어야 한다는 것이다.
  종교학의 기본이기도 하듯이, 종교(religion)라는 말의 어원도 어떤 제도나 외적 형식에서 찾아지는 것이 아니라, 베드로의 표현대로 "경외하고 의롭게 사는" 삶과 연결된다. 교리나 제도나 건물이 종교가 아니라, 사람들이 다양한 방식으로 부르고 찾아왔을 그 신을 경외하고 이웃에 대해서는 정의롭게 사는 삶이 말 그대로 '최상의 가르침', 즉 '종교宗教'인 것이다. 물론 신학적으로 따지자면, 신을 경외하지도 않고 별로 정의롭게 사는 것 같지도 않은 이 안에도 이미 하느님이 계시다는 것 역시 분명하다. 하느님이 이미 계시지 않고서야 하느님의 은혜를 새삼 받을 수도 없는 노릇이기 때문이다. 그러니 모든 곳에서 하느님을 보고 느끼는 삶이야말로 기독교적 종교성의 핵심이 아닐 수 없다. "그분은 만물 위에 계시고 만물을 꿰뚫어 계시며 만물 안에 계시기"(에페소서 4,6) 때문이다.

신은 여러 이름으로 드러난다
순교 다시 보기

"이리하여 사람들이 하느님을 더듬어 찾기만 하면 만날 수 있게 해주셨습니다.
사실 하느님께서는 누구에게나 가까이 계십니다."
(사도행전 17,27)

진산사건

한국에 그리스도교가 들어온 지 6년째 되던 1791년에 전라도 진산지방(오늘날의 충남 금산군 진산면)의 양반이었던 윤지충과 권상연이 조상에게 제사를 지내는 것은 우상숭배라는 교회의 가르침에 따라 돌아가신 어머니의 신주를 불사르는 일이 있었다. 신주는 한낱 나무토막일 뿐 돌아가신 분의 영혼이 그 안에 머물지 않는다고 여겼기 때문이다. 이 사실이 알려지면서 이들은 '효'를 인륜의 기본으로 하는 사회에서 패륜아로 몰리면서 체포되었고 심문을 받았다. 그때 윤지충은 이렇게 답했다:

"거듭 말씀드리거니와 천주교를 신봉함으로써 제 양반 칭호를 박탈당해야 한다고 해도, 저는 천주께 죄를 짓기는 원치 않습니다. … 죽은 이들에게 제사를 지내지 않고 신주를 모시지 않으면서, 집안에서 천주교를 충실히 신봉하는 것은 결코 국법을 어기는 것이 아닌 듯합니다."

이들은 전주로 압송되어 풍남문 밖에서 참수당했다. 이것을 '진산사건'이라 하는데, 이 사건으로 인해 조선 사회에서 천주교는 임금도 아비도 몰라보는 무군무부의 종교로 인식되기 시작했고, 결국 천주교에 대한 대대적인 박해(1801년 신유박해)로 이어지는 단초로 작용했다.

황사영 백서사건

그 뒤 조선의 입장에서 보자면 가공하다 할 만한 사건이 또 벌어진다. 역시 양반 교인이었던 황사영이 신유박해 당시 충북 제천 근처에 피신해 있으면서, 조선 천주교회를 구하고 조선을 천주교 국가로 만들 요량으로 북경의 프랑스인 주교 구베아에게 보내는 장문의 편지를 써 보내려 시도한 일이 있는데, 편지의 내용 중 일부는 이렇다:

"이 나라의 병력은 본래 보잘것없어서 모든 나라 중에 맨 끝입니다. 게다가 이제 태평한 세월 200여 년을 계속해왔으므로 백성들은 군대가 무엇인지도 모릅니다. 위에는 뛰어난 임금이 없고 아래로는 어진 신하가 없어서 자칫 불행한 일이 있기만 하면 와르르 무너져버릴 것이 틀림없습니다. 만약 배 수백 척과 군인 5, 6만 명을 얻어 대포 등 날카로운 무기를 많이 싣고 글 잘하고 사리에 밝은 중국 사람 서너 명을 데리고 와서 이 나라 해변에 이르러 글을 왕에게 보내어 말하기를 '우리들은 서양 전교대인데, 자녀나 재물 때문에 온 것이 아니다. 교황의 명령을 받고 이 지역의 백성들을 구원하고자 온 것이니, 귀 국에서 이 한 가지 전교하는 일만 허락한다면 우리는 더 바라는 것이 없다. … 그렇지만 천주의 사자를 받아들이지 않으면 곧 천주를 대신하여 징계와 벌을 줄 것이고, 죽는 한이 있어도 돌아서지 않겠다. 왕은 이 요구를 들어주어 온 나라가 벌 받는 것을 면할 것인가? 아니면 한 사람을 받아들이지 않아 나라 전체를 잃을 것인가? 왕은 이것을 잘 택하라'라고 말하면 좋을 것입니다.'"*

여기에는 서양 제국의 무력을 이용해 조선에서의 종교 자유를 획득하려는 의도가 반영되어 있다. 무기와 군대를 동원해 위협하면 조선에서 지레 겁을 먹고 그리스도교의 선교를 허용할 것이라는 내용이었다. 그동안 교회 입장에서는 신앙적 양심의 실천이지만 조선 편에서는 천인공노할 매국적 행위로 보기에 충분한 이 사건을 두고 설왕설래하기도 했지만, 어찌되었든 다행인지 불행인지 황사영은 이 편지를 중국에 보내기 전에 발각되어 처참하게 참수당하게 된다. 그리고 이 사건의 여파로 교인 300명 정도가 처형당하거나 옥사했으며, 교회는 산간지역으로 흩어지는 등 표면상으로는 거의 사라지다시피 했다. 그리스도교를 흥하게 하려는 목적으로 한 일이 도리어 그리스도교를 수면 아래로 내려가게 만든 꼴이 된 셈이다. 이러한 '진산사건'과 '황사영 백서사건'을

---

* 황사영 씀, 김영서 옮김, 『황사영백서』(한국천주교회고전총서5)(성 · 황석두루가서원, 1998), 101-102쪽 참조.

오늘날 어떻게 해석해야 할까? 성서에 나오는 바울로의 아레오파고 설교에서 그 답을 찾아보자.

아레오파고 설교

바울로는 십자가와 부활의 도를 전한다는 이유로 아테네 시민들에게 기소되어 아레오파고 법정에 선 일이 있었다. 법정에 선 김에 바울로는 자신의 주장을 한껏 증언할 수 있었는데, 내용인즉 다음과 같았다.

"아테네 시민 여러분, 제가 보기에 여러분은 여러 모로 강한 신앙심을 가지고 있습니다. 내가 아테네 시를 돌아다니며 여러분이 예배하는 곳을 살펴보았더니 '알지 못하는 신에게'라고 새겨진 제단까지 있었습니다. 여러분이 미처 알지 못한 채 예배해온 그분을 이제 여러분에게 알려드리겠습니다. 그분은 이 세상과 그 안에 있는 모든 것을 만드신 하느님이십니다. 그분은 하늘과 땅의 주인이시므로 사람이 만든 신전에서는 살지 않으십니다. 또 하느님에게는 사람 손으로 채워드려야 할 만큼 부족한 것이라곤 하나도 없으십니다. 하느님은 오히려 사람들에게 생명과 호흡과 모든 것을 주시는 분이십니다. 하느님께서는 한 조상에게서 모든 인류를 내시어 온 땅 위에서 살게 하시고 또 그들이 살아갈 시대와 영토를 미리 정해주셨습니다. 이리하여 사람들이 하느님을 더듬어 찾기만 하면 만날 수 있게 해주셨습니다. 사실 하느님께서는 누구에게나 가까이 계십니다."(사도행전 17,22-27)

바울로는 그리스에서의 선교를 위해 그리스인들이 믿던 신들과 자신이 믿는 하느님을 연결 지었다. 하느님이 한 조상에게서 온 인류를 내셨으니 그리스 아테네에 사는 이들도 그 하느님에게서 생명과 호흡과 모든 것을 받아 사는 존재들이라는 것이다. 바울로에게는 그리스인의 신심 역시 그것이 무엇이든 어떻게 표현되든 인류의 기원이 되는 한 분 하느님을 찾아가는 흔적이었다. 그의 설교가 예수의 부활과 심판, 그리스인에 대한 회개에의 요청으로 마무리되기는 하지만,(17,30-31) 바울로의 선교 자세에서 중요한 것은, 그리스인의 신심을 그저 허상이나 오류가 아닌, 지적 호기심 내지 종교적 신심의 증거로 여겼다는 사실이다. 지적 호기심과 종교성으로 넘쳐나던(17,21) 그리스인의 '알지 못하는 신'을 자신이 믿는 하느님과 연결 짓고 어디서든 언제든 늘 사람들 가까이 계시는 하느님을 더듬어 찾는 행위로 인식하고 있다는 점이다. '하느님은 여러 종교를 어떻게 보실지'와 관련하여 시사하는 바가 큰 대목이 아닐 수 없다. 그리고 어머니의 신주를 불태운 사건과 그이를 참수한 사건, 신앙의 자유와 조선의 천주교화를 위해 중국의 프랑스인 주교에게 편지를 쓰고 그것을 천인공노할 매국적 행위로 판단해 편지의 주인공을 처형한 사건 등은 왜 벌어지게 되었는지, 근본 원인을 다시 묻게 해주는 대목이기도 하다.

문화 충격을 넘어

분명하고도 중요한 것은 바울로가 그리스 아테네의 다신교적 세계관에서 오는 문화 충격을 경험하면서도 그것을 자신의 종교적 신념과 대립하는 것으로 생각하지 않았다는 사실이다. 사람이 지은 신전에 살지 않는 초월적 하느님을 특정 형상 안에 가두려는 행위를 경계하면서도, 하느님은 그곳에서마저 가까이 계신다고 생각했다는 사실이다. 그런데 어쩌다 이러한 선교 자세는 사라지고 기독교와 비기독교를 이분법적으로 나누는 대립적 선교 자세가 득세하게 되었을까. 오늘날 이러한 자세는 점차 극복되어가고 있지만, 기독교와 비기독교를 칼같이 나누려 하거나 나눌 수 있다고 보는 자세가 여전히 주류인 것은 분명하다. 이러한 때에 그리스인의 '알지 못하는 신'을 포용하려고 했던 바울로의 태도는 여전히 유의미하다.

어찌 보면 그리스인이 바치던 '알지 못하는 신'을 위한 제단은 신을 다 아는 양 특정 틀 안에 가두고 독점하는 자신만만한 자세보다 더 겸손하고 종교적인 자세이기도 하다. "하느님에게는 사람 손으로 채워드려야 할 만큼 부족한 것이라곤 하나도 없음"에도 불구하고, 오늘의 기독교인들은 스스로 제작하고 치장해놓은 것 안에 신이 계시다는 착각을 하며 사는 것은 아닌지 돌아볼 일이다. "하느님은 사람이 만든 신전에서는 살지 않으신다"는 사실을 잊고 하느님을 신전 안에 가두는 일을 자처하거나, 자신이 만든 신전만 신전인 양, 다른 신전을 거부하는 배타적 자세에 빠져 있는 것은 아닌지도 돌아볼 일이다. 여전히 우리는 하느님을 다 '알지 못한다'는 겸손함이 여전히 필요한 상황이다. 김경재 교수의 표현 마따나, "알지 못하는 신 앞에서의 겸손함"을 여전히 유지해야 하는 것이다.*

순교는 자랑스러운 일인가

한국 교회사 초기에 있었던 엄청난 죽음과 죽임의 소용돌이는 불가피했던 것일까. 윤지충은 어머니의 신주를 불태우는 방식으로만 자신의 신앙을 표명해야만 했을까. 그렇게 할 수 있는 용기는 한편 가상하고 존경스럽기도 하지만, 바울로가 그랬던 것처럼, 돌아가신 어머니의 신주에서도 '알지 못하는 신'의 흔적을 보는 그런 선교는 이루어질 수 없었던 것일까. 서양의 군대를 동원해 자신의 조국 전체를 위협해주기를 바랐던 황사영을 처형한 조선의 입장은 그르기만 했던 것일까. 더 나아가 조상과 부모에 대한 '효'의 전통을 지키고자 했던 조선 정부 안에는 하느님이 없었을까. 교회가 순교자의 '피' 위에 세워졌다는 사실이 자랑스럽기만 한 일일까. 이천 년 전 바울로식의 선교가 이백 년 전 한국에서도 이루어졌다면 오늘 한국 교회의 모습은 어떻게 달라졌을까. 물론 이러한 가정적 질문 자체가 우문이 아닐 수 없다. 역사에는 가정이 없기 때문이다. 그럼에도 불구하고 앞으로의 선교 자세와 관련하자면 묻지 않을 수도 없는 노릇이다. 할 말이 많지만, 이와 관련해서는 다음 기회에 정리해보기로 한다.

* 김경재, 『아레바오고 법정에서 들려오는 저 소리』(삼인, 2005), 96쪽.

말이 육신이 되었다는 말
로고스와 육화

"말씀이 사람이 되셔서 우리와 함께 계셨다."(요한복음 1,14)
"그 말씀은 천지가 창조되기 전부터 계셨습니다. 우리는 그 말씀을 듣고 눈으로 보고 실제로 목격하고 손으로 만져보았습니다."
(요한일서 1,1)

고대인에게 말이란

어렸을 때 자주 읽거나 듣던 성경 중에 내내 이해가 안 되던 내용이 있었다. 이사악이 큰아들인 에사오(에서)에게 축복하려 했으나 동생 야곱이 눈이 어둡던 아버지를 속여 축복을 가로챘다는 이야기였다.(창세기 27,32-38) 나중에라도 그것이 잘못된 것일 줄 알게 되었다면 다시 에사오를 불러 축복해주면 될 텐데 그것을 돌이킬 수 없다니, 그 축복의 말이 아버지의 입에서 나왔다는 이유만으로 정말 인생의 축복으로 연결되다니 등등, 이런 것들이 내심 이해가 되지 않았다. 그러다 나중에 종교학적 안목으로 성서를 다시 보고서 '그런 이야기가 형성될 수 있겠구나!' 싶어졌다.

고대인일수록 말 자체를 중시하는 경향이 있었다. 현대인과 사고방식이 많이 달랐다. 고대인에게 말이란 때로 활시위를 떠난 화살처럼 힘이 있는 것이었다. 축복의 말은 그저 좋은 일이 일어나기를 바라는 정도에 그치는 것이 아니라, 그 좋은 일이 실제로 일어나도록 하는 힘으로 간주되었고, 저주는 그저 듣기 싫은 몇 마디 말이 아니라 구체적인 위험이고 재앙이었다. 적어도 당시 사람들은 그렇게 믿었다. 말은 일단 입에서 나오면, 어느 정도의 독립성을 가지고 본래의 목적을 성취하는, 그 자체로 힘 있는 것으로 간주되었다. '한 마디 말로 천 냥 빚을 갚는다'는 속담도 있을뿐더러, 말이 가슴을 따뜻하게도 하고 상처를 주기도 하니, 형태 없는 말에서 기운을 느끼는 것은 자연스러운 일일 것이다.

'말'을 히브리어로 하면 '다바르'이다. 분명히 발음되고 이해될 수 있는 발언이라는 뜻이다. 구약성서에 따르면 하느님은 '다바르'를 통해 당신을 계시하셨다. 환상 같은 것은 부차적이었다. 그래서 하느님의 '다바르'를 맡은 사람들, 즉 '예언자'가 활발히 활동할 수 있었던 것이다. 그리고 '다바르'에 의한 계시와 '접신'에 의한 계시는 구분되었다. 고대 이스라엘에서는 다바르에 의한 계시, 즉 예언이 중요했다. 예언자는 하느님의 말씀을 맡아도 인간의 정상적 정신 상태를 유지했다. 접신에 의한 계시처럼 "전혀 다른 사람으로 변하는 일"(사무엘상 10,6)이 없었다. 하느님은 사람들이 이해할 수 있는 방식으로 인간과 의사소통하는 분이시라는 뜻이다. 그렇기에 하느님의 힘으로서의 말이 인간 안에 전해질 수 있고, 더 나아가 그러한 힘으로서의 말이 있었기에 그 말의 힘에 근거해 사물도 생겨날 수 있었다고 믿었던 것이다. 하느님이 그저 '말'을 함으로써 세상이 생겨나게 되었다—"빛이 있어라!"(창세기 1,3), "야훼의 말씀으로 하늘이 지음을 받았다"(시편 33,6)—는 창조 이야기도 이런 배경 속에서 나온 것이다.

다바르와 로고스

이러한 말(다바르)가 그리스 문화권에 살던 유대인들, 특히 스토아 사상에 영향을 받으며 그리스어 번역 성서(70인역 성서)를 읽던 사람들에게는 '로고스'로 이해되었다. 그때의 로고스는 세계를 지배하는 신적 이성과 같은 것이었다. 70인역 성서를 읽는 사람은 창세 사건도 그러한 신적 이성이 행한 것으로 여겼다. 그래서 요한복음에서는 "태초에 '말'(logos)이 있었으며, 그 말이 하느님과 함께 계셨고 하느님과 같은 분이셨다"고도 한다. 시편 104편 24절에 나오는 "하느님이 지혜로 세계를 창조했다는 가르침"에서의 '지혜'도 비슷하게 해석했다.

그리스 철학에서는 신의 초월성이 강조되었는데, 여기에 영향을 받은 이들은 그 초월적인 신과 인간을 연결 짓는 중간 존재로 '지혜' 혹은 '말'을 생각하기도 했다. 잠언 8장 12-31절, 지혜서 18장 15절 등에 지혜가 인격화·의인화되어 나타나는 장면이 있듯이, '말'은 점차 초월적 하느님과 피조물 사이의 중재자로 바뀌어갔다. 그래서 유대교 철학자인 필로Philo는 하느님은 초월적이어서 그 자체로는 인간과 직접 접촉할 수 없다고 생각했다. 말, 즉 로고스를 통해서 접촉하게 된다는 것이었다. 그 로고스를 헬레니즘적 유대인들은 아들, 형상, 그림자, 신으로 부르기도 했고, 인간에게 보내는 하느님의 사자, 하느님께 대한 인간의 대언자

(파라클레토스) 등으로 간주하기도 했다.

요한복음은 이러한 로고스 개념을 가장 잘 반영하고 있다. 요한복음에서는 태초에 말이 있었고, 그 말이 신이었으며, 예수의 모습으로 육화했다(요한복음 1,1-2; 1,14)고 전한다. 태초부터 있던 생명의 말을 자신들이 듣고 보고 만졌다거나(요한일서 1,1), 백마를 타고 천군을 영도하며 오는 이의 이름이 '하느님의 말'이라는 생각도 생겨나게 되었다.(요한묵시록 19,1,3) 물론 이때의 '말'이란 이미 그리스도 차원으로 승화한 '예수'를 지칭하는 것이었다. 하느님께서 그동안 말해온 모든 것이 예수 안에서 완성되었다고 보았기 때문이다. "말이 육신이 되었다"는 성서 구절에는 신적 이성과 같은 우주적 원리를 가장 충실하게 살아낸 예수에 대한 존경과 경배 의식이 함축되어 있는 것이다.

그래서 예수는 하느님의 모습을 결정적으로 보여준 분이 되고, 우주 탄생의 원천이자 사랑의 원리 자체인 하느님의 말은 예수의 모습 안에서 고스란히 보인다. 예수야말로 생명의 탄생과 사랑의 원리대로 살아오신 분이니, 예수를 보면 말 자체이신 하느님의 모습이 그대로 보인다는 뜻이다. "말씀이 육신이 되셨다"는 말은, 예수를 보면 사랑과 생명이신 하나님의 모습이 고스란히 보인다는 의미이다. "나를 본 자는 아버지를 보았다"거나 "나와 아버지는 하나"라는 말의 근본 뜻도 마찬가지이다.

로고스의 보편성

이때 염두에 두어야 할 것은 "생겨난 것 치고 그 '말' 없이 생겨난 것은 하나도 없다"(요한복음 1,3)는 구절이다. 이는 하느님과 만물의 원천적 관계를 표명한 것이다. 세상에 존재하는 모든 것은 하느님의 말로부터 생겨났고 하느님의 말에서 벗어난 것은 있을 수 없다는 사실이다. 이를 안다면 존재하는 것들을 귀히 여길 수밖에 없게 된다. 모두 신의 귀한 피조물이기 때문이다. 종교나 신분은 달라도 인간을 귀하게 여기는 행위야 더 말할 나위 없다.

그런데 흔히 하느님이 인간이 되었다는 말을 구름 너머에 있는 어떤 초자연적 존재의 영혼 같은 것이 어떤 인간의 몸속으로 쑥 들어온 것처럼 상상하곤 한다. 그래서 그 사람의 영혼이 신의 영혼으로 뒤바뀐 것처럼 간주한다. 하느님이 세상을 창조했다는 것도 인간 형상을 한 도예가 같은 이가 진흙과 같은 제3의 질료를 이용해 사람 형상을 만들어놓고는 보이지 않는 원격조종기 같은 것을 써서 멀리서 조종하는 듯한 모습으로 상상하곤 한다.

물론 처음에는 신에 대한 이해를 그런 수준에서 시작할 도리밖에 없다. 그러나 문제는 늘 그 수준에 머문다는 데 있다. 초등학생 수준의 신 이해를 넘어, 반드시 다음 단계로 나아가야 하는 것이다. 하느님을 어떤 형상적 존재로 상상하는 순간 하느님과 다른 형상들, 즉 하느님과 다른 사물들 '사이'는 신 없이 텅 빈 무력한 공간이 되고 만다. 우주라는 엄청난 '공간'이 하느님 없이 하느님 이전부터 존재해온 셈이 되고, 하느님을 우주의 창조자라 말하면서도 실상은 극히 제한된 형상 안에 가두어버리는 논리적 모순에 빠지게 된다. 신을 어떤 형상적 존재로 상상하다보니, 말로는 하느님이 계시지 않는 곳이 없다면서 실제로는 전 우주를 하느님이 없는 무력한 허공으로 만들어버리고 만다. 다른 종교들에는 신이 없다는 식의 저주도 그런 배경 속에서 나오게 된 것이다. 신을 형상적 존재로 상상하는 수준을 넘어서야 한다. 그것이 여러 종교들을 대하는 신론적 기초 중의 기초인 것이다.

자비의 정치학
예수의 아버지와 다른 종교들

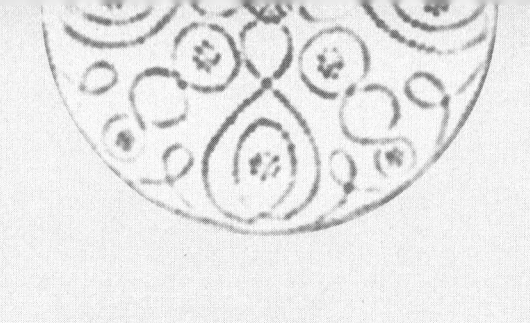

자비의 정치학을 펼치다
거룩의 종교 넘어서기

"하느님은 유다인만의 하느님인 줄 압니까? 이방인의 하느님이시기도 하지 않습니까?
과연 이방인의 하느님도 되십니다."

(로마서 3,29)

거룩과 자비

예수를 죽음으로 몰고 간 결정적 사건이 있다면, 예수가 예루살렘에 갔다가 '타락한' 성전 질서를 목도하고는 성전 구역 내 환전상들과 제물 판매상의 탁자와 의자를 뒤엎으며 분노했던 일일 것이다.* 사제단과 율법학자 그룹 중심의 당시 성전 질서, 사실상의 최고 권력기구에 대한 정면 도전으로 비쳐진 이 사건으로 인해 예수는 결국 하느님의 '거룩한' 질서를 거스르고 무너뜨리는 불경죄로 죽음의 길에까지 내몰리게 되었다. 온화할 것만 같은 예수도 불의하다고 간주되는 상황 앞에서 어느 정도까지 분노할 수 있는 사람인지 보여주는 결정적인 사례일 것이다.

---

* 마태오복음 21,12-17; 마르코복음 11,15-19; 루가복음 19, 45-48; 요한복음 2,13-22 참조.

여기서 짚어보아야 할 것은 공관복음서에 한결같이 전해오는 예수의 경고이다: "성서에 '내 집은 만민이 기도하는 집이라 하리라'고 기록되어 있지 않느냐? 그런데 너희는 이 집을 '강도의 소굴'로 만들어버렸구나!"

선민과 만민

이 말은 식민지배자 로마와 타협하며 공생하던 당시의 왜곡된 성전 질서에 대한 고발이자, 성전 영역 안에서 발생한 이익을 자신의 것인 양 챙길 뿐만 아니라 '거룩'의 이름으로 사람을 차별하고 분리시키는 이들이 사실상 하느님의 것을 빼앗은 '강도'라는 강력한 비판이다. 의인과 죄인, 남자와 여자, 거룩과 속됨, 정결과 부정, 선민과 이방인 등으로 사람을 분리하고 차별하는 이른바 '거룩의 정치학'에 대한 반대이자, 성전이야말로 하느님의 '자비'로 모든 이의 구원을 지향하는 곳이어야 한다는 선언인 것이다.

그러한 의미를 함축하고 있는 열쇳말이 바로 '만민이 기도하는 집', 더 줄이면 '만민'이다. '만민'은 당시 성서 용법이 그렇듯이 일차적으로 '이방인'을 뜻하는 말이다. 당연히 성전이 "만민이 기도하는 집"이라는 말에는 영적인 하느님(요한복음 4,24)을 벽돌 건물 안에, 특정 신분·종파·혈연 안에 가두는 행위가 종교적 강도행위라는 비판과, 하느님의 집인 성전은 '만민', 즉 이방인에게도 열린 곳이어야 한다는 자비의 보편성에 대한 선포가 내포되어 있다. 거룩한 '선민'의 이름으로 '이방인'을 그 자체로 죄인인 양 분리시켜서는 안 된다는 것이다. 그런 식으로 예수는 신의 이름으로 죄인을 양산하는 모순된 체제를 거부하고, 유대인/로마인, 의인/죄인, 남자/여자, 부자/빈자 사이의 차별을 두지 않은 채, '거룩의 정치학'이 배제한 사람들을 포용하는 '자비의 정치학'을 펼치고자 했다.

이방인의 하느님

이런 분위기는 한동안 초기 교회에 반영되기도 했다. 가령 사도 바울로는 이렇게 말했다: "유대인이나 그리스인이나 종이나 자유인이나 남자나 여자나 아무런 차별이 없습니다. 그리스도 안에서 여러분은 모두 한 몸을 이루었기 때문입니다."(갈라디아서 3,28) 예수를 따른다면서도 유대인과 그리스인, 종과 자유인, 남자와 여자 등을 나누고 차별하던 당시의 현실 상황에 견주면 파격적이라 할 만한 바울로의 가르침은 오늘의 교회 현실에 비추어서도 여전히 돋보인다. "그리스도 안에서"라는 제한이 달려 있기는 하지만, 그 파격성을 오늘의 맥락에 적용하면, 그리스도인과 불자를 한 몸으로 간주하는 것이나 다름없을 정도의 발언이기 때문이다. 바울로는 다른 곳에서 이렇게 일갈한다: "하느님은 유다인만의 하느님인 줄 압니까? 이방인의 하느님이시기도 하지 않습니까? 과연 이방인의 하느님도 되십니다."(로마서 3,29)

"이방인의 하느님"이라는 바울로의 말은 "만민이 기도하는 집"이라는 예수의 말과 근본 정신에서 통한다. 일차적으로는 기독교 신앙조차 여전히 유대교 율법을 기준으로 파악하려는 초기 신자들을 경계하는 말이었지만, 이차적으로는 이른바 타종교를 배타시하며 구원의 반열에서 제외하려는 오늘날의 기독교인들에게 적용되는 긴요한 말이기도 하다. 넓게 해석해 이방인이 교회 밖의 사람들이라면, "이방인의 하느님"이라는 말은 모든 것을 문자적 율법 안에 동질화시키려는 이른바 '동일성의 철학'을 벗어나서, 신분·종파·혈연 등의 다양성을 구원의 보편성 안에 확보하려는 의도의 표현이라고 할 수 있다.

'타' 종교의 하느님

다양성, 특히 종교적 다양성을 존중하면서 기독교 전통 안에 소화하려는 신학을 흔히 '종교 신학theology of religion'이라 부른다. 이른바 타 종교를 기독교적으로 어떻게 볼 것인가에 관심을 기울이는 학문이라고 할 수 있다. 그런데 "이방인의 하느님"이라는 말에 들어 있듯이, '종교신학'은 필연적으로 기독교가 정말 다른 종교들을 단순히 대상적으로, 즉 자신과는 '다른'(他) 종교로 바라볼 수 있는 독립된 하나의 주체가 될 수 있을까 하는 근원적인 물음에 맞닥뜨리게 된다. 그러한 질문을 받으며 오늘의 신학은 진지한 답을 모색 중이다.

신학적 해설을 길게 할 여유는 없지만, 하느님은 "유다인의 하느님"이기도 하지만, "이방인의 하느님"이기도 하다는 바울로의 말이나, 성전이 "만인이 기도하는 집"이라는 예수의 지적에 그러한 질문에 대한 답이 들어 있다고 할 수 있다. 오늘의 맥락에 어울리게 답하자면, 하느님은 이른바 '타종교' 안에도 계시다는 것이다. 따라서 기독교가 다른 종교를 대상화한다는 것은 기독교 안에 계신 하느님의 눈으로 다른 종교 안에 계신 하느님의 모습을 본다는 뜻이 된다. 성전이 "만민이 기도하는 집"이라는 말 역시 만민이 기도하는 그곳에 하느님이 계시다는 뜻이 된다. 하느님은 영이시기에, 유다인이 주장하듯 예루살렘만 예배 장소인 것도 아니고, 사마리아 여인이 알고 있듯 그리심 산만이 예배 장소인 것도 아니다.(요한복음 4,20-21) 하느님은 시공간에 갇히지 않는 영적인 분이시기에, 장소를 나누지 않아도 하느님은 어디든 계시다는 것이다.

"만민이 기도하는 집" 혹은 "이방인의 하느님"이라는 말에 이미 들어 있듯이, 하느님은 기독교 '안'에도 계시고, 타종교 '안'에도 계시며, 기독교와 타종교 '사이'에도 계시다. 기독교만이 주체이고 타종교가 객체인 것이 아니라, 모두가 하느님을 모신 주체이다. 이슬람 안에, 불교 안에, 심지어 무신론자 안에 계시는 하느님의 모습을 보는 것은 오늘날 그리스도인에게 부과된 요청이자 꼭 해결해야 할 과제이다. 이천 년 전 바울로가 예수의 가르침에 근거해 혈족과 문자적 율법 중심의 종교 형태를 벗어나는 보편성의 기초를 닦았다면, 오늘날은 설령 외적 교리 체계가 다른 듯해도 하느님은 그 '다른'(他) 곳 안에도 계시는 분이시라는 사실을 신앙의 핵심으로 볼 줄 아는 안목이 요청되는 때이다.

글이 길이 되다
기독교적 깨달음

> "공중의 새들을 보아라. 그것들은 씨를 뿌리거나 가두거나 곳간에 모아들이지 않아도 하늘에 계신 너희 아버지께서 먹여주신다. 너희는 새보다 훨씬 귀하지 아니하냐. … 또 들꽃이 어떻게 자라는지 살펴보아라. 그것들은 수고도 하지 않고 길쌈도 하지 않는다. 그러나 온갖 영화를 누린 솔로몬도 이 꽃 한 송이만큼 화려하게 차려입지 못하였다."
> (마태오복음 6,26-29)

공중의 새를 보라

제자가 스승에게서 위와 같은 가르침을 받는다면 그 제자가 우선 할 일은 무엇일까. 그것은 당연히 공중의 새를 '보고', 들꽃이 어떻게 자라는지 '보는' 것이다. 먹고 마시고 입는 데서 오는 걱정의 부질없음을 깨닫는 것이다. 그리고 '하느님의 나라와 그 의'를 구하는 것이다. 만일 먹고 마시고 사느라 걱정한다면 제자의 자격이 없다 할 것이다. 제자라기 보다는 도리어 '이방인'일 것이다.

여기서 알 수 있는 단순한 사실 하나: 성서는 인간에게 길을 안내하는 이정표이다. 그 이정표를 따라 그 길을 가면 된다. 만일 그 길을 가지 않는다면 그에게 그것은 이정표가 아니고 당연히 성서가 아니다. 성서는 그 자체로 거룩한 책이 아니다. 신을 믿지 않는 이에게 신이 거룩할

리 없듯이, 읽지 않는 이에게 성서가 '거룩한 책'일 리 없다. 읽어도 그 내용을 삶 안에 가지고 오지 않는 이에게 성서가 거룩할 리 없다. 성서가 그 자체로 거룩한 책이라며 우기다가 자기도 모르는 사이에 하느님을 문자 안에 가두는 문자우상숭배를 범하게 될 공산이 크다. 공중의 새를 '보라'는데 정작 새는 보지 않고 새를 보라는 문자 안에만 빠져 있는 것은 아닌지, 들꽃이 어떻게 자라는지 '보라'는데 들꽃은 보지 않고 들꽃을 보라는 문자만 분석하고 있는 것은 아닌지 의심해보아야 한다.

학문의 위험성

이런 야기가 있다.

탐험가가 고향으로 돌아오자, 사람들은 열이 나서 아마존에 관하여 모든 것을 샅샅이 알고 싶어했다. 그러나 거기서 기막히게 아름다운 꽃을 보았을 때나 한밤에 숲 속의 소리를 들었을 때에 가슴에 용솟음치던 그 느낌을 어찌 말로 다 옮길 수가 있으랴. 혹은 야수의 위협을 알아차렸을 때, 혹은 변덕스러운 물살을 가로질러 쪽배를 저어갈 때, 가슴 속에서 절감했던 그것을 무슨 재주로 전달할 수가 있으랴. "몸소 찾아가 보시오들. 이 경우야말로 〈백 번 들음이 한 번 봄만 못하다〉는 경우지요." 그러고는 아무튼 안내 삼아 아마존 지도를 한 장 그려주었다. 사람들은 지도를 붙들고 늘어졌다. 그것을 액틀에 넣어 마을 회관에다 걸었고, 제각기 사본을 떠 가기도 했다. 사본을 가진 사람은 누구나 아마존 전문가로 자처했다. 강의 굽이와 저 소용돌이는 어디이고,

이곳 너비와 저곳 깊이는 얼마이며, 급류는 어디 있고 폭포는 어디 있는지, 아닌 게 아니라 어느 것 한 가진들 모른다는 게 있던가. 탐험가는 지도를 그려준 일을 평생 내내 후회했다. 아무것도 그려주지 않았던들 차라리 나았을 것을.*

글을 길로 바꿔라

예수는 글을 남기지 않았다. 조상 적부터 전해오던 글을 읽고 그것을 몸으로 살았을 뿐이다. 그래서 '길'로 불리게 된 분이다. 한 마디로 예수는 '글'을 '길'로 바꾼 분이다. 그런 점에서 "예수를 길이요 진리요 생명"으로 고백하는 구절은 타당하다. 타당하되, 그 자체로 타당한 것이 아니라, 그 '글'이 오늘 다시 '길'로 바뀌는 현장에서 결정적으로 타당하다. 그 현장에서 "나는 길이요 진리요 생명이다. 나를 거치지 않고서는 아무도 아버지께로 올 수 없다"(요한복음 14,6)는 글이 살아 있는 길이 되는 것이다.

여기서 "나를 거친다(말미암는다 또는 통한다)"는 역사적 예수의 유일회성을 말하려는 것이 아니다. 문장 그대로 읽으면 그것은 진리이자 생명 자체인 길을 걸음으로써 아버지께로 이른다는 단순한 사실만 말하고 있을 뿐이다. 역사적 예수가 훌륭하다는 사실을 찬탄하는 데 최종 목적이 있는 것이 아니라, 예수가 그랬듯이, 그 글을 읽는 이로 하여금 진리이자 생명인 길을 가도록 이끄는 데 궁극 목적이 있는 것이다. 진리와 생

* 앤소니 드 멜로, 정한교 옮김, 『종교박람회』(분도출판사, 1987), 57-58쪽.

명의 길을 걸음으로써만 진리와 생명이신 아버지께로 이르게 마련이다. 그런 점에서 "나를 거친다(말미암는다/통한다)"는 것은, 그 '나'가 예수를 의미하는 것이라고 할 때, 예수에게 자극을 받고 예수와 같은 길을 걷는 것이다. 그것이 길이신 "예수를 거친다는" 말의 단순하고 진정한 의미이다. 그렇게 예수를 통할 때, 예수가 하느님 안에 있듯, 그이는 예수 안에 있게 된다. 더욱이 예수 안에 하느님이 있다면, 그이 안에도 하느님이 있게 된다. 그래서 "내가 아버지 안에 있고, 너희가 내 안에 있고, 내가 너희 안에 있다"(14,20)는 말이 나오는 것이다. 예수와 같은 길을 걷다 보면, 예수와 같은 목적지, 즉 하느님과의 온전한 상호 내주에 이르게 되는 것이다.

종이 아니라 벗

예수와 같은 길을 걷는다는 말의 의미를 더 구체적으로 풀다 보면 다음 한 문장에 이르게 된다: "서로 사랑하라!"(요한복음 15,12) 예수와 같은 길을 걷는다는 추상적인 듯한 말은 서로 사랑하는 데서 가장 구체성을 띠게 된다. 예수는 "내가 명하는 대로 행하는 이는 나의 친구"(15,14)라고 말한다. 서로 사랑하며 사는 이를 예수는 더 이상 종이라 부르지 않고 벗으로 삼는다는 것이다. 서로 사랑하며 사는 이가 곧 예수의 벗이다. 예수의 제자에게 예수는 저 구름 너머에 있는 초자연적 존재이기를 넘어, 불교식 표현을 빌리면 진정한 도반道伴이다. 인생의 길을 먼저 걸었을 뿐만 아니라 지금도 함께 걷는 벗이다. 예수를 벗으로 삼고서 진리의 하느님을 찾아 생명의 길을 가는 것이 인생이다. 적어도 예수의 제자라면 그렇다. 그 길을 가되, 서로 사랑하며 갈 수 있다면 금상첨화일 것이다. 그렇게 될 때, 하느님 안에 예수가, 예수 안에 벗들이, 그리고 벗들 안에 예수가, 예수 안에 하느님이 계시는 순환 관계가 성립되는 것이다.

인생은 진리를 찾아가는 길 위의 존재이다. 그 길이 생명의 길이다. 그리고 생명의 길은 서로 사랑하는 길이다. 그런 삶이면 충분하고 넘친다. 설령 교회에 출석하지 않는 사람이라 해도 사랑하며 사는 이가 있다면 그이는 예수의 벗이라는 소리를 들어 마땅하다. 목숨 바쳐 사랑하는 이는 실제로 예수 최고의 벗이자 마침내 예수와 하나 된다. 그렇게 사랑하는 삶이 교회라는 조직이나 제도 안에 갇혀 있는 것은 아닐 테니, 교회 밖에도 안에 있는 사람 못지않게 사랑의 삶을 사는 예수의 벗들이 얼마든지 있을 수 있는 것이다.

견성성불

우리나라 불교는 선 전통이 강하다. 선불교의 정신은 불립문자不立文字, 교외별전敎外別傳, 직지인심直指人心, 견성성불見性成佛로 요약된다. 네 문장의 핵심을 요약하자면 문자 너머의 진리(性)를 그대로 보는(見) 것이다. '견성見性'이 관건이다. 사물의 "본성을 보는" 것이다. 본성을 보지 못하고 그 외양만 보고서 무언가 아는 척하는 인간의 실상을 고발하는 문구이기도 하다. 달을 보라고 손가락(언어)으로 가리키면 그 손가락 너머의 달을 보아야 하는데, 손가락(언어)만 보는 현실을 폭로하는 경구이기도 하다. 창문을 넘어야 정원이 보이고 산야가 펼쳐진다. 사물을 더 잘 보라고 안경을 끼워놓고는 렌즈만 쳐다보려 해서야 되겠는가.

　마찬가지이다. 문자를 들여다보는 것이 아니라, 문자가 가리키는 세계를 보아야 한다. 공중의 새를 '보고' 자연의 섭리를 느끼는 것이 책 속의 문자를 들여다보고 전문적인 뜻풀이를 하는 것보다 더 예수적이다. 역사적 예수에조차 매이지 않을 만큼 예수적인 삶을 사는 것이 예수를 '통하는' 것이다. 그런 점에서 예수를 통하는 것은 예수의 본성을 보아 예수처럼 사는 것이다. 제자에게 사물의 본 모습(性)을 보는(見) 것이란 그런 것이다. 스님들만 견성하는 것이 아니다. 그리스도인들도 견성해야 한다. 그것은 "주께서 나를 아신 것같이 내가 온전히 아는 것"(고린도전서 13,12)이기도 하다. 여기에 신분이나 종파나 조직이나 제도가 무슨 관계가 있겠는가.

이것만 알면 된다
하느님≧예수≧제자

"이제 나는 너희를 종이라고 부르지 않고 벗이라고 부르겠다. 종은 주인이 하는 일을 모른다. 그러나 나는 너희에게 내 아버지에게서 들은 것을 모두 다 알려주었다."
(요한복음 15,15)

"그날이 오면 내가 아버지 안에 너희가 내 안에 내가 너희 안에 있다는 것을 깨닫게 되리라."
(요한복음 14,20)

주일학교 수준을 넘어서라

신학생들에게 강의하며 나는 가끔 이런 말을 한다. "대학에서 4년간 신학을 공부한 뒤 '주일학교 수준'을 넘어설 수 있으면 성공한 것이다." 주일학교 학생, 특히 초등학생들은 신을 인간 형상의 확대판처럼 생각하는, 이른바 신인동형론anthropomorphism적 상상을 하는 경향이 큰데, 대학에서 명색이 신학을 전공했다면 최소한 그런 방식이나 수준은 극복할 수 있어야 한다는 뜻이다. 하느님을 특정 공간을 점유하고 있는 존재인 양 상상하는 수준도 넘어서야 한다고 강의하기도 한다. 그만하면 신학대학원 과정을 성공적으로 마친 정도는 되지 않겠느냐는 차원에서······.

신이 어떤 형상을 지니고서 특정 공간을 점유하고 있는 듯 상상하는 순간 신학적으로 여러 문제에 직면하게 된다. 그것은 무엇보다 신을 유한한 시공간 내 제한적 존재로 전락시키는 꼴이 되기 때문이다. 그렇게 되는 순간 신은 더 이상 무한자, 창조자이기는커녕 인간적 상상 내지 욕망의 투사, 시공간에 갇힌 존재에 지나지 않게 되기 때문이다.

만물은 로고스의 육화

앞에서도 보았지만, 다음과 같은 성서의 말을 한 번 더 생각해보자: "맨 처음에 말씀(로고스)이 계셨다. 말씀이 하느님과 함께 계셨으니 그 말씀은 하느님이셨다"(요한복음 1,1), "모든 것은 말씀을 통해 생겨났고 이 말씀 없이 생겨난 것은 하나도 없다"(1,3), "말씀이 세상에 계셨고, 세상이 이 말씀을 통해 생겨났다."(1,10)

요약하자면 '말씀이신 하느님'이 삼라만상의 존재론적 근거가 된다는 뜻이다. 여기에는 원칙적으로 남녀노소, 빈부귀천, 신분종파가 따로 없다. 모든 것은 '말씀'의 피조물이자 육화이며, 당연히 존재하는 모든 것은 말씀과 근원적 연결성을 지니고 있다: "그 말씀이 네게 심히 가까워서, 네 입에 있으며, 네 마음에 있다."(신명기 30,14)

이러한 신학에 따르면, 이 '말씀'은 하느님의 한 기능이면서 하느님 자체이기도 하다. 하느님과 피조물은 말씀이라는 고리를 통해 연결되어 있을뿐더러, 피조물 자체가 하느님을 반영하는 하느님의 육화이다. 그런 점에서 피조물은 존재론적으로 이미 완성되어 있고 성화되어 있다. 모두 말씀이라는 우주적 원리의 충실한 반영이기 때문이다.

이미 이루어져 있다

이런 얘기가 있다: "아버지와 아들이 바닷가에 나갔다. 아들이 물었다. '아빠, 바다의 끝은 어디야?' 아버지는 대답했다. '응, 저 수평선 너머 저 멀리에 있단다!' 그러다 집으로 돌아오는 길에 아빠는 깨달았다. 바다의 끝은 저 너머가 아니라, 바로 자신들이 서 있었던 그 자리였음을……."

인간은 바다 끝에 서서 바다 끝이 저 바다 너머에 있다고 상상한다. 자기가 처한 자리를 보지 못하기 때문이다. 하느님이 본래 자신 안에 베풀어져 있다는 사실에 낯설어한다. 인간이 말씀으로 말미암아 생겨난 존재라면, 말씀이 인간의 중심에 이미 들어와 있는 것은 아주 당연하다. 내 안에 너무나 가까이 베풀어져 있는 말씀이신 하느님, 그것에 눈을 떠야 하는 것이다: "네 마음을 다하고 성품을 다하여 야훼이신 네 하느님께 돌아오라."(신명기 30,10)

줄기도 가지도 같은 나무다

인간은 하느님을 자신의 한복판에 모시고 있다. 예수는 그러한 원천적 사실에 대해 진작 눈뜬 이이다. 그리하여 말씀의 결정적 육화로 불리게 되었다. 이것은 원칙적으로 모든 인간과 괴리되는 사실이 아니다. 예수는 포도나무이고 제자는 가지라는 비유(요한복음 15장)가 그것을 잘 말해준다. 나무든 줄기든 모두 포도나무다. 당연히 포도나무로서의 성품을 공유한다. 예수와 제자들은 한 성품을 공유하며 서로 연결되어 있는 것이다. 인간이든 사물이든, 허공마저 모두 기氣로 이루어져 있다는 동양적 사고방식과 한편에서는 통하는 세계 해석이다. 하느님과 삼라만상이 이념과 종파를 넘어 원천적으로 연결되어 있다는 사실은 동서양 사상 모두에 통하는 보편적인 사실인 것이다.

예수와 동격이다

예수가 그런 사실에 눈뜬 이이지만, 그러한 사실에 눈뜬 이를 예수는 '친구'라고 부른다. 종과 주인의 관계가 아닌, 동류, 즉 자신과 친구의 관계에 있다고 선포하는 것이다. 종은 주인이 하는 일을 잘 모르지만, 친구는 잘 알기 때문이라는 것이다.(요한복음 15,15) 자신의 존재 원리에 대해 잘 알고, 삶의 방식이 자신과 통하기 때문이다. 그 원리를 예수는 이렇게 말한다: "그날이 오면 내가 아버지 안에 너희가 내 안에 내가 너희 안에 있다는 것을 깨닫게 되리라."(14,20)

어떻게 "내가 아버지 안에 너희가 내 안에 내가 너희 안에" 있을 수 있는가? 하느님이 말씀이고 모두가 그 말씀을 존재론적 원리로 하기 때문이다. 그 존재 원리를 깨닫는 이는 자신을 비워 이웃을 사랑한다.(15,17) 그렇게 사는 이가 예수의 친구이며, 사랑은 하느님, 예수와 상호 내주의 관계에 있다는 사실을 보여주는 결정적 증거이다. 예수와 친구가 되는 데에 신분이나 종파, 남녀노소가 따로 있을 수 없는 것이다. 그것이 기독교 최대의 계명이다. 서로 사랑함으로써 예수와 '레벨'이 같아진다니, 얼마나 파격적인 듯 단순하고 근본적인 사실인가.

하느님≧예수≧제자

종교에 대해 공부할수록, 특히 신학을 공부할수록 신앙의 원리는 단순하다는 사실을 알게 된다. 그 원리를 간단히 도식화하면 '하느님≧예수≧제자'가 된다. 말씀이 예수로 육화했을뿐더러 만물이 말씀의 구체화라면 만물과 말씀, 즉 하느님의 연결성은 필연적이다. 그래서 '하느님=예수=제자'이다.

그렇지만 창조자 하느님은 피조물 인간에 우선한다. 예수도 "왜 나를 선하다 하느냐, 선하신 분은 하느님 한 분뿐이시다"(마르코 10,18; 루가 18,19)라고 하듯이, 하느님은 역사적 예수에게도 선행하신다. 말씀이 예수로 나타난 것이지 그 반대가 아니라는 점에서 그렇다. 그리고 예수가 그리스도인을 그리스도인되게 해주었다는 점에서 예수는 그리스도인의 논리적 근거이다. 그래서 '하느님＞예수＞제자'이다.

결국 이들을 연결 지으면 '하느님≧예수≧제자'가 된다. 하느님이 피조물 안에 베풀어지고 예수 안에서 알려졌으니, 이들은 상통한다. 서로 통하는 측면이 있지 않고서 어찌 서로를 알고 믿고 깨달을 수 있겠는가. 이러한 원천적인 사실에 남녀노소, 빈부귀천, 신분종파 간 구별이 있을 수 없다. 신학을 공부하면 할수록 느끼는 아주 단순하고 간명한 도식이다. 타자부정적, 자기우월적 사실을 내세우다 갈등하고 다투는 소모적인 신앙을 극복하고, 모든 곳에서 하느님을 보는 근원적이고 긍정적인 사실을 신앙의 핵심으로 삼는 때가 오기를 바라마지 않는다.

진리가 너희를 사망케 하리라
구원의 의외성

"어떤 예언자도 자기 고향에서는 환영을 받지 못한다."
(루가복음 4,24)

예수의 고향

성서에서는 예수가 베들레헴에서 태어난 것으로 되어 있지만(마태오 2,1), 실제로는 나자렛에서 태어났거나 그곳에서 성장했던 듯하다. 가난한 이들이 많은 갈릴래아 호수 근처에서 주로 활동하던 예수가 어느 날 고향 나자렛으로 가게 되었다. 그곳 회당에 들러 성서도 읽고 설교도 하고, 고향 사람들을 만나 대화도 나누었다. 성서에서는 이와 관련하여 변형된 내용들이 전해오지만,* 대체로 예수가 고향에서 별로 환영받지 못했다고 전한다는 점에서는 공통적이다.

사람들은 예수의 어릴 적 모습이나 집안에 대해 잘 알아서인지, 보잘

---
* 마태오복음 13,54-58; 마르코복음 6,1-6, 루가복음 4,14-30 참조.

것없는 시골 동네 출신 '요셉의 아들'에게서 나오는 놀라운 설교에 수군거리며 감탄하기도 하고, 때로는 비아냥거리기도 했다. '듣자 하니 다른 곳에서는 기적도 많이 보여주었다는데, 네 고향에서 먼저 보여주었어야 하는 것 아니냐'는 식이었던 것 같다.* 출신 성분이나 배경도 시원찮은 이가 유명세를 타고 있으니 질투심이 일었는지도 모르겠다. 그런 식의 반응이나 태도에 다소 실망했는지 예수는 이렇게 탄식했다: "어떤 예언자도 자기 고향에서는 환영을 받지 못한다."(루가 4,24; 마르코 6,4; 마태오 13,57)

뜻밖의 구원

다른 성서들과는 달리 「루가복음서」에서는 주변의 반응이 냉소적이자 예수가 작심한 듯 하느님의 구원이 이스라엘이 아니라 이방인에게 임하리라는 식의 설교를 한 것으로 나온다. 기원전 9세기 예언자 엘리야가 활동하던 시절, 지독한 가뭄이 들어 이스라엘에 굶주리는 사람들이 속출했는데, 하느님께서는 이스라엘이 아닌, 시돈 지방 사렙다 마을에 사는 한 과부에게 엘리야를 보내 식량 문제를 해결하게 해주었다는 내용이었다. 이어서 엘리야의 제자 엘리사 때는 이스라엘에도 치료받아야 할 심한 나병환자가 많았지만, 하느님은 이스라엘인이 아닌, 시리아 사람 나아만의 문둥병을 치료해주셨다는 것이었다. 문제는 사렙다,

---

* 루가복음 4,23; 마태오복음 13,57 참조.

즉 시리아 지역이 유대인들의 눈으로 보자면 부정한 이방인의 땅이었다는 데 있다. 하느님이 의로운 이스라엘 '안'보다 부정한 이스라엘 '밖'에 먼저 구원의 손길을 뻗치셨다는 것이다.

성서학적 견지에서 보면, 이 예수의 설교는 '이방인'을 통해 복음이 전승되던 초기 교회의 상황을 반영하면서 생성되고 유통되던 이야기겠지만, 저간의 사정이야 어떻든 이 설교의 요지는 특정한 혈연에 속한다고, 그저 하느님을 안다고 구원까지 받으리라 착각하지 말라는 경고가 들어 있다. 하느님의 구원은 인간의 혈통, 특정 제도, 집단 안에 갇히지 않는다는 것이었다. 신분이나 혈연상의 이유로, 그리고 종교나 이념적인 이유로 죄인을 양산하고 배타한다면, 도리어 하느님의 구원이 더 멀어질 수 있다는 일종의 신학적 경고였던 셈이라고도 할 수 있다.

진리가 너희를 사망케 하리라

예수가 이런 식의 설교를 하기 전까지는 그래도 중립적이거나 때로는 우호적인 반응을 보이기도 했던 사람들이 그 말을 듣고는 어찌나 화가 났던지 예수를 동네 밖으로 끌어낸 뒤 산 벼랑까지 끌고 가 밀어 떨어뜨리려고 했다.(루가 4,29) 예수를 낭떠러지에서 밀쳐 죽이려 했다는 것이다. 예수는 위기 상황을 모면하고 슬쩍 빠져나가 제 갈 길로 갔다지만, 생각해보면 정말 충격적인 사건이었다. 하느님이 이른바 선택된 백성인 자신들이 아니라 이방인을 구원하신다는 식의 선포는 도무지 납득할 수 없었을 뿐만 아니라, 하느님과 자신들을 모독하는 말처럼 들렸던 것이다. 하느님이 자신들 '밖'에 있는 사람들을 구원하신다는 생각을 좀체 해보지 않았던 유대인들에게 이 발언은 오랜 집단적 전승과 개인적 신념을, 그리고 '거룩한' 하느님과 자신들의 존재 자체를 무시하는 발언이나 매한가지로 들렸던 것이다. 그래서 절벽에서 예수를 밀쳐 죽이려 했다는 것이다.

그런데 분명하고 분명한 것은 하느님이 혈연적, 민족적, 관습적인 이유로 자신들만을 구원하시리라는 이스라엘의 당연한 듯한 편견을 예수는 신앙과 지성의 양심에 비추어 용감하게 깨고 있었다는 것이다.

가만 보면 예수의 언행은 늘 그런 식이었다. 특히 기득권층의 편을 들지 않고 하느님의 구원에서 소외된 듯한 사회적 약자, 한 마디로 '죄인'으로 낙인찍힌 사람들 편을 들었다. 오늘날의 눈으로 보면, 하느님은 성체, 성사, 성서, 성당 등, '거룩할 성'자로 도배되어 있는 듯한 교회보다도 '거룩함'과 거리가 훨씬 멀 것 같은 천박한 곳을 먼저 찾으신다는 것이나 다름없는 내용이다. 너를 내게서 분리시키는 '거룩'보다는 너를 내 안에 받아들이는 '자비'를 가르치고 실천하던 예수는 '죄인과 함께 지내니 너도 죄인'이라는 식으로 몰아붙이며 격노하던 기득권층, 이른바 사회적 '의인들'의 반발을 사 결국 처절한 죽음으로 내몰려가게 된 것이다. '진리'를 제대로 실천하려다 보면 제 명대로 살기 힘들기는 여전한 상황인 것 같다.

하느님의 팔은 밖으로도 굽는다

예수의 설교를 이 글의 주제에 비추어 해설하자면, 하느님의 구원은 교회 안에도 그리스도교 안에도 독점되지 않는다는 뜻이 담겨 있다. 예배당이라는 건물이, 교회라는 제도가 하느님의 구원을 선점하거나 독점하고 있는 것이 아니라는 말이다. 교회 안에 있는 이들 중 그렇게 상상하고 기대하는 이들도 있겠지만, 하느님은 어쩌면 죄인으로 간주되는 이들에게, 신과 관계없을 것 같은 이방의 동네에 당신을 더 잘 드러내실 수 있는 분이시다. 인간의 기대치와는 달리 하느님은 '뜻밖의 곳'에 임하신다는 것이다. '팔은 안으로 굽는다'는 속담이 있지만, 한완상의 말마따나 하느님의 '팔은 밖으로도 굽는다'. 아니 좀 더 정확하게 표현하면 어디로든 굽는다. 도저히 그럴 수 없을 것 같은 곳에서도 하느님은 구원의 팔을 뻗치신다. 역사적 인물로서의 예수가 신학적 의미에서의 '만인구원론자'라고까지 할 수는 없지만, 동족 유대인에게 진정한 구원이 무엇인지 생각해보고, 율법의 형식이 아닌 근본정신을 따를 것을 제시하고 실천했다는 점에서 만인구원론을 연상하게 해주는 인물인 것은 분명하다.

신은 이스라엘을 고쳐주지 않았다

그런데 참으로 묘한 일이 있다. 구원의 진정성과 보편성은 누군가 죽거나 처절한 죽음의 위기에 몰리고서야 드러난다는 점이다. 진리를 가로막는 암벽에 부딪쳐 누군가 머리가 깨지고서야 드러나는 진실의 역설을 그리스도인라면 특히 더 늘 의식해야 한다. 교회가 하느님의 구원을 맡은 새 이스라엘이라고 착각하다가 이스라엘 사람들 중 "아무에게도 보내지 않으시고" 이스라엘의 "단 한 사람도 고쳐주지 않으셨다"(루가 4,26-27)는 경고의 주인공이 되지 않으리라는 법이 없기 때문이다. 하느님께서는 이스라엘이 아닌 이방인을 먹이고, 의인이 아닌 죄인을 치유해주셨다는 발언에 분노하는 교회가 되어서는 안 될 것이다. 성서에 따르면, 분명히 하느님께서는 죄인에게 구원의 손길을 먼저 드리우셨기 때문이다. 그러니 예수를 절벽에서 밀쳐 죽이려던 이스라엘 사람들처럼, 교회는 종교의 이름으로, 하느님의 이름으로 종교적 죄인을 만들어서는 결코 안 된다는 사실은 자명하다. 그런 식의 비판의 말을 한다고 '죽음'으로 내몰아서는 안 되리라. 예수가 그랬듯이, 이 땅의 선구자들은 그 죽음의 위기를 기꺼이 감수해야 하리라. 죽임의 문화를 살림의 문화로 역전시키기 위하여.

예수는 유대교인이었다
내면의 혁명

"내가 율법이나 예언서의 말씀을 없애러 온 줄로 생각하지 마라.
없애러 온 것이 아니라 오히려 완성하러 왔다."
(마태오복음 5,17)

예수도 새롭지만은 않았다

기독교인들이 거의 무의식중에 착각하곤 하는 것이 있다. 그것은 예수가 기독교인이었다거나 기독교라는 새로운 종교를 창시했다는 착각이다. 그러나 주지하다시피 그것은 정말 착각이다. 예수는 혈통적으로나 종교적으로나 유대교적 정신에 충실하고자 했던 유대교인이었다. 새로운 종교를 만들려는 의도도 없었다. 오늘날 기독교인이 유대교와 차별적인 예수만의 독자성을 강조하곤 하지만, 예수는 유대교적 전승을 공유하던 신실한 유대교인이었고, 율법교사, 즉 랍비였다.

이런 그의 유대교적 정서는 자신이 "내가 율법이나 예언서의 말씀을 없애러 온 줄로 생각하지 마라. 없애러 온 것이 아니라 오히려 완성하러 왔다. 분명히 말해두는데, 천지가 없어지는 일이 있더라도 율법은 일 점일 획도 없어지지 않고 다 이루어질 것이다"(마태오 5,17-18)라고 말한 데서 잘 드러난다. 예수는 유대교 율법의 진정한 '정신'을 구체적으로 실천하려고 했던 인물이다.

예수 정신을 잘 요약하고 있다는 사랑의 이중 계명 관련 증언, 즉 "네 마음을 다하고 목숨을 다하고 뜻을 다하여 주님이신 너의 하느님을 사랑하여라'. 이것이 가장 크고 첫째가는 계명이고, '네 이웃을 네 몸같이 사랑하여라' 한 둘째 계명도 이에 못지 않게 중요하다. 이 두 계명이 모든 율법과 예언서의 골자이다"(마태오 22,37-40; 마르코 12,28-34)도 예수 고유의 것이었다기보다는, 히브리 성서(신명기 6,5; 레위기 19,18)와 다양한 외경 및 여러 랍비의 가르침에 수도 없이 등장하는 문장이었다. 예수는 그저 자신이 아는 대로, 그리고 믿는 대로 '하느님 사랑'과 '이웃 사랑'을 실천했을 뿐이다.

예수가 유대교 율법과 대립했던 증거로 자주 거론되는 "사람이 안식일을 위해 있는 것이 아니라 안식일이 사람을 위해 있는 것"(마르코 2,27)이라는 말도 사실상 유대 랍비들 전통 안에 이미 전승되어오던 해석적 지혜였다. 가령 출애굽기에 대한 유대교 랍비들의 해설서인 '메킬타'에는 "안식일이 네게 맡겨져 있는 것이지 네가 안식일에 맡겨져 있는 것이 아니다"(31,13)라는 말이 있다. 예수 당시 유대인들이라면 누구든 "안식일을 기억하여 거룩하게 지켜라"(출애굽기 20,8)는 말을 하느님의 계명으로 알고 그에 따르고자 했는데, 예수도 그 율법을, 특히 율법의 정신을 실천하고자 했을 뿐이다. 그런데 이렇게 신실했던 유대인 예수는 왜 유대교로부터 밀려나게 되었을까.

형식이 아니라 내용이다

유대인이라면 누구나 안식일을 지키고자 했지만, 예수에게 안식은 그저 아무 노동도 하지 않는 것이 아니었다. 그가 보건대 병든 이에게 안식은 치료이고, 굶주리는 이에게 안식은 한 끼 식사였다. 그렇다면 아무리 안식일이라도 굶주리는 이를 위해서는 밀가루를 구해 빵을 만들어 먹이는 노동을 해야 했다. 예수에게는 그것이 굶주리는 이를 위한 안식이었기 때문이다. 하지만 예수의 이러한 신축적 율법 해석과 실천은, 정말 긴급하지 않은 경우라면 환자 치료행위조차 금하는 방식으로 안식일법을 지키고자 했던 보수적 유대교 지도자들에게 미움을 사는 계기가 되었다.

예수는 유대교적 관례와 문화에 친숙한 유대교인이었지만, 신의 구원 가능성을 유대인에게만 제한하지도 않았다. 때로는 유대인보다 이방인에게 신의 구원이 먼저 임한다고 가르치기도 했다. 하느님이 당시 사회적 의인들보다 죄인을 더 사랑하신다고 말하기도 했다. 그것이 율법의 정신이자 하느님의 사랑 원리라고 믿었다. 그러나 예수의 이런 태도는 이스라엘 밖 이방인의 구원을 상상해본 적 없던 보수적 유대인들의 관습과 정서를 자극했고, 죄인과 함께 어울리는 이도 죄인이라는 관례적 논리에 따라, 불경죄, 신성모독죄 등이 씌워졌고, 급기야 사형장으로까지 내몰리게 된 것이다. 죽인 이나 죽은 이나 나름대로는 신의 이름으로 그렇게 했다는 것이 여전히 지속되는 종교사의 제일 큰 모순일 것이다.

왜 보수는 사람을 죽일까

이런 모순은 어디서 왜 생겨나는가. 그것은 지켜야 할 것이 무엇인가에 대한 해석이 서로 다른 이유로 생겨난다고 할 수 있다. 단순하게 말하면, 해석과 실천의 기준을 외적 형식에서 찾는지, 내적 정신에서 찾는지에 달린 문제인 것이다. 이 둘 가운데 선택하라면, 예수는 단연 내적 정신을 중시하는 사람이었다. 물론 이러한 예수의 자세는 위에서 본 대로 당시 전적으로 새로운 것만은 아니었다. 율법에 대해 신축적인 해석을 하던 바리사이들이라면 공유하던 자세이자 세계관이기도 했다. 그런 점에서 역사적 예수는 사실상 다른 유대교 종파들에 비해 바리사이파와 비슷한 정서를 가지고 있던 인물이라고도 할 수 있다.

그러나 불행이라면 불행이랄까. 예수 당시 예수와 여러 차례 대립했던 바리사이파는 랍비 샴마이 계열의 보수파였다. 예나 이제나 보수주의자의 성향이 그렇듯이, 샴마이 계열의 바리사이파는 전통적 관습과 하늘의 율법을 동일시하는 경향이 있었다. 그러다 보니 관례에 어긋난 언행을 하느님의 이름으로 정죄하는 일은 적어도 그들에게는 당연한 처신이었다. 예수가 보수적 유대교 지도자들 사이에서 제대로 살 수 없었던 것은 어찌 보면 필연적인 일이었다. 전승의 외적 형식을 중시하던 보수주의자가 주류일 때 그 안에서 무언가 내적 정신의 전승을 추구하려는 시도는 때로는 목숨까지 담보해야 하는 위험한 가시밭길이 아닐 수 없는 것이다.

왜 여전히 그대로일까

이런 배경 속에서 죽임당한 예수를 따르는 사람들로 인해 그리스도교가 생겨났다. 오늘날 그리스도교는 그렇게 죽임당한 예수가 도리어 더 옳다고 따르는 이들의 모임인 것이다. 그렇다면 그리스도교는 그 예수의 정신을 구체화시키는 공동체여야 할 것이다. 마치 예수가 다시 태어나기라도 한 양 예수의 모습을 대신 살아주는 공동체여야 할 것이다. 그런데 역설적이게도 종교사의 아이러니는 여전히 지속되고 있다. 대단히 씁쓸하게도 오늘날 그리스도교인들은 예수의 정신보다는 예수를 죽인 보수적 바리사이의 관습과 논리를 더 따르고 그에 매인다. 오늘날 예수처럼 사는 이가 있다면 그이는 분명히 교회에서 환영받지 못하거나 정죄될 것이 분명하다는 점에서, 오늘의 교회는 예수를 내쫓은 보수적 유대교인과 크게 다르지 않다. 만일 예수가 한 언행 그대로 오늘도 따라하면 제 명에 살기 힘들기는 마찬가지일 것이다. 가령 성서의 근본 정신상 하느님의 구원이 교회 안에만 갇혀 있을 수 없다고 말하면, 대단히 불경한 발언인 양 두 눈을 똥그랗게 뜨며 정죄하듯 공격적 표정을 짓는 이가 여전히 많다. 그런 표정을 보노라면 이천 년 전 예수를 죽인 사람들이 꼭 그랬을 것 같다는 느낌을 받는다. 그런 표정까지 짓지는 않는다 해도 대부분의 기독교인이 교회 밖 구원을 내면에서까지 이해하지는 못한다.

그런 식으로 오늘도 기독교는 성서를, 예수의 정신을 자기중심적으로 오해한다. 예수를, 교리를 거의 무의식중에 이기적 욕망 충족의 수단처럼 착각하며 간주하는 경우도 부지기수이다. 정말이지, 예수를 따른다면서, 예수를 믿는다면서, 예수가 한 그대로 하면 예수의 이름으로 교회에서 몰아내는 그런 모순적인 일은 벌어지지 않았으면 좋겠다.

예수는 왜 죽었나
유월절의 정치학

"그들을 가르치시며 성서에 '내 집은 만민이 기도하는 집이라 하리라'고 기록되어 있지 않느냐?
그런데 너희는 이 집을 강도의 소굴로 만들어버렸구나! 하고 나무라셨다.
이 말씀을 듣고 대사제들과 율법학자들은 어떻게 해서라도
예수를 없애버리자고 모의하였다."
(마르코복음 11,15-18)

예수가 본 예루살렘

유대인들에게 예루살렘은 성스러운 도시였다. 하느님이 거하시는 성전이 있었기 때문이다. 성전 도시 예루살렘은 하느님이 보호하시기에 안전할 것이라 생각했다. 생각만 그렇게 한 것이 아니라, 실제로 예루살렘 성전을 둘러싼 서쪽 벽 일부는 높이가 30미터, 남동쪽 벽 일부는 90미터가 넘었고, 벽에 사용된 돌 중 길이가 10미터, 무게가 70톤이 넘는 거석도 있었을 정도로 든든하게 지어진 도시이기도 했다.

그런데 모처럼 예루살렘으로 진출한 제자들이 이 돌의 크기를 보면서 감탄할 때 예수는 "돌 하나도 돌 위에 남지 않고 다 무너지리라"(마르코 13,1-2; 루가 19,44)며 비판하기도 했고, 예루살렘이라는 도성과 성전은 파괴의 위협에 직면해 있다고 경고했다: "예루살렘아! 예루살렘아 너

는 예언자들을 죽이고 하느님께서 보내신 사람들을 돌로 치는구나! 암탉이 병아리를 날개 아래 모으듯이 내가 몇 번이나 네 자녀들을 모으려 했던가! 그러나 너는 응하지 않았다. 너희 성전은 하느님께 버림을 받을 것이다."(루가 13,24)

예수는 사람들이 의지하고 있던 중심적인 이미지들과 확신들을 경계하거나 비판했다. 사람들이 '거룩'을 원할 때 예수는 '자비'를 가르쳤고, 하느님은 부자들보다는 가난한 죄인을 더 사랑하신다는 식으로 가르쳤다. 무엇보다 예수는 인간이 만든 권위를 두려워하지 않았고 그 앞에 굴종하지 않았다. 당시 왕 헤로데를 "여우"라고 노골적으로 비판하기도 했고,(루가 13,32) 사형을 앞두고 빌라도와 유대교 관원들에게 심문을 받을 때도 모호한 대답을 하거나 묵비권을 행사하는 방식으로 기존 권력과 심리적·정서적 거리를 두었다.

예수가 이렇게 기존 권위에 도전하면서 말하려던 것은 권력이나 인위적 관습에 따르지 말고, 하느님의 권위를 두려워하고 하느님께로 돌아가라는 요청이었다. 죄인들을 분리시키는 '거룩'의 정치학에 맞서, 죄인들을 포용하는 '자비' 중심의 대안적 공동체를 꿈꾸었다. 당시의 종교적인 관습이나 유산에 우선적인 관심을 가질 것이 아니라, 살아 있는 하느님의 생명, 성령과의 교제 속에 머물라고 요청했다. 관습적 굳은 질서에서 벗어나 하느님과의 직접적인 관계 속으로 돌아오라는 전환에의 요청이었던 것이다.

예수가 이렇게 사람들에게 전환과 변화를 요청한 것은, 한편에서는 당시를 재난의 위협 아래 있는 시기로 파악했기 때문이고, 동시에 다른 한편에서는 구원의 시기로도 파악했기 때문이다. 예수의 설교를 보면 이스라엘에 하느님의 '심판'이 있을 것이라는 논조도 종종 발견되지만, 예수의 더 핵심적인 논조는 하느님의 구원을 경험하는 데서 오는 '기쁨'에 있었다. 그 기쁨을 나누고 싶어 했고, 하느님께서는 자신이 걷는 그런 길을 통해 구원을 드러내신다고 믿었다. 그 구원의 실현을 위해 예수는 예루살렘으로 여행을 떠나게 된다.

유월절의 정치학

당시 예루살렘은 이스라엘 내 권력의 중심지로서, 예수가 경계했던 인간 군상으로 넘쳐나는 곳이었다. 당시 예루살렘에는 4만 명에서 7만 명가량의 주민이 살고 있었지만, 예수가 올라갔던 때는 유월절이었고, 더 많은 순례자들로 북적거리던 때였다. 유월절은 이스라엘이 이집트에서 노예 생활을 하다가 모세와 더불어 탈출했던 놀라운 사건을 기념하는 이스라엘 최대의 절기였다.

그런데 예수 당시에도 로마의 식민 지배를 받고 있었으니, 옛날에 이집트 땅에서 노예생활을 하던 때와 상황이 근본적으로 다르지 않았다. 수많은 사람들이 모여 제사를 드리다 보면, 자연스럽게 자기들에게 해방을 가져다준 유월절의 본래 의미를 떠올리기도 했고, 유월절에 모인 군중을 이용해 민족의 독립을 도모하는 사람들도 있었다. 실제로 유월절에 모였던 이스라엘 군중이 헤롯 왕의 아들이었던 아켈라오스의 군대에 도전하다가 성전 부근에서 3천 명이나 살해되었다는 역사적 기록도 있다. 유월절은 겉으로는 민족이 모여 제사를 드리는 절기였지만, 실상은 정치적 긴장 관계 속에서 언제 무슨 일이 터질지 몰라 지도자들을 긴장하게 만드는 그런 날이기도 했다. 로마 제국은 군인들을 성전 주변에 배치해 만일의 사태에 대비해야 하는 때이기도 했다.

유월절 성전 구역(약 4만4천 평)은 복잡했다. 멀리서 제물을 들고 오기가 어려웠기 때문에 성전 주변에는 제물을 파는 사람들이 있었다. 또 보통 때는 로마 화폐를 사용했지만, 성전에서만큼은 이스라엘 돈을 사용해야 했다. 그래서 제삿날 성전 주변에는 로마 돈을 이스라엘 돈으로 바꾸어주는 환전상들도 즐비했다. 음식 파는 사람들도 제법 있었을 것이다. 한 마디로 시장통과 같았다고나 할까.

자비로운 분노

앞 절("자비의 정치학을 펼치다")에서도 잠깐 보았듯이 예수가 이러한 상황을 목도하고는 화가 폭발했다. 성전 구역에서 환전상들과 제물 판매상의 탁자를 뒤집고 그들을 쫓아내며 분노하는 일이 벌어진 것이다. 그때 예수가 화를 내며 이런 말을 했다: "내 집은 만민이 기도하는 집인데, 너희는 강도의 소굴로 만들어버렸다."(마르코 11,16)

이 말의 핵심은 두 가지다. 하나는 '만민이 기도하는 집', 더 축약하면 '만민'이다. 의인과 죄인, 남자와 여자, 거룩함과 속됨, 정결과 부정, 선민과 이방인 등으로 사람을 나누며 차별하는 '거룩의 정치학'에 반대하면서, 성전의 존재이유가 이방인을 포함하여 결국 누구든 와서 기도하며 하느님을 만나는 데 있어야 한다고 선언한 것이다. 그 근본 뜻을 모른 채 사람을 차별하고 하느님으로부터 분리시키는 이들이 이른바 '강도'라는 비판이었다.

물론 '강도'에는 좀 더 정치적인 의미가 들어 있기도 하다. 강도는 남의 것을 빼앗는 사람이다. 한 마디로 종교 지도자들이 하느님의 것을 빼앗았다는 뜻이다. 하느님의 것을 사람의 것인 양, 아니 자기 것인 양 빼앗아 행세했다는 것이다. 그래서 예수가 보기에 그들은 강도였다. 교회에서 바자회 같은 것을 해서 어수선해졌다는 정도를 말하는 것이 아니다. 지도자들이 하느님의 일을 한다는 미명하에 자기의 일을 할 뿐만 아니라, 그것이 로마의 식민 지배를 도리어 더 공고하게 만들고, 그에 대항하는 사람들을 억압하는 일을 했다는 것이다. 그렇게 '강도의 소굴'이 되었다고 예수는 판단했다.

죽음의 길로 들어서다

실제로 당시 예루살렘 성전은 나라의 회복은커녕 로마와의 타협 속에서 정치의 배후 세력으로 행세하면서 상당한 권력을 유지하고 있었다. 율법의 정신을 따르지 못한 채, 로마인과 헤롯 왕실의 꼭두각시 노릇을 하고 있었다. 물론 종교 지도자 차원에서 보면, 성전 제사장 그룹은 그렇게 해서라도 성전을 유지하는 것이 좋은 방법이라고 생각했는지도 모른다. 하지만 예수는 타협하지 않았다. 자신의 신앙 원칙에 따라 당시 최고 권력이자 현실 질서의 근원인 성전 구역 내 환전상들의 탁자를 뒤집고 채찍을 내리치는 무모한 도전을 감행했다.

　분명히 그것은 죽음을 각오하지 않고서는 할 수 없는 일이었다. 군부 독재 시절에 청와대 앞에서 노골적으로 독재자를 비난하던 것 이상의 행위였다. 하느님의 집의 '주인'으로 간주되던 이들에게 하느님의 것을 빼앗은 강도라며 비난했으니, 죽기를 각오하지 않고서야 할 수 없는 일이었다. 어떤 때는 당시 종교 지도자들을 두고 하느님 나라로 들어가는 문을 닫아두고는 자기들만 안 들어가는 것이 아니라 남들도 못 들어가게 한다는 비판을 하기도 했다. 법의 정신은 실종되고 형식만 난무하고, 하느님은 사라지고 기득권에 편승한 인간의 심판만 난무하며, 하느님의 이름을 빙자해 사람들을 죄인시하고는 성전 안에도 들어오지 못하게 하는, 당시로서는 부패한 성전의 관행을 그대로 보아 넘길 수 없었던 것이다. 그러한 비판적 도전이 결국 예수를 죽음의 길로 들어가게 만든 결정적인 사건이었던 것이다. 그 뒤 예수는 일주일도 못 되어 십자가에서 사형당하고 만다.

제4부

그런 세계(其然)와
그렇지 않은 세계(不然)
예수의 표층과 심층

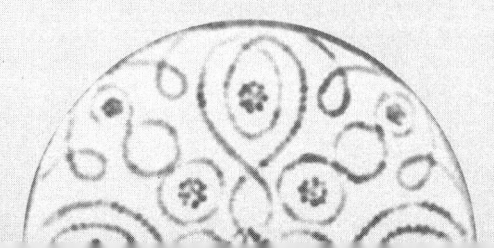

성당(聖堂)은 거룩한가
여전한 거룩주의

"너희의 아버지께서 자비로우신 것 같이 너희도 자비로운 사람이 되어라."
(루가복음 6,36)

거룩에서 자비로

예수가 살던 사회는 "너희 하느님이 거룩하니 너희도 거룩한 사람이 되어라"(레위기 19,2)는 계명에 따라 최선을 다하는 사회였다. 그 거룩함에 이르기 위한 여러 가지 율법이 규정되어 있었는데, 무엇보다 거룩하게 산다는 것은 불결하고 부정하고 죄된 것으로부터 '분리'되는 것을 의미했다. 바리사이파가 나름대로는 이런 '분리'의 길을 걷고자 했던 부류의 사람들이라고 할 수 있다. 불결하고 부정한 삶에서 분리되기 위해 순결이나 청결, 성결과 관련된 법을 지켜야 했다. 그러한 정결을 지키는 사람을 의인이라 불렀고, 그렇지 못한 사람을 죄인이라 불렀다.

장애인이나 병자, 거지 등은 부정한 사람 취급을 당했다. 의로운 사람이라면 풍요롭게 잘사는 것이 당연했지만, 가난하다는 것은 의롭지 못하다는 반증이었기 때문이다. 병이 들어도 죄에 대한 대가로 받아들여졌고, 당연히 불의한 자로 여겨졌다. 그리고 여자보다는 남자가 정결한 존재였다. 유대교의 한 랍비는 이렇게 기도했다고 한다: "여자가 아닌 남자로 태어나게 해주셔서 감사합니다!" 여자는 남자에 비해서 부정하고 무지한 존재이므로 신을 알 기회도 없다고 생각했기 때문이다. 다소 극단적인 듯하지만, 당시 사회가 대체로 그랬다.

정결예법을 지키지 못해 부정한 자로 판단된 이가 다시 정상적인 사람 취급을 받으려면 성전에서 제물을 바치고 제사를 드린 뒤 제사장에게 정결해졌다는 인정을 받아야 했다. 그래야 "하느님이 거룩하니 너희도 거룩하라"는 율법이 지켜지는 것으로 생각했다. 사회 전체가 이런 식으로 '거룩함'을 제도적으로 추구했다.

그런데 예수는 유대인이었으면서도 이러한 사회를 거부했다. 소수만이 거룩해지고 다수가 부정해지는, 소수만이 의롭고 다수가 죄인이 되는 사회 제도를 예수는 용납하지 않았다. 그러한 예수의 가르침은 "너희의 아버지께서 자비로우신 것 같이 너희도 자비로운 사람이 되어라"(루가 6,36)는 식으로 나타났다.

물론 이때 거룩과 자비는 모두 하느님의 성품을 나타내는 말이며, 결코 대립적인 말이 아니었다. 당연히 자비하신 하느님은 거룩하신 분이기도 했다. 그러나 관례에 따라 '거룩함'을 실천한다는 명분하에 생긴 분리와 차별의 병폐가 적지 않았다. 예수는 그런 병폐를 해결하는 것은 자비로운 마음으로 죄인을 용납하는 길뿐이라고 생각했다. 그것이 하느님의 거룩함을 실천하는 방식이라고 믿은 셈이다. 당연한 말 같지만 이것은 당시로서는 혁명적인 삶의 방식이었다. 부정한 자와 함께하고 그들을 용납하는 순간 그 스스로도 부정한 자가 되어 거룩의 길에 들어설 수 없다고 간주되던 상황에서 스스로 거룩의 길에서 벗어나고 스스로 부정과 불결의 길로 들어선 것이기 때문이다. 예수의 삶은 전반적으로 '거룩함'을 중심으로 이루어져온 고대 이스라엘인의 삶, 특별히 지도자들의 삶의 방식에 정면 도전하는 형태로 나타났기에, 거룩하지 않은 존재로 간주되었던 것이다.

여전한 거룩주의, 오늘의 교회

그런데 아이러니가 있다. 오늘날 그리스도인들이 다시 신을 거룩하신 분(聖父)으로 부른다는 사실이다. 성부, 성자, 성령, 성전, 성당, 성경/성서, 성도, 성물, 성구 등 모든 곳에 거룩할 성(聖) 자를 붙여놓는다. 또 성경에서는 예수에 대한 모습을 구체적으로 그려놓고 있지 않지만, 후세 기독교인들은 아주 깨끗해 보이고 거룩해 보이는 얼굴로 탈바꿈시켜놓았다. 예수는 '자비'를 가르쳤지만, 제자들은 다시 '거룩'을 강조했다. 그 거룩을 실천한다며, 잘 지은 건물, 잘 만든 물건 등 외양에 신경 쓰고, 그래서 교회 열심히 짓고, 남다르게 치장하는 일이 다반사로 생겼다. 이른바 종교의 제도화이고, 형식화인 것이다. 이미 이천육백여 년 전에 종교의 외적 장식이란 내적 상태의 상징일 뿐이며, 신은 벽돌 건물에 있지 않다며 설교했던 예레미야 같은 이가 있었던 마당에, 오늘날 도리어 그로부터 멀리 후퇴하고는 여전히 제도를 정죄의 기준으로 삼는다.

밖에 있는 이들을 부정하게 여기고는 '거룩'의 반열에서 분리시키거나 분리시키고 싶어한다. 자비의 이름으로 사람을 '포용'하기보다는, 거룩의 이름으로 다시 사람을 '분리'시키는 일이 여전히 교회 안에 생겨나고 있는 것이다. 특히 종파가 다르면, 다른 종교 이름이 붙어 있으면, 그렇다는 이유만으로 차별하고 분리시키는 것이 이방인이라는 이유만으로 멸시하던 예수 시대 기성 교단 사람들을 꼭 닮았다.

그러나 유감스럽게도 그러한 거룩 지향적 제도화, 형식화는 자비를 온 몸으로 살았던 예수의 정신, 진정한 종교의 본질에서 멀어진다. 스스로 예수에게서 비롯된 정통의 길을 간다지만, 그럴수록 자기도 모르는 사이에 그 정통의 길에서 멀어져 가게 되는 것이다. 거룩의 이름으로 죽임당한 예수가 도리어 옳다고 믿는 이들이 그리스도인임에도 불구하고 여전히 상당수 그리스도인들은 정통의 이름으로 다시 예수를 죽이는 길로 들어서 있는 것이다.

죽여야 할 예수, 살려야 할 예수

"살불살조殺佛殺祖", 즉 "부처를 만나면 부처를 죽이고 조사를 만나면 조사를 죽이라"는 선불교의 격언이 있다. 한 마디로 아무 데도 집착하지 말라는 것이다. 오늘 우리의 언어로 표현하면 이른바 정통이라는 데에도 매이거나 집착하지 말라는 것이다. 끝없이 새로워야 한다는 뜻도 된다. 정통에 대한 굳어진 개념이 정통을 비정통으로, 이단으로 만드는 것이기 때문이다. 더 나아가 그렇게 매이지 않고 본래 정신을 실현하려고 하는 것이 진정한 의미의 정통이 되는 것이기 때문이다.

생명은 변화이다. 굳어짐 안에는 이웃을 받아들일 공간이 없다. 이웃을 분리시킨다. 그래서 반생명적이다. 정통orthodoxy의 길 위에 있다지만, 정통의 이름으로 이웃을 배제한다면 그것은 사실상 비정통, 즉 이단heterodoxy이다. 역으로 스스로 굳어지지 않고 이웃을 포용하고 살리는 삶으로 나타난다면 그 순간 그것이 비정통의 길 위에 있는 듯해도 사실상 정통의 길로 들어서 있는 것이다. 어떤 행위로 나타나느냐에 따라 교회당이 비정통일 수 있고, 다른 이름이 붙어 있는 종교가 정통의 길을 가고 있을 수도 있는 것이다.

그런 점에서 비정통, 달리 말해 '이단'이란 한편에서 적극적으로 풀면 그리스도인에게 늘 추구의 대상이다. 예수가 당시 이단이었고, 붓다가 당시로서는 이단이었다는 점에서 그렇다. 그 이단성은 단순한 비도덕적·반윤리적 이기주의를 말하는 것이 아니라, 제도에 매이지 않고 끝없이 깊은 진정성을 추구하되, 결국은 사람들을 살리고 창조적으로 변혁시켜줄 움직임이다. 기독교적 정체성을 고백하는 이라면 스스로 영원한 이단자의 길, 그런 의미의 정통의 길을 걸어가야 한다. 예수에게도 죽여야 할 예수가 있고 그렇게 죽임으로써 살려야 할 예수가 있는 것이다. 이단과 정통의 문제에 대해서는 "예수는 이단이었다" 부분에서 좀 더 살펴보도록 하겠다.

기독교는 여전히 필요한가
다원주의 시대의 영성

"하느님께서는 질그릇 같은 우리 속에 이 보화를 담아주셨습니다."
(고린도후서 4,7)

매개로서의 종교

전통적 종교 이해 방식에는 자기의 진리만이 절대적이라는 태도, 종교는 인간 심리의 산물이라는 식의 환원주의적 관점이 있는가 하면, 마커스 보그가 강조하듯이, 제도화된 종교를 성례전적으로 이해하는 입장이 있다. 성례전적 이해란, 예배가 하느님에 대해 더 진지하게 받아들이게 하는 수단이듯이, 종교는 신성함을 매개하는 수단이라고 보는 견해이다.* 종교는 인간과 인간 '그 이상'을 매개하고, 관계를 맺게 하며, 그 관계가 풍요로워지도록 돕는 수단이라는 것이다.

종교들은 매개이고 수단이지 절대적인 것 자체가 아니라는 사실은

---
* 마커스 보그, 김준우 옮김, 『기독교의 심장』(한국기독교연구소, 2009), 317-321쪽.

단순한 듯 중요하다. 성서에서도 절대적인 것과 그 매개를 구분한다. 절대적인 것과 그 매개를 '보물'과 그 '보물을 담고 있는 질그릇'의 관계로 비유한다. "하느님께서는 질그릇 같은 우리 속에 이 보화를 담아주셨습니다"(고린도후서 4.7)는 말에서의 '우리'는 그 말을 듣는 무리, 공동체, 교회, 나아가 제도화한 종교를 의미한다. 우리 속에 보화가 담겨 있다는 메시지는 결국 종교라는 질그릇 속에서 신이라는 보물을 찾고 만나는 이가 종교인이라는 뜻이 된다. 보그가 말하듯이, 종교는 신과 더불어 또한 신 안에서 인생을 살아가기 위한 수행의 수단들인 것이다.

종교적 보화

이때 '보화'란 무엇일까. 단순히 천당이나 내세적 구원 같은 것을 의미하지 않는다. 인도의 사상가 라마크리슈나가 비유적으로 말했듯이 세계적 종교전통들은 산의 정상을 오르는 여러 길들이다. 이때 그 '정상'은 단순히 특정 공간이나 미래적 시간을 의미하는 것이 아니다. 그보다는 종교인의 내적 상태를 뜻한다. 종교라는 외적 수단을 통해서 내적으로 경험하게 되는 '신성'의 세계이다. 그 세계를 설명하고 실현해가는 방식에서 세계의 종교들이 어느 정도 공통성을 보여준다는 말이다.

한국인이나 일본인도 다르지 않지만, 현대 서양인들은 '종교religion'라는 말보다는 '영성spirituality'이라는 말을 좋아한다. 영적 관심이나 민감성을 가지고 있든 없든, 어느 특정 제도 종교에 속하고 싶지는 않다는 뜻이 담겨 있다. 조직이나 제도로서의 종교를 거부하는 경향이 커져가고 있는 것이다.

하지만 이런 경향이 전적으로 바람직하기만 한 태도는 아니다. 내적 영성과 외적 제도로서의 종교를 굳이 대립적으로 파악할 필요는 없다. 마치 학교와 교육의 관계처럼, 어떻든 그동안 학교가 교육을 이끌어왔듯이, 외적 제도로서의 종교가 내적 영성의 견인차이기도 했던 것은 분명하다. 그런 점에서 교회나 의례와 같은 외적 질서와 제도가 무가치한 것만은 아니다. '종교는 영성을 담는 그릇이자 신성함과 그 길의 매개자'라고 말하는 것은 그런 이유에서이다.

물론 신성함은 추상적이거나 막연한 것이 아니다. 그것은 분명히 인간의 경험과 관련되어 있다. 그것은 과거의 존재방식에 대해 죽고 새로운 정체성과 새로운 존재방식으로 거듭나는 길이다. 신성함은 그저 관념이 아니다. 그것은 종교인의 새로운 삶의 방식이다. 그 새로운 삶의 방식의 구체적인 내용을 기독교인은 예수에게서 본다. 물론 다른 종교인들은 다른 수단을 찾을 것이다. 외적 수단이 달라 보이지만, 그럼에도 불구하고, 새로운 존재방식으로 거듭하는 길을 걷고자 한다는 점에서 여러 종교들은 비슷한 길을 걷는다.

깊은 우물 하나

기독교인은 예수를 구원의 '유일한 길'로 간주하곤 한다. 이 말은 본래 수단의 유일성을 의미한다기보다는, 헌신의 자세와 정도를 의미한다. 이것은 연인 사이의 언어와도 같다. 연인 간에 '당신이 세상에서 제일 아름답다'고 말한다면, 그것은 모든 사람의 외모를 비교해서 내린 객관적인 결론이 아니다. 그것은 상대방에 대한 "헌신의 시詩이자 마음의 과장법"이다.* 기독교인이 예수를 유일한 분으로 간주한다면, 그것은 예수에게서 드러난 하느님을 중심에 모시고, 나도 예수처럼 살겠다는 다짐과 내적 자세의 표현인 것이다.

산에 오르는 데는 여러 길이 있다. 거기에는 오솔길도 필요하다. 오솔길이 없다면 길을 잃게 되거나 정상에 오를 수 없다. 기독교라는 공동체와 오랜 전통은 그 오솔길을 다듬어서 보여준다. 기독교라는 오랜 전통에는 오해도 왜곡도 파괴도 있었지만, 그리고 여전하기도 하지만, 자비와 용기와 기쁨으로 가득한 인생을 키워주기도 했고, 지금도 많은 이들이 그 전통 안에서 예수의 정신을 배운다. 그런 까닭에, 문제가 있음에도 불구하고, 특정 전통 안에서 살아가는 일은 의미 있는 일이다.

원불교의 창시자인 소태산 박중빈은 자신에게 진리를 구하는 기독교의 한 장로에게 "예수의 심통제자"가 되면 나의 길도 알 것이라며 교회로 돌아가게 한 적이 있다.(『대종경』 전망품 14장) 달라이 라마도 불자가 되려는 기독교인에게 기독교 안에서 더욱 깊이 있는 기독교인이 되라고 충고하기도 했다. 종교학자 휴스턴 스미스Huston Smith는 물이 필요해 우물을 판다면, 3미터 깊이로 열 개를 파는 것보다 30미터 깊이로 한 개를 파는 것이 더 좋다고 제안한다. 자신의 전통을 성례전으로 이해하고 그 안으로 더욱 깊이 파고 들어갈 필요가 있다는 말이다.

---

* 마커스 보그(Marcus Borg)가 존 힉(John Hick)의 표현이라며 인용한 말이다. 마커스 보그, 앞의 책, 335쪽.

물론 타자에 대한 개방성 속에서 그렇게 해야 한다. 그럴 때 예수를 통해서 기독교가 말하려고 하는 '그분'을 더욱 우리 삶의 중심에 모실 수 있게 되는 것이다. 교회 안에서, 공적 예배와 개인 수행을 통해서, 기독교라는 질그릇 속에 들어 있는 하느님이라는 보화, "그리스도의 얼굴에 빛나는 하느님의 영광"(고린도후서 4,7)을 깨닫고 또 밝히 드러내는 이가 그리스도인인 것이다.

에덴으로부터 도약하다
실낙원 재해석

"뱀같이 슬기롭고 비둘기같이 순결하라."
(마태오복음 10,16)

최초의 금기

창세기에 따르면, 하느님은 첫 사람 아담과 '여자'를 지으시고 이들이 사는 에덴동산에 보기 좋고 맛있는 온갖 과실나무들을 자라게 하셨다. 동산 한복판에는 생명나무와 선악나무도 돋아나게 하셨다.(창세기 2,9) 사람이 생명나무의 열매를 먹으면 영원히 살게 되고,(3,22) 선악나무의 열매를 먹으면 말 그대로 선과 악을 알게 해주는 그런 나무였다. 그 뒤 하느님은 아담에게 이렇게 명했다: "이 동산에 있는 나무 열매는 무엇이든지 마음대로 따먹어라. 그러나 선과 악을 알게 하는 나무 열매만은 따먹지 마라, 그것을 따먹는 날, 너는 반드시 죽는다."(2,17)

'여자'(하와라는 이름은 아직 없었다)는 이 가운데 선악나무에 관심이 많았다. 선악과를 따먹지 말라는 명령을 역으로 상상할 줄 아는 능력, 새로운 지혜를 추구하는 본성, 한 마디로 인류 지혜의 기원에 대한 신화적 설명이라고 할 수 있다. 생명나무가 가져다 줄 '끝없는 생명'(3,22)이라는 엄청난 개념도 그것을 인식하고 소화할 줄 아는 지혜에 근거해서만 상상되고 추구된다는 뜻도 들어 있다. 물론 이 이야기에는 타락의 기원이 여자에게 있음을 말하려는 의도도 담겨 있겠지만, 역설적이게도 근본적인 지혜에 대한 추구가 여자에게서 시작되고 있다는 점은 의미심장하다.

금기 너머에 대한 상상

이때 뱀 한 마리가 나타나 동산의 중앙에 있는 나무 열매를 먹으면(또는 먹어도) "절대로 죽지 않으리라"(3,4)며 여자를 유혹했다. 죽지 않을 뿐만 아니라 "눈이 밝아져서 하느님처럼 된다"는 것이었다. "죽지 않으리라"는 말로 시작한 것으로 봐서 아마도 영원히 살게 해주는 생명나무의 열매를 따먹으라는 유혹이었던 것 같다.

그러나 당초 선악과에 관심 있던 여자는 생명나무가 아닌, 자기에게 새로운 지식을 주기에 충분해 보이는 나무, 즉 선악과를 따먹고 말았다.(3,6) 그러고는 배필인 아담에게도 따주었고, 그도 받아먹었다. 그 나무는 '보기에 아름답고 먹기에도 좋을'뿐더러, 자기를 '지혜롭게 할 만큼 탐스러운 나무'였기 때문이다. 여자는 지식과 지혜를 얻고 싶어 했던 것이다.

금기를 넘어 신을 향하여

그러자 두 사람의 "눈이 밝아졌다."(3,7) 선과 악을 구분할 줄 알게 된 것이다. 그러자 자기가 옷을 입지 않고 있다는 사실, 벗고 있다는 사실에 "두려워할 줄도 알게 되었다."(3,10) 여자와 그 배필인 아담은 선악과를 먹기 전에는 서로 벗고 있었으면서도 전혀 부끄러운 줄을 몰랐다.(2,25) 그러나 새로운 지혜를 얻고는 부끄러움을 알게 되었다. 그래서 무화과나무 잎을 엮어 부끄러운 알몸을 가렸다. 이른바 최초로 옷을 해 입은 셈이니, 옷을 시작으로 하는 인류 문명의 씨앗이 피어나기 직전이었던 것이다.

선악을 분간하면서 부끄러움도 알게 되었다는 점에서, 단순하게 적용하자면, 부끄러워할 줄 아는 것이 '선'이고 모르는 것은 '악'에 해당한다. 그렇다면 옷을 입어 부끄러움을 가린 행위는, 하느님의 명령을 거부하면서 얻어졌으되, '악'보다는 '선'에 가까운 행위가 아닐 수 없다. 이렇게 선악을 분간하는 지혜를 얻은 인간은 그만큼 하느님께 가까워졌다. 하느님이 이렇게 말씀하신다: "이제 이 사람이 우리들처럼 선악을 알게 되었다."(3,22) 선과 악을 알게 됨으로써 인간은 신의 경지 비슷한 단계에 이른 것이다.

에덴으로부터의 도약

인간이 선악을 알게 된 것은 기왕지사라 치고, 하느님은 인간이 그 다음 단계로 나아가는 것을 염려했다. 다음 단계란 인간이 생명나무의 열매마저 먹어 영원히 살게 되는 것이었다. 무엇보다 그것이 염려되어 하느님은 인간을 에덴동산에서 내쫓는다: "야훼 하느님께서는 '이제 사람이 우리들처럼 선과 악을 알게 되었으니, 손을 내밀어 생명나무 열매까지 따먹고 끝없이 살게 되어서는 안 되겠다'고 생각하시고 에덴동산에서 내쫓으셨다."(3,22-23a)

부끄러움을 아는 것은 지혜의 결과이되, 역설적이게도 하느님의 명령을 어긴 데서 얻어진 결과이기도 하다. 인간이 하느님의 금기를 깨고는 하느님에 가깝게 다가선 셈이라고 할 수 있다. 선악을 제대로 구분하는 것이야말로 신의 경지에 가깝다. 여기에다 '끝없는 삶'까지 더해진다면 그것이야말로 신의 경지가 아닐 수 없다. 이렇게 신의 경지를 향한 오부능선을 넘게 된 인간은 분명히 선악과를 먹기 이전의 유아적 상태와는 다르다. 흔히 선악과를 먹지 말라는 하느님의 명령을 어김으로써 인간이 타락했다지만, 냉철하게 판단하면, 타락했다기보다는 도리어 성숙해졌다. 온실에서 보호받던 유아적 상태에서 거친 광야로 홀로 나오면서 내적 능력을 한껏 발휘하게 된 것이다. 그런 점에서, 켄 윌버가 간파했듯이, 인간은 에덴에서 타락한 것이 아니라 에덴으로부터 도약한 것이다.

초기 교회의 논리

초기 교회에서는 예수를 하느님과 비슷한 경지, 아니 거의 같은 경지로 올려놓았다: "아들과 아버지는 하나이다"(요한복음 10,30), "나를 본 사람은 이미 아버지를 보았다"(요한 14,9), "아들 것은 모두 아버지의 것이고 아버지의 것은 모두 아들 것이다"(요한 17,10). 더 나아가 성서에서는 제자 토마가 부활한 예수를 만난 뒤 "나의 주님 나의 하느님"(요한 20,28)이라며 예수를 하느님처럼 고백하는 장면이 나온다. 인간과 하느님의 현격한 차이를 전제하던 유대교적 관례에 비추어보면, 예수를 이렇게까지 높이게 된 초기 교회 구성원들이야말로 정말 엄청난 논리적 변혁을 이룬 셈이다. 특히 그 뒤 예수의 신성화가 전체 기독교의 핵심 교리가 되었다는 점에서, 교회의 역사는 '눈이 밝아져 하느님처럼 되리라'며 유혹하던 뱀의 논리를 구체화해온 역사가 아닐 수 없다.

게다가 예수를 따르던 그리스도인들이 앞으로 하느님의 영원한 생명에 참여하게 되리라 희망하고 신뢰하게 되었다는 점에서, 기독교는 '이들이 영생까지 하게 해서는 안 되겠다'며 생명나무 열매를 먹지 못하게 길목을 막았던 에덴동산 하느님의 논리를 확실히 넘어섰다. 인간이 생명나무 열매가 있는 에덴동산으로 돌아가지 못하게 하려고 길목에 거룹들을 세우시고 불칼을 장치하셨다지만,(창세기 4,24) 결국 기독교의 역사는 점차 영생을 희망하고 추구해온 역사였다는 점에서, 에덴동산을 지키던 거룹과 불칼은 점차 무너져가고 있는 중이라고 하겠다.

예수의 논리

예수가 하늘나라를 선포하라며 열두 제자를 이스라엘로 파견하면서, 곧 겪게 될 위험과 박해가 걱정되었는지 "여러분은 뱀같이 슬기롭고 비둘기같이 순결하라"(마태오 10,16)고 권면한 적이 있다. 이 가운데 "뱀같이 지혜로우라"는 말이 눈에 띈다. 무슨 뜻일까? '미드라쉬'에 하느님이 "저들(이스라엘)이 이방인에게는 뱀같이 지혜롭고 자신(하느님)에게는 비둘기 같이 순결하다"는 표현이 나오는 걸로 봐서, "뱀같이 지혜로우라"는 일종의 처세술에 가까운 교훈이라고 해석할 수도 있다.

그러면서도 율법의 형식이 아니라 정신을 추구했던 예수에게 "선악을 알게 되고 하느님처럼 되리라"는 뱀의 유혹은 그저 불경한 유혹이기만 했던 것 같지는 않다. 도리어 율법 혹은 말씀을 분간할 줄 아는 지혜의 역설적 표상처럼 여겨졌을 가능성도 크다. 왜냐하면 실제로 예수 안에는 굳어진 관례나 도그마를 넘어 새로운 세계로 들어가려는 순수한 의지와 열망이 가득 차 있었을 뿐만 아니라, 예수는 이미 그 새로운 세계 안에 들어선 존재였기 때문이다. 하느님의 말씀은 율법이라는 문자가 아니라 그 문자 안에 갇히지 않을 정신의 실천을 통해 더 구체적으로 실현된다는 점에서, 인간은 외형적 금기를 타파함으로써 내면적 정신에 더 가깝게 다가서는 것이다.

이렇게 하느님의 명령을 거부함으로써 하느님을 더 잘 알게 되었다는 역설적 사실은 오늘날 그리스도인에게 여러 가지를 시사해준다. 한편에서 예수는 금기를 강요하는 에덴동산의 하느님보다 금기를 깰 것을 요구하는 뱀의 지혜에 더 가까운 인물이라 해도 오해를 살 일만은 아니다. 예수는 아담과 하와의 유산을 새롭게 물려받아 심원하게 확장시킨, 참으로 사람의 아들이었던 것이다. 그리고 아담의 생명을 다른 이에게도 전한 새로운 아담이었던 것이다.(고린도전서 15,45 참조)

언제나 신성한 시간
카이로스와 크로노스

"요한이 잡힌 뒤에 예수께서 갈릴래아에 오셔서 하느님의 복음을 전파하시며 '때가 다 되어 하느님의 나라가 다가왔다. 회개하고 이 복음을 믿어라' 하셨다."
(마르코복음 1,15)

카이로스와 크로노스

시간을 의미하는 그리스어에는 두 가지가 있다. 그저 그렇게 일상적으로 흘러가는 수평적이고 연대기적 시간을 '크로노스'라고 한다면, 이른바 '하늘의 뜻'이 드러나는 의미 있는 시간, 수직적 시간을 '카이로스'(올바른 혹은 적절한 순간)라고 한다. 크로노스가 특별한 의미 없이 그저 일상적으로 자동적으로 흘러가는 시간이라면, 카이로스는 특별한 어떤 일이 벌어지고 있는 의미 있는 시간이다.

사전적 정의가 그렇게 되어 있기는 하지만, 좀 더 생각해보면, 카이로스라고 해도 모든 이에게 획일적으로 적용되는 객관적인 시간은 아니라는 사실을 알 수 있다. 지금이 어떤 때인지, 어떻게 사는 것이 옳을지, 어떻게 해야 할 것인지 파악하고서 그에 맞는 올바른 행동을 할 수 있는 이의 인식 속에 있는 시간이기 때문이다. 시대의 변화와 징조에 민감할 때, 무언가 느끼고 배우고 변화시키려는 적극적인 자세가 있을 때, 그에게 시간은 의미 있는 시간이 되고, 그것이 카이로스이다.

개인사에도 카이로스가 있지만, 세계사에도 카이로스가 있다. 가령 예수가 태어나 살고 죽은 때도 그렇게 믿는 이에게는 일종의 카이로스이다. 그에게 예수의 생애는 신이 세상에 전적으로 개입했음을 보여주는 시간이기 때문이다. 그렇게 보이거나 믿어지는 이에게 그때는 의미 있는 시간이다.

"때가 찼다"

예수 자신이 서른 살경 공생애를 시작하며, "때가 다 되었다"/"때가 찼다"(the kairos is fulfilled), "하느님 나라가 다가왔다"(마르코 1,15)고 할 때, 그 '때'가 카이로스였다. 모든 이가 동일한 느낌을 가지고 동일한 시간을 사는 것은 아니었지만, 예수는 그런 시대 인식을 지녔기에 그 확신대로 살았다. 그런데 그렇게 태어나고 그렇게 산 예수가 실제로 세상에 큰 영향을 주었으니, 결과적으로 예수는 카이로스 안에서 태어나 카이로스적 시대 인식을 가지고 산 셈이다.

예수가 "때(카이로스)가 찼다"고 말했지만, 당시 모든 이가 동일한 시대 인식을 지녔던 것은 아니다. 그저 저마다의 시간을 살았다. 그런 점에서 시간의 질과 농도는 사람마다 다르다. 같은 달력의 시간도 어떤 사람에게는 크로노스이지만, 어떤 사람에게는 카이로스이다. 신화적인 양식의 이야기이기는 하지만, 구세주를 맞이하러 예물 들고 찾아가는 동방의 박사들이 카이로스로서의 시간을 보내고 있었다면, 별 의미 없이 잠에 취해 보내는 사람들에게는 크로노스로서의 시간이었다. 예수가 사람들에게 "회개하라"(마르코 1,15)고 외친 것은 결국 시대를 제대로 읽고 그 시대 속에서 계시되는 신의 뜻대로 살라는 요구였던 것이다.

언제나 하느님의 때

예수에게 시간은 언제나 하느님이 자신을 드러내는, 즉 카이로스였다. 그러한 시대 읽기가 확실하여 그대로 살지 않고서는 배길 수 없는 강력한 에너지를 가지고 살았다. "내 아버지께서 일하시니 나도 일한다"(요한 5,17)는 마음으로 일했고, 늘 하느님의 일이 세상에 충만하게 드러나야 할 때를 꿈꾸었으며, 생애 말년으로 갈수록, 그런 시대 인식은 절정에 달했다.

예수는 서기 30년경 봄날 어느 일요일, 정치적으로 민감한 시기 유월절에 당시 이스라엘 내 정치와 종교의 중심지 예루살렘으로 갔다. "하느님에 의해 다스려지는 세상이 모든 사람들에게 공평하게 분배될 것을 요구함으로써 하느님의 정의를 구현"하려는 passion(열망) 때문이었다.* 하지만, 이미 앞에서도 보았지만, 이런 열망은 유대교 지도자들의 저항과 비난으로 이어졌고, 곧이어 신성 모독자로 체포되었으며, 정치

---

* 마커스 보그 · 존 도미닉 크로산, 오희천 옮김, 『예수의 마지막 일주일』(중심, 2007), 11쪽.

범으로 몰려 로마 총독 빌라도에게 재판을 받은 뒤 두 번째 passion(수난)으로 이어졌다. 성서 가운데 특히 「마르코복음서」가 이러한 사실을 세세한 시간까지 밝혀가며 순서대로 정리하고 있다. 마르코는 예수 생애 마지막 일주일을 연대기적으로 기록하고 있지만, 사실상 그때야말로 카이로스였다는 사실을 증언하고 있는 셈이다.

재림의 카이로스

예수라는 사람이 죽었다는 사실은 어떤 사람에게는 의미 없고, 어떤 사람에게는 당연한 사건이었다. 하지만 신적 정의에 대한 열망이 수난과 죽음으로 이어졌다는 사실을 안타까워한 이들 중 일부에게는 아주 특별한 사건이었다. 그들이 예수의 죽음 속에서 특별한 의미를 읽어냈고, 그것이 "하느님께서 그분을 일으키셨다"는 부활신앙과 예수 운동으로 이어졌다. 그리고 예수가 '꽉 찬 때'를 기대하고 그대로 살았듯이, 예수 사후 제자들도 그 꽉 찬 때를 기억하고 기대했다. 그것이 '파루시아(재림)' 신앙이다. 예수가 기대했던 그 '때'가 예수와 함께 다시 곧 오리라는 것이었다.

그러한 기대가 역사성을 입으면서 실제로 인류의 역사를 바꾸어왔고, 어떤 식으로든 오늘 우리에게까지 지속적으로 영향을 주고 있다. 비록 객관적인 카이로스란 없다고 할 수 있지만, 시대마다 어떤 의미와 징조를 읽은 이들에 의해 세상이 바뀌어온 것은 분명하다. 그런 점에서 '예수의 마지막 일주일' 역시 인류의 역사에서 카이로스가 아닐 수 없다.

일상의 카이로스화

카이로스는 지나가고 사라진 달력 속의 시간이 아니다. 일상에서 특별한 의미를 읽어내며 사는 이에게 카이로스는 지속된다. 이런 맥락에서 보면 일상을 카이로스로 사는 이가 그리스도인이라고 할 수 있다. "예수가 죽은 때와 지금과 무슨 관계가 있는가"를 묻고 그에 관심을 기울이며, 자신의 시대를 카이로스로서 살고자 하는 이가 오늘날 그리스도인이다. '사람 앞에서' 사는 것이 아니라 '하느님 앞에서'(Coram Deo) 사는 자세인 것이다.

물론 카이로스는 상대적이다. 들을 귀가 있는 이에게만 신의 음성이 들리는 것이기 때문이다.(신명기 6,4; 마태오 13,43) 그러나 시대의 목소리를 제대로 듣고 들은 대로 살고자 할 때 그에게 크로노스는 카이로스가 된다는 것이 신약성서적, 조금 좁히면 예수적 시간관이다. 이러한 시간관은 모든 곳, 모든 것에서 신을 보는 범재신론적 세계관의 필연적인 결과이기도 하다. 예수는 시간을 범재신론적으로 살았고, 성서는 시간도 범재신론적이기를 요청하고 있는 것이다.

유다보다 나은 자 누구인가
기연불연(其然不然)

"'가리옷 사람 유다가' 이 향유를 팔았다면 삼백 데나리온은 받았을 것이고
그 돈을 가난한 사람들에게 나누어줄 수 있었을 터인데 이게 무슨 짓인가 하고 투덜거렸다."
(요한복음 12,4-5)

유다라는 사람

예수의 제자들 중 불가사의한 인물이 있다. 바로 '가리옷 사람(이스카리옷) 유다'이다. 예수의 제자였다가, 나중에는 예수를 죽음의 길로 들어서게 만든 배반자, 악인의 전형처럼 간주되고 있는 사람이다. 하지만 역사적 상황을 고려하면, 유다가 그렇게 사악한 사람이기만 했는지, 실제로는 어떤 사람이었는지 정확히 평가하고 분석하기는 쉽지 않다. 도리어 어떤 면에서 보면 유다는 다른 어떤 제자들보다 민족애가 넘치는 사람이었던 것 같기도 하다. 그 점에서 "차지도 뜨겁지도 않은"(요한묵시록 3,15) 그저 그런 그리스도인들에게 어떻게 살아야 할지 역설적인 귀감이 되는 인물이기도 하다. 유다는 어떤 사람이었는가?

첫째, 유다는 예수의 제자단 일원이었다. 당시 많은 사람들이 있었지만, 예수를 알아보고 그의 제자가 된 사람은 극소수였고, 그 극소수 가운데 한 사람이 유다였다. 만일 오늘날 그리스도인을 자처하는 이들이 예수 시대 갈릴래아에서 살았다면 가난뱅이나 죄인과 주로 어울리는 예수의 인물됨을 알아보고 그를 찾아가 동지의 언약을 함께할 수 있었을까. 쉽지 않은 일이리라. 그 점에서 예수의 제자가 되었다는 사실만으로도 유다는 보통 이상의 안목과 실천력을 지녔던 인물이다.

둘째, 유다는 제자단의 재정문제를 맡았다. 스승 예수는 집도 절도 없이 돌아다니면서 밥 먹는 일, 옷 입는 일에 별 신경을 쓰지 않았다. 그렇지만 예수인들 먹지 않고 마시지 않고 살 수 있었겠는가. 그도 밥은 먹어야 했고, 옷도 걸치고 살아야 했다. 그런데도 그런 살림살이에는 무신경한 사람이었으니, 누군가 대신 뒤치다꺼리를 해주어야 했을 것이다. 그이가 바로 유다이다. 당시 막달라 마리아를 비롯한 일부 여성들이 음으로 양으로 예수의 제자단을 후원했지만, 그 후원물을 공식적으로 관리하는 일은 별도의 일이었다. 후원금을 정리해두었다가 필요한 물건을 사거나 가난한 이들에게 나누어주는 일은 유다의 몫이었던 것이다.(요한 13,29; 12,5 참조) 번거로운 일을 도맡아 했던 사람이라고나 할까.

유다는 왜 예수를 배반했을까

셋째, 그러나 유다는 결국 예수를 배반하게 되었다. 왜 그랬을까? 몇 가지 정황을 추측해보자. 일면 유다는 상당한 민족주의자였던 것 같다.

성서에 그와 관련한 단정적 구절은 전혀 나오지 않는다. 하지만 예수의 제자단 이름들 가운데 유다는 주로 열혈당원이었던 시몬 다음에 소개되고 있다(마르코 3,19; 루가 6,16; 마태오 10,4)는 점, 그리고 "이스카리옷"(가리옷 사람)의 '스카'가 라틴어로 칼을 의미한다는 점(그렇다면 이스카리옷은 칼을 품고 다니는 사람, 즉 자객이라는 뜻이 된다) 등을 종합하면, 유다는 무력을 통해서라도 로마로부터 독립을 쟁취하려던 열혈당원이었다는 해석이 가능해진다. 처음에는 예수를 로마의 압제로부터 동족을 구해줄 메시아로 보고서 제자가 되었다가, 병자, 죄인, 빈자, 여자 들과만 주로 어울리는 '무력한' 예수의 모습을 보면서 실망 내지 절망한 뒤 그를 더 이상 메시아로 간주할 수 없게 되었다고나 할까. 절절히 믿었던 예수에게 실망하고서 그를 가짜 예언자로 규정하게 되었던 것인지도 모른다. 그래서 율법(신명기 13,1-11)에 따라 예수를 제거하는 것이 옳겠다고 판단했으리라는 추측도 불가능하지 않다.

이런 유다의 선택과 그 주변의 정황에 대해 성경에서는 "악마가 가리옷 사람 시몬의 아들 유다의 마음 속에 예수를 팔아넘길 생각을 불어넣었다"(요한 13,2)거나 "사탄의 유혹에 빠졌다"(루가 22,3)고만 적고 있다. 유독 유다에 대해서만큼은 극단적일 정도로 악한惡漢 취급을 한다. 물론 이것은 예수의 죽음에 결정적 원인을 제공한 유다에 대해 부정적인 생각으로 가득 차 있던 초기 교회의 해석적 표현일 것이다. 예수 죽음의 필연성을 하느님의 구원과 극적으로 대비시켜 드러내려는 초기 교회의 의도가 반영된 표현인 것이다. 성서의 다른 곳에서는 유다가 은전 서른 닢 때문에 예수를 배반했던 것처럼 적고 있지만, 그것도 충분히 납득이 되는 해석이라고 할 수는 없어 보인다. 예수를 민족 해방의 지도자로 믿었다가 실망하면서 결국 예수를 포기하게 된 셈이라는 추측이 지금까지는 제일 그럴듯해 보인다.

유다의 선택, 세 가지

넷째, 유다는 평생 세 번의 선택을 했다. 첫 번째는 예수를 스승으로 선택한 일, 두 번째는 예수를 더 이상 따르지 않을 뿐만 아니라 그대로 두었다가는 도리어 민족에게 화가 미칠지 모른다고 판단하여 예수를 배반 내지 제거하기로 선택한 일, 세 번째는 자신의 선택이 잘못되었음을 느끼고 돌이킬 수 없을 양심의 가책을 받아 자살을 선택한 일이다.(마태오 27,5; 사도행전 1,17-18) 자신의 목숨을 스스로 포기하는 때는 그 누구에 의해서도 비난받을 수 없을 정도로 절체절명의 순간이다. 그런 상황을 경험해보지 않은 이는 그 결정에 대해 가타부타 말하기 힘들 것이다. 유다는 자신만의 선택을 했다. 죽음으로 과오를 뉘우친 셈이다. 유다만큼 열정적인 삶을 산 이, 다소 위험스런 표현일지 모르겠으나, 스스로 목숨을 끊을 정도로 자신의 결정에 순수했던 이가 몇이나 될까? 그럼에도 유다에게 문제가 없는 건 당연히 아닐 것이다. 그의 문제를 찾자면 다소 깊은 곳까지 들여다보아야 한다.

'그렇지 않은' 세계

동학의 창시자인 수운 최제우의 가르침이 담긴 『동경대전東經大全』중에 "불연기연不然其然" 장章이 있다. 다소 생소하게 느껴지는 이 문구의 요지인즉, 보이는 만물의 형상의 관점에서 보면 '그렇지만'(其然), 보이지 않는 만물의 기원을 헤아려보면 '그렇지 않다'(不然)는 말이다. 당연시하는 일상적인 '그런' 것들이 근원적 차원에서 보면 '그렇지 않다'는 얘기이다. 이 점에서 보면 유다는 자신만의 '그런' 메시아관을 가지고 있었지만, 예수의 진면목은 '그렇지 않은' 세계에 있었던 셈이다.

진리는 힘으로 힘을 전복시키는 '무력武力의 세계'(其然)가 아닌, 그 힘을 깊은 곳에서부터 포기한 '무력無力의 세계'(不然)에서 찾아진다. 유다가 예수와 다른 점이 있다면 '그런' 일상의 외형을 넘어서는 '그렇지 않은' 깊은 세계를 보지 못했던 데 있다고 할 수 있을지 모른다. 힘으로 힘을 극복하려던 데 있다고도 할 수 있다. 정치적 독립에 대한 강렬한 열망은 있었을지언정, 기존의 신분, 성, 혈연, 종교에 의한 차별은 넘어서지 못했거나 보지 못했다는 데 있다고도 할 수 있다. 그 유다의 자세는 유다를 거부했던 기독도교 안에 다시 전승되어, 유다인을 유다의 후손으로, 유다를 유다인의 주 이미지로 설정하게 되었고, 급기야 20세기에는 홀로코스트라는 어마어마한 부조리까지 벌어지게 되었던 것이 아니겠는가. 진정한 메시아성은 '그런' 외형적 자민족 중심주의를 넘어 '그렇지 않은' 내밀한 측면을 구체화시켜주는 데 있다. 우리의 주제대로 하면, 자기중심의 초자연적 유신론에서 인간과 자연의 심층에서 신을 두루 발견하는, 범재신론적 삶으로 나아가는 것이다. 오늘날 그리스도인이 그 '그렇지 않음'을 얼마나 보고 사는지, 생각해볼수록 유다보다 나을 것은 별로 없어 보인다.

예수는 이단이었다
이단과 정통

> "우리가 알아본 결과, 이 자는 몹쓸 전염병과 같은 놈으로서 온 천하에 있는 모든 유다인들을 선동하여 반란을 일으키려는 자이며 나자렛 이단(헤레시스)의 괴수입니다. 그는 심지어 우리 성전까지 더럽히려고 하였습니다. 그래서 그를 붙잡은 것입니다."
> (사도행전 24,5-6)

'사이비'에 대하여

"사이비似而非"란 무엇인가? 그 한자상 의미는 "비슷(似)하지만(而) 아니다(非)"이다. 당연히 '사이비종교'라 하면, 겉모습은 종교와 유사하지만 알고 보니 그렇지 않다고 생각될 때 쓰이는 용어이다. 그런데 문제는 말 그대로 '종교'와 '사이비종교'를 가르는 기준이 늘 모호하다는 것이다. 왜냐하면 종교라고 하는 것의 본성 자체가 그 '비슷하지만 아님'(사이비)의 길로 나갈 가능성을 애당초 함축하고 있기 때문이다.

여러 가지로 규정할 수 있지만, 종교적 경험의 핵심은 인간의 이성·감성·의지의 어떤 한 면보다는, 이성·감성·의지의 총합 그 이상에 있다. 종교학자 루돌프 오토는 그것을 '누멘적인 것'(the numinous)이라 표현한 바 있는데, 단순하게 번역하면 '신적인 것'이지만, 더 근본적인 의미는 '신비'에 가깝다. 합리성의 영역 너머에 있기에, 구체적인 현실의 언어로는 온전히 표현될 수 없다는 뜻이다. 이것은 종교 경험이 합리성의 영역 안에 제한되지 않는다는(non-rational) 뜻이자, 때로는 합리성을 무시하는(ir-rational) 어떤 사태로 나아갈 가능성도 함축하고 있다는 뜻이다.

문제는 지知 · 정情 · 의意의 총합, 그 '너머'에 대한 경험의 방향성이다. 그 '너머'의 경험이 '지 · 정 · 의'와 적절히 균형을 잡고 있다면 건전한 의미에서의 '종교 경험'이라고 할 수 있겠지만, 그러한 '너머'의 경험이 지나치게 강렬하면 지정의의 영역은 순식간에 함몰될 수도 있을 뿐만 아니라, 자칫 광신의 형태로 왜곡될 수도 있는 가능성도 상존해 있는 것이다. 이 마당에 어느 누가 그 '비슷함'과 '아님'을 쉽사리 구분하고 평가할 수 있겠는가?

흔히 사람들은 종교라는 이름을 달고 행해지는 비윤리성, 반도덕성 혹은 사기적 행태에서 종교의 사이비성을 찾곤 하지만, 오늘날 종교적 문제의 심각성은 그 정도에 머물지 않는다. 아주 기본적인 지성을 지닌 사람이라면 그 정도야 쉽게 구분할 수 있겠지만, 문제는 정통의 이름을 달고 교묘하게 행해지는 모순된 종교 현실을 제대로 파악해내기는 쉽지 않다는 것이다.

한국 교회의 한 단면

이른바 개신교계 이단 종교 전문가였던 탁명환은 사이비 종교의 기준으로 다음의 일곱 가지 기준을 제시한 바 있다. 즉, 이중교리를 가지고 있고, 교주를 신격화하며, 시한부종말론을 내세울 뿐만 아니라, 반사회적 내지 비윤리적 행동을 하고, 기성종교를 비난하며, 교리혼합적인 경향을 보여주는데다가, 신도들에게 기복적 요행을 바라게 한다는 것이다. 얼핏 보면 적절한 기준처럼 보인다.

역시 이른바 이단 종교 전문가라는 위고 슈탐이 다음과 같이 말할 때도 마찬가지이다: "사이비 종교는 교묘하고 꿰뚫어보기 어려운 심층심리학적 수법을 사용하여 추종자들을 허구의 세계로 끌어들여서 완벽한 예속의 굴레를 씌우려 한다. 일종의 집단암시가 빚어내는 분위기에 현혹되고, 과장된 구원 약속에 넘어가거나 거짓 낙원에 대한 열광에서 깨어나지 못하는 사람은 능란한 선동가와 종교 이념가의 희생자가 되고 만다."

하지만 이른바 정통적이라는 기성 종교에서 탁명환이 앞에서 말한 일곱 가지 일이 전혀 벌어지고 있지 않느냐 하면 그렇지 않다. 스스로 정통이라 자부하는 그리스도교 전통 안에도 이상의 일곱 가지 기준에 들어맞는 경우가 많다. 사랑의 가르침과는 달리 이기적 욕망의 충족 수단으로 작용할 때도 많고, 종교학적으로 보자면, 예수의 참 인간적 측면보다는 신격화된 측면만 강조하며, 교회 혹은 집단에 따라 시한부 종말론을 말하는 모습도 여전하고, 목사 세습 혹은 신도 성추행 같은 불미스러운 일들도 종종 벌어지며, 타교단 혹은 타종교를 비난하는데다가, 실상은 비정통이라고 간주하는 다른 종교적 심성과 자신도 모르게 섞여 있고, 물질적 기복적 목소리가 큰 교회일수록 대형화하는 등, 설령 정도의 차이는 있을 수 있을지언정, 기성 교회에서도 사이비와 사이비 아닌 것, 더 나아가 정통과 이단을 구분하기는 사실상 힘들다. 그렇다면 이단과 정통의 관계는 어떻게 설정해야 하는가? 일단 기독교적 언어로 풀어가 보자.

이단이라는 말

이단異端의 한자상 의미는 무언가 "옳거나 바른 것(端)과 다른 것(異)"이다. 그래서 좀 기이하게 보이는 어떤 현상을 말한다. 그런데 문제는 당시 종교적 기준에 따르면 예수가 바로 이단자에 해당하는 자였다는 것이다. 고대 유대교 지도자들이 예수를 따르는 초기 그리스도교 최대의 전도자 바울로를 가리켜 "나자렛 이단(헤레시스)의 괴수"(사도행전 24,5)라 표현하는 부분에서 알 수 있듯이, 나자렛 출신 예수를 그리스도로 믿고 따르는 무리를 일컬어 당시 유대교 원로들이 '이단'이라 불렀다. 다음은 유대교 대사제측 법관이 바울로를 고소하면서 한 말이다: "우리가 알아본 결과, 이 자는 몹쓸 전염병과 같은 놈으로서 온 천하에 있는 모든 유다인들을 선동하여 반란을 일으키려는 자이며 나자렛 도당(헤레시스)의 괴수입니다. 그는 심지어 우리 성전까지 더럽히려고 하였습니다. 그래서 그를 붙잡은 것입니다.(사도행전 24,5-6)

여기서는 '나자렛 도당'이라 번역하고 있지만, 개역성서에서는 '나자렛 이단'이라 번역하고 있다. 이에 해당하는 그리스어 '헤레시스'는 초기 그리스도교 시대에 주로 다른 '당파'를 부정적으로 가리킬 때 사용되다가

(고린도전서 11,18-19; 갈라디아서 5,20), 점차 교회가 제도화하면서 제도 교회의 교리 내지 신조와 어긋나는 행위를 하거나 그런 집단을 가리키는 용어, 그러니까 오늘날의 '이단'의 의미로 사용되어온 용어이다. 그렇다면, 다소 극단적인 표현일 수 있겠으나, 이단의 역사와 관련하여 현상적으로 정리하자면, 초기에는 자신들이 이단자로 불렸으면서도 거대 종교로 제도화해나가면서 새로운 이단들을 만들어간 것이 기독교 교회의 역사라고도 할 수 있다.

이단과 정통의 기준은

오늘날 신학사전상의 의미로, 이단이란 교회의 신조에서 이탈하는 행위 내지 흐름이고, 정통이란 교회의 신조를 성실하게 고수하는 행위나 흐름으로 규정되고 있지만, 중요한 것은 교회의 신조가 과연 역사적 예수의 실상과 생동하는 인간의 삶을 얼마나 담아내고 있느냐, 또 담아낼 수 있느냐 하는 점이다. 교회의 신조에서 이탈하는 것은 무엇이고 고수하는 것은 무엇을 말하는지도 구체적으로 밝혀져야 한다는 말이다. 그런데 그리스도인이 그 이탈과 고수의 기준을 성서에 나타난 예수의 모습에서 찾는 것도 당연한 일일 것이다.

제5부

내세의 생성
전부 받아들이는 세계

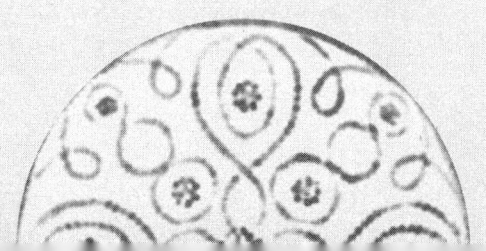

내세도 바뀐다
연옥의 논리

"그러나 그 자신은 불 속에서 살아 나오는 사람같이 구원을 받습니다."
(고린도전서 3,15)

아브라함의 품

예수가 언젠가 '부자와 나자로' 이야기를 전했다.(루가 16,19-26) 호의호식하던 부자는 죽어서 지옥불로 떨어지고 천대받던 거지 나자로는 아브라함의 품에 안겼다는 내용이다. 여기서 아브라함의 '품'이 무엇을 말하는지 해설하기 쉽지 않지만, 분명한 것은 가난한 이가 보상받을 내세가 있다는 것과, 그 내세의 주인이 유대인의 조상 아브라함으로 묘사되어 있다는 것이다.

아브라함은 예수 이전의 인물이다. 당연히 교회 공동체에 속했던 기독교인이 아니다. 그런데도 유대인 아브라함이 이상적인 내세의 주인이자 주체처럼 등장하는 예수 이야기를 두고서, 초기 신학자들은 아브라함의 '품'을 비기독교적 의인이 머무는 휴식의 장소로 여기기도 했다.

영원한 하늘나라로 가는 중간단계쯤 되는 게 아니냐는 것이었다. 교부 테르툴리아누스도 부자와 나자로 이야기에 나오는 아브라함의 품을 부활이 일어나기 전에 의인들이 머무는 중간적 휴식처(레프리게리움)라고 보았다. 신실한 영혼들이 머무는 잠정적 거처라는 것이다. 그 내세는 잠정적인 거처인 만큼 가변적인 것이기도 했다. 죽는다고 내세가 대번에 결정되는 것은 아니라는 뜻이 담겨 있는 것이다.

그러다 보니 그 내세에 머물고 있을지도 모를 이들을 위한 기도가 생겨났고, 그 기도가 그들을 영원한 하늘로 옮길 수도 있으리라 믿기도 했다. 자신의 조상이 혹시 그런 내세에 머물고 있을지도 모르니 죽은 조상을 위해 기도하는 것은 자연스러웠다. 의로운 사람이라면 더할 나위 없겠지만, 현세에서 예수를 믿었느냐 아니냐와 관계없이, 영원한 천국에 참여할 수 있는 가능성이 사후에조차 남아 있게 되는 것이다.

연옥의 성서적 기원

성서의 다른 구절 하나를 읽어보자.

이미 예수 그리스도라는 기초가 놓여 있으니 아무도 다른 기초는 놓을 수가 없습니다. 이 기초 위에다가 어떤 사람은 금으로, 어떤 사람은 은으로, 어떤 사람은 보석으로, 어떤 사람은 나무로, 어떤 사람은 마른 풀로, 어떤 사람은 짚으로 집을 짓는다고 합시다. 이제 심판의 날이 오면 모든 것이 드러나서 각자가 한 일이 명백하게 될 것입니다. 심판의 날은 불을 몰고 오겠고 그 불은 각자의 업적을 시험하여 그 진가를 가려줄 것입니다. 만일 그 기초 위에 세운 집이 그 불을 견디어내면 그 집을 지은 사람은 상을 받고 만일 그 집이 불에 타버리면 그는 낭패를 볼 것입니다. 그러나 그 자신은 불 속에서 살아나오는 사람같이 구원을 받습니다.(고린도전서 3,10-15)

교회 공동체라면 예수 그리스도라는 기초 위에 신앙의 집을 지어야 한다는 바울로의 권면의 일부인데, 여기에서도 과도기적 내세와 같은 어떤 상태가 있는 듯 묘사하고 있다. 이 가운데 "(심판의 날에 몰려올) 불 속에서 살아나오는 사람같이 구원을 받는다"고 할 때의 '불'은 일종의 심판의 과정이면서도 궁극적으로는 구원을 위한 '정화의 과정'이기도 하다. 무엇보다 최종적인 구원은 사후 정화의 단계를 지나고서야 이루어진다는 듯한 이 구절에서 사람들은 내세에서도 사람의 운명이 바뀔 수 있으며, 내세가 일회적이거나 불변적인 것만은 아니라는 해석도 이끌어냈다. '아브라함의 품'이라는 가변적 내세에서처럼, 정화의 '불'이라는 표현 역시 죽은 이의 최종 내세를 위해 기도하는 일을 정당화해주는 구절로 작용했다. 이른바 '연옥煉獄'의 성서적 기원이 된 것이다.

죽은 어머니를 위한 기도

이런 시각은 그리스도교 교리의 확립자라고 할 수 있을 아우구스티누스가 돌아가신 어머니 모니카를 위해 했다는 기도문에도 들어 있다. 그 일부를 읽어보자: "…저는 그녀(어머니)가 자비를 베풀었고 그녀에게

빚진 자들을 기꺼이 탕감하여준 것을 압니다. 그녀가 만일 구원받아 깨끗해진 후 그 여러 해 동안 진 빚이 있다면 당신께서도 그녀의 빚을 탕감해주소서. 탕감해주소서. 주여, 탕감해주시기를 간구하나이다! 그녀와 변론하지 마소서!…"*

돌아가신 어머니에게 죄가 조금이라도 남아 있을지도 모르니 만일 그런 일이 있다면 하느님께서 그 죄를 다 용서해주십사 하는 내용이다. 그래야 온전히 천국에 들어갈 수 있겠기 때문이다. 우리의 주제와 관련짓자면, 기도의 내용보다는 아우구스티누스가 '죽은 이를 위해 기도'했다고 하는 사실에 의미가 있다. 아우구스티누스도 자신의 기도가 하느님을 움직여 죽은 이의 운명에도 영향을 미칠 수 있다고 보았다는 뜻이기도 하다.

아우구스티누스의 연옥

물론 아우구스티누스는 산 자들의 대도代禱는 전적으로 악하거나 전적으로 선하지는 않았던 이들에게 적용된다고 여겼지만, 사람들의 삶이라는 것이 대부분 전적으로 악하거나 전적으로 선한 것은 아니다보니, 산 자들이 사자를 위해 기도하는 것은 자연스러운 일이었다. 아우구스티누스는 개인적 죽음과 일반적 심판 사이의 기간을 설정하기도 했는데, 어찌되었든 이런 견해는 점차 중간 단계로서의 내세가 교리화할

---

* 『고백록』, IX, XIII, 34-37.

수 있는 기초로 작용하게 되었다. 그리고 실제로 민간 신앙에 퍼져 있던 이런 식의 가변적 내세 개념이 교회에 공식 수용되면서 피렌체 공의회 (1438-45)에서는 이른바 '연옥'을 정식으로 교리화하기에 이른다.

주사위는 사람이, 결정은 야훼께서

생시의 신념이나 행동만으로 내세의 운명이 대번에 결정되는 것이 아니라, 사후에도 운명이 바뀔 수 있다는 이런 식의 견해는 인간의 구원, 특히 비기독교인의 구원과 관련하여 중요한 것을 시사한다. 그 최소한의 메시지는 인간의 구원은 궁극적으로 하느님의 몫이지 사람의 결정 사항이 아니라는 것이다. 사람은 사랑의 삶을 살며 평화를 요청할 뿐이다. 결정은 하느님이 하는 것이기 때문이다: "주사위는 사람이, 결정은 야훼께서!"(잠언 16,33; 16,1). 가변적 내세 개념은 필연적으로 특정 종파와 관계없이 모든 이에게 해당되는 논리일 수밖에 없는 것이다.

지옥으로 내려가다
예수와 지장보살

"그래서 죽은 자들에게도 복음이 전해진 것입니다."
(베드로전서 4,6a)

예수는 왜 지옥으로 갔을까

가톨릭이나 개신교를 막론하고 전 세계 많은 교회에서 여전히 바쳐지고 있는 대표적인 신앙고백문이 사도신경이다. 이 가운데 한국 개신교에서 누구인가 언제인가 슬쩍 빼버린 구절이 있는데, 바로 예수께서 "지옥에 가셨다"(He descended into Hell)는 표현이다. 천주교회에서는 여전히 그러한 구절을 담아 신앙고백을 한다: "십자가에 못 박혀 돌아가시고 묻히셨으며 저승에 가시어……." 예수가 십자가에 죽은 뒤 땅에 묻혔고, 저승 즉 지옥으로 갔다는 것이다. 예수는 왜, 어쩌다가 지옥으로 갔을까?

"그리스도께서는 갇혀 있는 영혼들에게도 가셔서 기쁜 소식을 선포하셨습니다."(베드로전서 3,19) 성서의 한 구절이다. 여기서 "갇혀 있는 영혼들"이란 "노아가 방주를 만들었을 때 하느님이 오래 참고 기다리셨지만 끝내 순종하지 않던 자들"이다(3,20). 이른바 구원의 기회를 놓쳐버렸다고 간주되는 사람들인 것이다. 노아의 홍수 때 노아의 식구들만 구원받았고, 다른 이들은 저주받아 영원히 죽어버렸다고 그동안 알고 있었지만, 예수는 그들을 영원한 죄인으로 두려 하지 않았고, 그들을 지옥에 남겨두고자 하지 않았다는 뜻이다. 엄청난 의미가 담긴 말이다.

지옥에 남아 있는 보살

불교 전통에 지장보살이라는 분이 계시다. 그 보살은 일찍이 다음과 같은 서원을 세웠다: "지옥에 중생이 하나라도 남아 있는 한 나는 결단코 성불하지 않겠다!!" 사람들은 저마다 극락왕생하려 기도하고 수행하고 매달리지만, 원치 않게도 지옥에 떨어져 고통을 당하는 중생이 단 하나라도 남아 있다면 그것을 어찌 그대로 둘 수 있겠는가, 내 어찌 극락에서 홀로 즐거움을 누릴 수 있겠는가 하는 반성 속에서 스스로 지옥에 남아 있기를 자청한 보살이다. 그의 서원은 중생의 고통이 나의 고통이니, 그 고통을 해결하기 전에는 절대로 열반하지 않겠다는 다짐이었다. "중생이 아프니 내가 아프다"는 유마거사의 자타불이自他不二의 마음 자세와 같은 맥락이다. 한량없는 자비심의 발로다.

만일 지옥에 남아 괴로움을 당하고 있는 그 누군가가 하나라도 있다면, 그를 두고 어찌 자기만 천국에서 평안할 수 있겠는가? 타인의 괴로움을 상상하고 있는 그곳 역시 지옥이 아닐 수 없으리라. 예수가 정말 훌륭하다면 그것은 개인의 인생살이에 삶의 뜻을 두지 않고, "모든 사람이 다 구원을 받게 되기를 바라시는 하느님"(디모데전서 2,4)의 뜻을 확신하고 실천했던 데서 찾아야 할 것이다. 성서에 따르면, 하느님은 피조물들이 모두 당신과 더불어 조화로운 삶을 살기를 원하시는 분이다. 지옥에까지 내려간 예수는 그 대표적인 사례이다. 지옥이 아니라 연옥과 같은 고성소古聖所이며, 지옥은 너무 단적인 말이니 저승 정도로 번역해야 한다고 주장하는 것은 큰 의미가 없다. 어떻게 표현하든, 구원의 가능성은 사후에서조차 열려 있을 정도로 '하느님은 구원하는 분'이시라는 사실이 중요할 뿐이다. 그래서 성서는 이렇게 말한다: "그래서 죽은 자들에게도 복음이 전해진 것이다."(베드로전서 4,6a)

지금의 처지와 상황이 열악하거나 험악하더라도 최종적인 구원의 가능성은 늘 열려 있다는 것이 도리어 성서적인 입장이다. 죽음 이후조차 무언가 바뀔 가능성이 있으니 희망적인 상상을 하는 것이 지옥으로 내려간 예수 이야기에 더 어울린다는 뜻이기도 하다. 하느님이 바로 그와 같은 분이시니, 사람들도 서로 사랑하고 살면서 죄인을 만들지 말라는 우회적인 의미가 담겨 있다고도 할 수 있다: "모든 일에 앞서 서로 진정으로 사랑하십시오. 사랑은 허다한 죄를 용서해줍니다."(베드로전서 4,8)

하느님은 용서하신다

사람은 죄를 주지만, 하느님은 용서하신다. 하느님 앞에 죄인은 없다. 그것을 믿고 실천한 이가 바로 예수이다. 그는 일흔 번씩 일곱 번이라도 용서하라고 가르쳤고 그것을 실천했다. 그러한 모습에 감동한 제자의 제자들은 예수야말로 지옥에 갈 죄인까지도 구원하실 분이라고 믿었던 것 같다. 그리하여 "지옥에까지 가신 예수"가 등장하게 되었다. 불자들에게는 지장보살을 연상시켜주는 이 구절은 우주 어느 구석이라도 하느님의 사랑과 구원의 손길이 닿지 않는 곳은 없다는 단순하면서도 엄청난 진리를 담고 있다. 종파나 신분을 막론하고 그 누구에게도 최종적인 구원의 가능성을 닫아둘 수 없는 기독교적 이유도 여기에 있다. 그리고 이것이 범재신론적 구원관의 한 표현이기도 하다.

죽고 나면 어떻게 될까
죽음과 내세

"나는 아브라함의 하느님이요, 이사악의 하느님이요, 야곱의 하느님이다' 하시지 않았느냐?
이 말씀은 하느님께서는 죽은 이들의 하느님이 아니라,
살아 있는 이들의 하느님이라는 뜻이다."
(마태오 22,32)

어디서 왔는가

'나'는 어디에서 왔으며, 또 어디로 가는 걸까? 죽음이란 무엇이며 죽고 나면 어떻게 될까? 진부할 정도로 흔하지만 누구도 답하기 힘든 질문, 자문자답도 해보고 성서적 답도 얻어보고자 한다.

곰곰 생각해보면, '나'라는 존재는 어머니 뱃속에서 태어난 날부터 시작된 것만도 아니고, 내 육체적 죽음으로 끝나는 것만도 아니라는 사실을 알 수 있다. 그 생물학적 기원을 따져보면, 출생 전 태아 상태로 있을 때도 '나'이거나 적어도 나의 근원이고, 어머니와 아버지의 씨앗이 만나 이제 막 꿈틀대기 시작한 그 수정체도 '나'이거나 나의 근원이 아닐 수 없다. 어찌 그것만 나의 근원이겠는가? 난자와 정자를 만들어낸 어머니와 아버지가 없이 어찌 '나'가 있을 수 있겠는가? 그러니 어머니, 아버지

몸의 일부도 '나'이거나 나의 근원이다. 어머니, 아버지뿐이던가? 더 거슬러 올라가면 나의 기원은 조부모와 증조부모에게 연결되고, 더 올라가면 인류의 첫 조상에게까지 연결될는지 모른다. 성서에서는 사십이 대를 이어져 내려오는 예수의 족보 이야기가 나오는데, 실제로 사십 대를 거슬러 올라가면 모두 삼천만 명의 조상을 만난다고 한다. 오늘의 내가 나 된 데에 수천만 명, 수억 명 이상의 사람이 필요했다는 뜻이다.

나의 기원은 이렇게 시대적으로 소급해 올라가서만 찾아지는 것은 아니다. 현재 내가 처한 상황의 수평적 관계망 속에도 내 삶이 들어 있다. 내가 아침에 먹은 밥 한 공기 없이 어찌 내가 살아갈 수 있겠는가. 밥 한 공기가 내 밥상 위에 오르기 위해서는 하늘의 태양과 내리는 빗물, 땅 속의 양분도 있어야 하니, 내 생명의 기원은 자연 자체로 확장된다. 게다가 나의 어머니가 처했던 환경, 취했던 양분과 지식이 어찌 오늘의 나와 무관할 수 있겠는가? 따져보면 실상 나를 나 되게 해준 원인은 셀 수 없을 만치 많다. 한 마디로 무한하다. 그 모든 것이 나를 나 되게 해준 필수적인 원인들인 것이다. 한 마디로 전 우주가 오늘의 나를 나 되게 해주고 있는 것이다. 이러한 사실을 두고 그리스도교인은 나를 나 되게 해준 것들의 근원을 '하느님'이라고 다소 인격적으로 표현하며 고백한다.

어디로 가는가

또 나는 죽어서 어떻게 될까? 죽고 나서 화장을 하면, 한 시간도 못 돼서 나는 한줌 흙이 되고 만다. 매장을 한다고 해도 몇 년, 몇 십 년 안에 그 흙 속으로 스며들어간다. 나의 세포를 이루고 있던 것들이 무덤가의 풀 한 포기로 흡수되어 풀잎이 되기도 하고, 어떤 것은 한 송이 민들레 꽃으로 피어나기도 할 것이다. 들풀을 뜯는 소의 몸속으로 들어갈 수도 있을 것이다. 바람에 따라 떠도는 민들레 홀씨 속에 그 어떤 사람의 세포가 있을지도, 우리의 할아버지, 할머니의 세포가 소나무 잎의 모습으로 피어나고 있는 것인지도 모른다.

 소 한 마리가 무덤가의 풀을 뜯고 통통하게 살이 오르면, 잔인한 노릇인지 모르겠지만, 사람은 또 그 소를 잡아먹고 살아간다. 그러고는 몸속에서 새로운 생식세포들이 만들어진다. 이렇게 내 몸의 일부가 또 다른 몸의 일부가 될 수 있고, 다른 몸의 일부가 내 몸의 일부가 될 수도 있는 것이다. 그러니 어머니 배 속에서부터 내가 시작되었다는 말도 불완전한 답이다. 그 이전부터 이미 나는 다른 모습으로도 있었다고 할 수 있다. 죽고 나서 무無로 돌아간다고 하는 말도 불완전하다. 이 세상에 사라지는 것은 없다. 어렸을 때 놀던 초등학교 운동장의 정글짐에 내 손때가 묻은 채 남아 있을 수도 있고, 운동장에서 흘렸던 땀이 대기와 섞였다가 다시 빗물이 되어 떨어졌을 수도 있다. 사라지는 것은 전혀 없다. 자연법칙에 따라 그저 형태가 바뀌었을 뿐이다. 이렇게 사람이든 동물이든 자연의 순환 법칙을 한 치도 벗어나지 못한다. 악인이든 의인이든, 성별이나 종파를 막론하고, 이러한 법칙에는 예외가 있을 수 없다.

죽음과 심판

　이런 것들을 생각하며 죽음의 문제로 돌아가 보자. 죽음이란 무엇인가? 삼라만상에 적용되는 자연 법칙을 염두에 두면, 죽음을 그저 심장이나 뇌 기능의 정지 등 의료적 정의만으로 끝낼 수는 없을 것이다. 굳이 신학이나 신앙을 내세우지 않더라도 죽는다는 것을 그저 심장이나 뇌의 멈춤으로 설명하기에는 인간의 질문이 더 깊고 넓다. 죽는다는 것은 '나'라는 것을 앞세우며 살아온 지난날의 모든 삶을 전적으로 대자연 앞에 내어맡기는 행위이다. 기독교적인 언어로 바꾸면, 죽음이란 인간 하나하나의 삶과 관계된 모든 것을 생명의 근원이 되는 존재에게로 온전히 되돌려드리는 행위이다. 내 이름으로 행한 모든 생생한 실재들, 초등학교 시절에 놀던 학교 운동장 정글짐에 묻은 내 손때마저 나의 것이 아니라 온전히 하느님의 것이라며 돌려드리는 행위가 죽음인 것이다. 삼라만상이 하느님의 창조물 아닌 것이 없고 하느님과 무관한 것이 없는 마당에, 죽음은 잠시나마 내가 내 인생의 주인인 양 착각하며 살아온 우리의 무지와 실상이 적나라하게 드러나는 사건이다.

　나의 모든 것을 하느님께 돌려드리고 지금까지의 모든 삶이 하느님 앞에 생생한 실재가 되어 나타난다는 점에서 죽음은 심판이기도 하다. 신약성서학자 로핑크도 이와 비슷한 분석적 고백을 한다:

> 우리가 하느님을 궁극적으로 만날 때, 하느님이 우리를 일생 동안 사랑하시던 그 선하심과 사랑의 척도를 체험하는 가운데, 우리 눈이 우리 자신에 대

해 스스로 열리게 될 것이다. 우리는 무서운 어떤 놀라움으로 우리의 독선, 우리의 무정함, 우리의 냉혹함, 우리의 이기주의를 깨닫게 될 것이다. 우리가 한평생 쌓아올린 모든 자기기만과 환상이 일순간에 붕괴될 것이다. 우리가 우리 자신을 숨겨두었던 가면들이 벗겨질 것이다. 우리 스스로에게 또는 다른 사람에게 연기해보이던 모든 것을 우리는 이제 중지해야 한다. 이는 끝없이 고통스러운 일이며 마치 불과 같이 우리를 스쳐 지나갈 것이다. 하느님이 우리 앞에서 찬란히 빛나실 때, 우리는 우리가 참으로 존재했어야 할 모습과 실제로 존재하던 모습을 동시에 깨닫게 될 것이다. 바로 이것이 심판이며 다른 아무것도 아니다.*

적절한 신앙적 해석이라고 생각된다. 늘 하느님과 만나고 있었지만 잘 모르거나 의식하지 못하다가, 궁극적이고 결정적으로 하느님을 만나면서 내 이름으로 행한 무지, 욕심, 독선, 이기주의를 절절하게 깨닫게 되는 사건이 바로 죽음이다. 그리고 "우리가 참으로 존재했어야 할 모습과 실제로 존재하던 모습을 동시에 깨닫게" 된다는 점에서, 그런 식으로 나의 실상이 폭로된다는 점에서 그것은 '심판'이기도 하다. 지나가 버린 듯한 내 모든 것이 우주적 생명이신 하느님 품 안에 온전히 살아 있음을 절감하게 된다니 어찌 심판이 아니겠는가. 그렇다면, 심판의 정도는 결국 인간이 어떤 존재이어야 하는가와 인간이 어떻게 살아 있는가가 비교될 때 드러나는 그 차이라고 할 수 있다. 현재 나의 일거수일

---

* 게르하르트 로핑크, 신교선 옮김, 『죽음이 마지막 말은 아니다』(성바오로출판사, 1998), 35-36쪽.

투족이 이미 심판받고 있는 것이다.

시간과 영생

이때 죽음, 심판 등과 관련하여 염두에 두어야 할 것은 시간관념이다. 죽고 나면 분명히 우리의 몸은 사라진다. 몸이 없다는 것은 감각기관이 없다는 것이다. 감각기관이 없으면 우리의 온갖 체험이 사라진다. 체험이 사라지면 결정적으로 시간이 사라진다. 시간이란 어떤 사실이 지속되고 있음을 감각기관을 통해 체험하는 한 양식이기 때문이다. 살아생전 우리의 몸은 어떤 사실들에 대해 순간순간 반응하는데 그것이 연속적으로 이루어지는 것을 보고 흔히 '시간이 흐른다'는 식으로 말한다. 하지만 몸을 벗어버리고 나면 당연히 흐를 시간도 사라진다. 보고 듣고 만지는 온갖 감각기관들이 정지하기 때문이다. 이때 비로소 시간을 넘어서게 된다.

결국 신학적으로, 그리고 신앙적으로, 죽음은 시간을 넘어 영원에 참여하게 되는 순간이다. 인간이 숨을 거두는 순간 결정적으로 하느님의 세계로 가는 것이다. 그때는 더 이상 시간 안에서가 아니라, 시간의 저편에 실존하게 된다. 하느님은 시간 내 존재가 아니시니 하느님 안에 머물게 되는 것이다. 하느님에게는 "하루가 천년 같고 천년이 하루 같다"(베드로후서 3,8)는 성서의 구절은 이런 식으로 풀 수 있을 것이다.

하느님이 시간 너머, 즉 영원에 계시다면, 모든 사람이 전혀 다른 시간에 죽었다고 해도 모든 이가 '영원'에 참여하기는 마찬가지일 것이다.

영원에는 과거, 현재, 미래라는 시간적 도식이 없다. 과거·현재·미래가 변화를 의미한다면, 영원은 변화의 세계인 사차원을 포섭하면서도 전적으로 새로운 차원이다. 시간의 차원에서 사람들은 과거와 미래를 나누지만, 영원은 과거와 미래로 나뉘지 않으며 시간적 변화를 넘어선다. 과거에 죽은 이나 미래에 죽을 이나 모두 영원에 참여하는 것이다. 그래서 내가 숨을 거두는 순간 전 인류와의 만남이 이루어지는 것이다. 그래서 전 인류의 심판이다. 그리고 몸을 버리는 순간 몸을 지니고 살면서 행한 모든 것이 영원의 세계에 결정적으로 합류하게 된다. 이것이 영생이다.

부활과 승천

신과의 만남, 그것은 영원한 세계에서 결정적으로 가능하다. 이때 그 만남이 가능하도록 하기 위해 신이 준비해놓은 장치가 바로 부활이다. 부활은 우리가 흔히 영혼이라고 말하는, 즉 우리의 내밀한 삶의 총체에 신이 어떤 식으로든 형상을 입혀주는 사건이다. 기독교에서는 예수가 "다시 일으켜졌으며", 그처럼 모든 인간도 결국은 죽음으로 끝나지 않고 "다시 일으켜질 것"이라고 믿는데, 그것은 예수의 죽음이 허무한 파멸로 끝나지 않고 그 안에서 모든 역사의 궁극적 의미가 드러났음을 믿는 이들의 신앙적 표현이다. 예수의 죽음이 도리어 생명의 하느님을 결정적으로 드러내 보여준 사건이 되며, 그런 생명의 원리대로 살아감으로써 하느님 안에 온전히 들어가게 된다고 믿는 이들이 그리스도인인 것이다.

게다가 성서에서는 예수가 부활 후에 승천昇天했다고도 말한다. 예수가 하느님이 계신 곳으로 갔다는 뜻인데, 그것 역시, 공간적인 의미가 강조되었을 뿐, 예수가 하느님의 영원한 생명 안으로 들어갔다는 강력한 신앙의 표현이다. 그러고 보면, 부활이나 승천이나 결국은 같은 말을 하려는 것이다. 예수 사건이 제한적 시공간 안에 머물지 않고 시공간을 초월하며, 죽음 역시 역설적이게도 영원한 하느님의 섭리 속에서 이루어진 생명의 사건이 된다는 뜻이다. 더욱이 종국적으로는 부활이 모든 인생의 궁극 목적이기도 하다는 것이 기독교적 신앙이다. 로핑크의 말을 한 번 더 가져와보자:

> 부활이란 전인간, 한 사람이 자신의 모든 체험과 자기 과거 전체, 자기의 첫 입맞춤과 자신의 첫 눈[初雪], 그가 이야기한 모든 말, 그가 행한 모든 업적과 함께 하느님께로 가는 것을 뜻한다. 이 모두는 어떤 추상적 영혼 그 이상의 어떤 무한한 것이기에, 죽음을 통하여 사람의 영혼만이 하느님 앞에 나아간다는 것은 상상도 할 수 없는 일이다.*

영혼만이 아니라 몸을 가지고 행한 모든 행위가 하느님과 직접 대면하게 되는 어떤 사건을 의미한다는 것이다. 이러한 부활 관념은 원칙적으로 예수에 대한 신앙적 조명 속에서 생겨난 것이다. 예수야말로 인생을 하느님의 뜻에 전적으로 의존해 그 뜻대로 사신 분이며, 하느님의 존

---

* 게르하르트 로핑크, 앞의 책, 45쪽.

재방식인 완전한 생명 안으로 온전하게 흡수되신 분이라는 점에서, 부활은 비록 처참하고 억울했지만 역설적이게도 그렇기에 제대로 된 죽음(well dying)에 대한 신앙적 해석인 것이다.

성서적 죽음관

구약성서에 따르면, 인간은 먼지로부터 와서 먼지로 돌아갈 존재이며,(창세기 2,7; 3,19; 시편 90,3) 태어났으면 언젠가 죽게 되어 있다.(전도서 9,4) 이것이 땅 위에 태어난 모든 존재가 가야 할 길, 한 마디로 인간의 운명이다.(여호수아 23,14; 열왕기상 2,2; 욥기 7,9) 죽은 자는 다시는 땅 위로 돌아오지 못한다(욥기 7,9; 7,11-12) 그러니 죽음은 살아 있는 모든 것을 집어삼키는 큰 파도와도 같고 어두움이 지배하는 무덤과도 같다. 생명을 위협하고 파괴하는 힘이기도 하다. 하지만 역설적으로 죽음은 인간의 영원한 안식처이기도 하다.(전도서 12,5) 고통의 근원인 육을 벗어버리는 사건이기도 하기 때문이다.

신약성서에서는 유대교적 죽음관 및 종말관을 반영하면서 죽음을 '죄의 대가'로 설명한다.(로마서 6,23) 죽을 수밖에 없는 인간 운명의 보편성에 대해 말한다. 하지만 그것을 넘어 최후로 말하려는 것은 그리스도를 통한 하느님의 구원 계획이다. 인간의 범죄로 인해 생겨난 죽음의 세력보다 그리스도로 인해 주어질 구원의 우주적 지평, 궁극적인 생명의 사건이 더 크다는 것이다.(로마서 5,15) 그 기초에는 한 마디로 생명이신 하느님이 있다. 하느님의 생명이 죽음보다 훨씬 크며, 따라서 하느님 앞에서는 결국 모든 이가 살아 있다: "하느님께서는 죽은 이들의 하느님이 아니라 살아 있는 이들의 하느님이다."(마태오복음 22,32b) 몸은 죽었지만 사실상 생명이신 하느님 앞에서 죽은 자는 없다는 뜻이다. 결국 그리스도인에게 죽음이란 생명의 하느님 속으로 온전히 합류되기 위한 결정적인 사건이 된다. 앞서 말한 대로 내 이름으로 행한 모든 것을 하느님께로 온전히 돌려드리는 행위인 것이다. 그렇게 몸의 죽음은 더 큰 생명 속에서 그 생명의 일부가 되는 결정적 통로인 것이다.

영혼에도 몸이 있다
바울로의 부활관

"육체적인 몸으로 묻히지만 영적인 몸으로 다시 살아납니다.
육체적인 몸이 있으면 영적인 몸도 있습니다."
(고린도전서 15,42-44)

육체의 소생에서

원시 기독교 전통에서는 예수가 죽었음에도 불구하고 예수가 자신들과 함께한다고 확신하는 이들이 있었다. 이것이 넓은 의미에서 '부활 신앙'이다. 그러나 부활 신앙이 교회 안에 전승되면서 육체의 재생처럼 간주되기도 했다. 이것은 예수를 보지 못한 제자단에게 예수의 확실성을 전하는 방법의 일환으로 생겨난 것이었다. 그리고 한편에서는 교회 안에 여전히 현존하고 있는 예수는 당초부터 하느님과 함께 계시던 분이라는, 예수에 대한 신적 선재성 개념으로 이어지기도 했다.

가령 서기 70년경 기록된 「루가복음」에서는 예수를 보지 못한 후대 교회 구성원들이 예수의 육체성에 집착하던 것을 반영하여 예수가 육체적으로 부활했다고 전한다: "왜 당황하며 어찌하여 여러분의 마음 속에 의심을 품습니까? 내 손과 발을 보시오. 바로 나입니다. 나를 만지고 살펴보시오. 유령은 살과 뼈가 없지만 보다시피 나에게는 있습니다."(루가 24,39) 부활한 예수가 자신을 유령이라고 생각하는 제자들을 향해 던졌다는 이런 식의 표현은 실상 예수의 몸에 매이던 초기 신자들의 태도를 반영한다.

영적인 부활로

그러나 육체는 어디까지나 제한적 존재이다. 이러한 반성 속에서 예수의 육체적 제한성보다는 영적인 보편성이 점점 더 부각되기에 이른다. 가령 서기 100년경 기록된 「요한복음」에서는 진정한 부활은 육체적 차원을 넘어선다는 주장을 견지한다. 가령 예수가 부활했다는 소문을 들은 제자 토마가 예수의 몸을 만져보기 전에는 믿지 못하겠다고 하자 그 뒤 홀연히 나타난 예수가 자신의 모습을 보여주고는 이렇게 말한다: "당신은 나를 보고서야 믿었습니다. 보지 않고도 믿는 이들이 복됩니다."(요한 20,29). 예수가 육체적으로 부활했다고 믿는 교회 구성원들의 분위기를 반영하여 예수가 자신의 몸을 드러내 보여준 것처럼 묘사되어 있지만, 정말 강조하고 싶은 것은 그 육체성/구체성을 넘어서는 곳에서 진리의 모습이 보인다는 사실이다. 진리는 역사적 구체성 안에 갇히지 않는다는 사실을 말하려는 것이다.

그러나 이면에 담겨 있는 사실은 일반 대중이 예수의 육체성에 집착한 데 비해, 경전 기록자와 같은 엘리트층은 육체적 제한성을 넘어서는 곳에서 진리의 모습을 보고자 했다는 뜻이기도 하다. 예수의 부활과 관련하여 전개되어간 성서의 역사는 전체적으로는 예수의 몸에 대한 집착을 벗어나는 쪽으로 전개된다.

영적인 몸

중요한 것은 나중에 상상되고 신봉되는 예수의 몸은 역사적 예수의 몸과는 다른 차원에 있다는 것이다. 한 예로 역사적 예수 사후死後에 그분의 몸을 더 이상 보지 못하게 된 제자단/교회에서는 역사적 예수를 본래 하느님의 모습을 하고 계셨다는 이상적인 분, 즉 초월적 그리스도 차원에서 생각하게 되었다. 이 초월적 그리스도는 예수에 대한 모습이되, 죽은 예수가 제자단에게 계속 힘을 불어넣고 있으며, 그를 따르던 사람들과 여전히 함께하고 있다는 사실을 드러내려는 의도로 재해석된, 예수의 초형상화이다. 이미 죽었으나 추종자들에게 여전히 현존하는 예수, 그가 부활의 그리스도인 것이다.

물론 이 초월적 그리스도도 예수의 형상이라는 점에서 그에게도 '몸'이 있다. 그렇지만, 바울로에 따르면, 그것은 몸이되 '영적인 몸'(소마 프뉴마티코스, 고린도전서 15,44)이다. 땅에 묻혀서 썩어 없어질 몸과 달리, 언젠가 다시 일어날 몸이다(고린도전서 15장). 그 몸은 신에 의해 들려 높여질 현재 몸의 영적인 차원이다. 그럼에도 불구하고 그 영적인 몸은 생물학적인 몸과 전적으로 분리되는 것은 아니다. 그 몸을 지니고 산 결과이기도 하다. 생물학적인 몸은 썩어 없어질 것이지만, 바울로에 따르면, 그

썩을 것이 뿌려져서 영적인 몸으로 재탄생한다는 것이다.

물론 그러한 재탄생의 근거는 하느님이다. 하느님이 썩을 것을 썩지 않을 것으로 변화시켜주신다는 것이다. 바울로는 예수가 이미 그런 영적인 몸을 입고 있다고 생각했고, 그런 점에서 '부활의 첫 열매'—유일한 열매가 아니라—로 믿었다. 사람들도 예수처럼 영적인 몸을 입게 될 것이라는 것이다: "우리가 흙으로 된 그 사람의 형상을 지녔듯이 하늘에 속한 그분의 형상을 또한 지니게 될 것입니다."(고린도전서 15,49) '하늘에 속한 그분의 형상', 즉 그리스도의 형상이 말하자면 '영적인 몸'이다. 이렇게 초기 교회는 여전히 예수에 의해 능력을 부여받고 있는 자신들의 경험을 영적이고 초월적 그리스도로서 표현했다.

오늘의 부활 신앙

부활 신앙은 기독교 성립의 근거이자 핵심이면서도 수천 년 동안 신학자들을 괴롭힌 문제이기도 하다. 부활은 역사적 인물 예수가 죽었다가 사흘 만에 다시 살아나셨듯이 우리의 몸도 다시 살게 되리라는 희망의 표현이다. 문제의 핵심은 예수가 죽었다가 다시 살아났다고 할 때, 그 살아남을 어떻게 보느냐에 달려 있다. 일반 기독교인은 예수의 부활을 육체의 생물학적 소생 차원에서 받아들이는 경향이 있지만, 이미 살펴본 대로 그렇게 단순한 문제가 아니다. 소생은 필연적으로 다시 죽을 수밖에 없는 이승의 삶의 단순 반복에 지나지 않는다. 그러나 성서에서는 예수가 살았다가 다시 죽었다고 말하지 않는다. 도리어 영원한 생명으로 들어갔다고 말한다. 그렇다면 부활은 일단 소생과 다르다. 그렇다면 결국 무엇을 뜻하는가?

예수의 부활은 죽음이 허무한 파멸로 끝나지 않고 그 안에서 모든 역사의 궁극적 의미가 드러났음을 뜻하기 위해 사용된 다소 '신화적'인 언어이다. 예수의 죽음이 도리어 생명의 하느님을 결정적으로 드러내 보여준 사건이 된다는 것이다. 예수의 죽음에서 진정한 생명이 유지되어 가는 모습을 체험한 제자들로부터 죽음의 사건이 더 큰 생명을 드러내 보여준 역설적 사건일 수 있음을 뜻하는 부활 신앙이 생겨난 것이다.

게다가 성서에서는 예수가 부활 후에 승천昇天했다고도 말한다. 예수가 하느님이 계신 곳으로 갔다는 뜻인데, 앞에서도 보았듯이, 그것 역시 예수가 하느님의 생명 안으로 들어갔다는 강력한 신앙의 표현이다. 그러고 보면, 부활이나 승천이나 결국은 같은 말을 하려는 것이다. 예수 사건이 제한적 시공간 안에 머물지 않고 시공간을 초월하며, 죽음 역시 역설적이게도 영원한 하느님의 섭리 속에서 이루어진 생명의 사건이 된다는 뜻이다. 더욱이 종국적으로는 부활이 모든 인생의 궁극 목적이기도 하다는 것이 기독교의 신앙이다. 앞서 인용한 로핑크의 말을 한 번 더 가져와보자: "부활이란 전인간, 한 사람이 자신의 모든 체험과 자기 과거 전체, 자기의 첫 입맞춤과 자신의 첫 눈[初雪], 그가 이야기한 모든 말, 그가 행한 모든 업적과 함께 하느님께로 가는 것을 뜻한다. 이 모두는 어떤 추상적 영혼 그 이상의 어떤 무한한 것이기에, 죽음을 통하여 사람의 영혼만이 하느님 앞에 나아간다는 것은 상상도 할 수 없는 일이다."

같을까 다를까
부활과 열반

"살과 피는 하느님의 나라를 이어받을 수 없고,
썩어 없어질 것은 불멸의 것을 이어받을 수 없다."
(고린도전서 15,50)

바울로도 믿지 않았다

앞 절과도 연결되는 이야기이지만, 기독교 최대의 전도자였으며 예수의 부활을 최초로 증언한 바울로는 "살과 피는 하느님의 나라를 이어받을 수 없고, 썩어 없어질 것은 불멸의 것을 이어받을 수 없다"(고린도전서 15,50)고 말한다. 죽으면 몸은 땅 속에서 썩어 없어지는 것이 당연하지만, 썩어 없어지지 않을 그 무엇, 즉 영혼은 언젠가 하느님이 다른 방식으로 새롭게 변화시켜주시리라는 것이 바울로의 부활관이었다.

바울로는 예수의 몸이 '소생'했다는 식으로 생각하지 않았다. 도리어, 죽으면 몸이 땅에서 썩는 것은 당연한 일이라고 생각했다. 당연히 그 썩어갈 몸은 영원하지 않으며 따라서 몸에 집착할 것도 없다고 생각했다. 다만 언젠가 하느님이 그 영혼을 썩지 않을 어떤 형태로 바꾸어줄 것이라는 확신은 분명히 가지고 있다. 앞에서도 보았듯이, 바울로는 자신이 "하늘에 속한 그분의 형상을 지니게 될 것"(고린도전서 15,35-49)이라고 기대했다. 그 하늘에 속한 그분의 형상을 입는 것, 바울로의 관점에서는 그것이 부활이며, 그 형태가 '영적인 몸'이라는 것이다.

그렇다면 결국 부활은 영적인 몸으로의 변화이다. 부활은 하느님에 의해 이루어진, 영원한 하느님과 함께하기 위한 몸의 근본 변화인 것이다. 육체적 눈으로 확인할 수 있는 단순한 소생이 아니다. 바울로는 예수가 이미 하늘에서 이런 영적인 몸을 지니고 있다고 믿었고, 그런 의미에서 예수는 '부활의 첫 열매가 되셨다'고 여겼다. 그리고 그렇게 부활한 예수를 '그리스도'라고 부르는데서 알 수 있듯이, 사람들도 '부활의 첫 열매인' 그리스도처럼 언젠가 그런 부활의 몸을 입게 될 것이라고 믿었다.

부활 신앙은 다양했다

성서에서도 부활에 대한 이해와 표현이 다양하다. 기본적으로 육체적 소생 개념도 있고, 영적인 몸으로의 재탄생 개념도 있다. 예수의 현존 체험을 부활로 이해하는 견해도 있다. 가령 이미 본 바 있듯이, 바울로의 편지들보다 약간 후대의 문헌인 「루가복음」에서는 예수의 육체성을 강조하며 부활한 예수의 몸을 직접 만질 수 있고 느낄 수 있다는 식으로 묘사했는가 하면(루가 24,39), 「요한복음」에서는 눈에 보이고 손으로 만져지는 부활보다는 그분이 없이도 그분을 늘 체험할 수 있는 자세가 더 중요하다는 입장을 보여준다.(요한 20,29) 여기에는 예수의 부활을 눈에 보이고 만져지는 육신의 차원에서 받아들여야 할 것이 아니라, 바로 지금 이 순간 지속적으로 현존하는 그를 느끼는 차원에서 받아들여야 한다는 뜻이 우회적으로 들어 있는 것이다.

이와 함께 「루가복음」과 비슷한 시기의 작품인 「마태오복음」(27장)에는 예수가 십자가에서 죽을 때 지진이 일어나고 바위가 갈라지고 무덤에서 자고 있던 많은 이들이 다시 살아났다는 기록도 나온다. 이들은 나중에 거룩한 도시에 들어가서 많은 이들에게도 나타났다고 기록되어 있다. 바울로는 예수가 부활의 첫 열매가 되었다고 말했는데 예수보다도 먼저 부활―사실상 소생―한 이들이 있는 것처럼 묘사되는 이 엄청난 일이 왜 「마태오복음」에만 나오는 것일까?

그것은 무덤 속에 있던 죽은 이들이 부활했다는 '역사적'이고 '생물학적'인 사실을 밝히려는 의도보다는 예수의 죽음이 그만큼 의미 있는 사건이고 결국은 죽은 이들, 죽어가는 이들을 비롯한 죽음의 세계에 생명을 불러일으키는 사건이었음을 말하려는 마태오의 의도 때문이다. 예수가 '하느님의 아들'이었음을 말하고자 하는 당시의 표현 방식이었던 것이다.

불교의 윤회는 다른가

이것은 초기 불교에서 고타마 붓다의 육신에 매이던 분위기와 비슷하다. 붓다 사후 시간이 흐르면서 붓다의 모습에 대한 기억도 희미해지자, 붓다의 육체적 흔적, 즉 유골(śarīra)과 같은 구체적 사물을 숭배하던 탑돌이 신앙인들의 사고방식과 유사하다. 법신 자체보다는 법신을 알려준 고타마 붓다를 그 법신의 구체화(化身, nirmanakāya)로 알고 숭배했던 것처럼, 예수의 육체적 부활은 몸의 구체성에 매이던 초기 기독교인들의 신앙을 잘 반영해준다.

물론 『반야경』과 같은 초기 대승경전에서 역사적 존재가 아닌, 반야바라밀(최상의 지혜)이 참된 부처의 몸(佛身)이라고 주장했던 것처럼, 초기 기독교에서도 예수의 진정한 모습은 육체가 아니라 초월적인 측면에 있다고 보게 되었는데, 그것이 '그리스도'인 것이다. 진정한 붓다는 그 역사적 존재 혹은 그 생물학적인 몸이 아니라, 붓다의 '지혜'(반야)라고 하듯이, 예수의 진정한 본성은 초월적인 그리스도라고 보게 된 것이다. 이 초월적인 그리스도가 죽음에 머물러 있을 수 있겠는가. 그리스도는 죽지 않고 하느님과 더불어 살아 계신다는 확신이 '부활' 신앙의 근간으로 작용하게 된 것이다.

부활과 열반

기독교의 부활과 불교의 윤회를 저마다의 신앙적 특징을 살리면서 비교해보는 것도 의미 있는 일이다. 주지하다시피, 윤회란 살면서 행한 업(業)에 따라 생사의 과정을 여러 형태로 되풀이한다는 인과(因果) 원리의 다른 표현이다. 표면적으로 보자면, 부활이 일회적 인생이 영원한 생명으로 이어지는 다리와 같다면, 윤회는 이미 셀 수 없이 반복되어온 인생 자체에 대한 현상 보고이다. 또 부활 신앙은 전적으로 개인의 문제로서

나의 믿음과 행위에 따라 내가 나의 모습으로, 즉 인간이 인간의 모습으로 다시 사는 것이지, 내가 다른 사물의 모습을 입는 것은 아니다. 그러나 윤회적 사고방식은 내가 뿌린 씨에 따라 여러 형태의 삶을 결과로 얻을 수 있다는, 사물과의 근원적 관계성을 전제한다. '일회적 인생'이냐 '반복적 인생'이냐, '개체적'이냐 '관계적'이냐에서 부활의 세계관과 윤회의 세계관은 일단 갈라진다.

또 부활이 인생의 궁극적인 상태 내지 상황인데 비해 윤회 자체는 인생의 목적이 아니다. 도리어 무수한 윤회의 연결 고리를 끊고 열반의 세계로 들어가는 것이 인류 최대의 과제이다. 열반이 인생의 궁극 목적인 것이다. 그렇다면 윤회와 함께 열반을 부활 신앙과 대비해볼 필요도 있다. 열반(nirvana)이란 타오르던 번뇌의 불꽃이 꺼져버린 상태를 말한다. 인과 관계의 고통스런 순환 고리를 끊어버린 데서 오는 고요한 안식과 같다. 분명히 부활 이후의 영생과 열반의 경험이 기독교와 불교에서 말하는 인생 최후의 경험이자 소망이라는 점은 분명하다.

같을까 다를까

그런데 부활이 윤회 및 열반의 개념과는 같은 것일까 다른 것일까? 설불리 판단할 수는 없는 노릇이다. 다만 앞서 논의한 부활이 단순히 일회적이라는 것에도 논의의 여지가 있고, 윤회가 반복적이라는 것도 그다지 이해 못 할 일도 아니다. 앞에서 본 대로 특히 자연의 순환 법칙을 중시하며 사는 이들에게는 나의 삶과 다른 사물과의 연결도 어찌 보면 당연한 일일 수도 있다. 깊숙한 부분까지 성찰하고 보면, 부활과 윤회는 그렇게 단순하게 분리될 수 있는 별개의 현상만은 아님을 알 수 있다.

그러나 이것은 인간이나 다른 생명체의 '몸'만을 놓고 볼 때의 이야기이다. 그런데 어찌 몸만 가지고 인간이라 할 수 있겠는가? 인간을 인간되게 해주는 가장 결정적인 근거는 기독교적으로 표현하면 내가 '어떤 정신으로 어떻게 살아 왔나' 하는 점일 것이다. 하느님께서 내가 어떤 몸을 지니고 있느냐가 아닌, 어떻게 살아왔느냐를 판단하셔서 당신의 영원한 안식에 받아들여주시리라는 기독교적 희망의 정점이 부활인 것이다.

그런데 윤회 역시 기본적으로 내가 어떻게 살아왔느냐와 관계된다. 더 나아가 열반에 드느냐 못 드느냐와도 연관된다. 이렇게 현재적 삶이 죽음 이후를 결정한다는 도식에서 부활과 윤회는 닮아 있다. 그렇다면 차이는 더 없을까?

결정적인 차이는 만물의 궁극적 원인이자 창조자이신 인격적 하느님을 전제하느냐, 비인격적 원리를 그대로 따르느냐에 있다. 인간 이전에 선재하면서 세상의 원리를 주관하는 그 어떤 분을 인격적 차원에서 긍정하느냐, 아니면 인간 이전에 선재하는 세상의 원리 자체를 중시하느냐가 부활과 윤회의 결정적인 갈림길인 셈이다. 기독교인이라면 하느님은 그 원리마저도 창조하시고 당신 섭리하에 두신다고 강조할 테지만, 불자라면 인간이라면 따르게 되어 있는 원리 자체를 더 중시할 것이다. 그러나 근원적으로 보면, 이들은 인간 존재의 근원이나 궁극적 목적과 관련한 물음에 대한 저마다의 답이자 해석 체계들이지, '정오正誤'나

'우열優劣'의 차원에서 보편적으로 판단되기 힘든 고유한 것들이다. 모두 유구한 세월 동안 무수한 사람들에 의해 받아들여져 온 일종의 세계 해석이라는 점만 분명하기 때문이다. 기독교인이라면 나를 결국 품에 안아줄 그분에 대한 희망 속에서 성실히 살아가야 할 도리 외에 다른 길이 없는 것이다.

시간에서 영원을 살다
시간과 영원

"당신 앞에서는 천 년도 하루와 같아, 지나간 어제 같고 깨어 있는 밤과 같사오니
당신께서 휩쓸어 가시면 인생은 한바탕 꿈이요, 아침에 돋아나는 풀잎이옵니다."
(시편 90,4-5)

쿼크와 초끈의 세계

기독교 신앙에 따르면, 하느님은 세상이 생기기 이전부터, 즉 영원부터 영원까지 계시는 분이라고 한다. 그리고 인간도 결국 그 영원의 세계에 참여할 것이라고 한다. 그런데 시간 내 존재인 인간이 어떻게 시간을 넘어선 영원에 참여한다는 말일까?

현대 과학의 언어에 따르면, 물질은 분자로 이루어져 있고, 분자는 원자로 이루어져 있으며, 원자는 다시 원자핵과 전자들로 이루어져 있고, 원자핵은 다시 양성자와 중성자로 이루어져 있다. 현재까지 밝혀진 물질의 최소 단위는 '쿼크'이다. 원자와 쿼크 간에는 지구와 원자 간의 차이만큼이나 큰 차이가 있다. 쿼크는 그 정도로 미시의 세계이다. 최근에는 물질의 최소 단위를 끝없이 진동하는 끈 모양으로 설명하는 '초끈

superstring' 이론도 등장했다. 물질의 근본 단위가 알갱이와 같은 것이 아니라, 끝없는 움직임, 즉 파동이라는 것이다.

이 미시의 세계는 끝없이 무한히 빠르게 진동하고 있기에 그것을 무슨 작은 알갱이처럼 상상하다가는 오해하기 십상이다. 미시의 세계는 끝없는 진동의 세계이다. 가령 원자핵 상태에서는 1초당 10^{22}(2200조 번)만큼 진동하고, 원자 상태에서는 10^{15}만큼, 분자상태에서는 10^9만큼, 세포 상태에서는 10^3만큼 진동한다고 한다. 물질이 겹칠수록 진동의 간섭현상이 있어나서 진동수가 줄어든다는 말인데, 어찌되었든 그것은 10^3 정도의 진동수 범위 안에 있는 것만 인간에게 감지된다는 뜻이기도 하다. 그것을 넘어선 것은 감각의 대상이 아니라는 말이다.

시간은 경험이다

우리는 흔히 시간이 흐른다고 말하곤 한다. 시간이란, 시각·청각·촉각 등 우리의 감각 기관 안에 포착된 대상의 경험이 마치 연속적으로 이어져간다 생각하고 인간이 만들어낸 말이다. 특히 시계를 걸어놓고 달력을 보다 보니 우리 모두가 동일한 시간을 경험하고 있다 생각하기 쉽지만, 사실상 우리에게 시간은 모두 다르다. 시간이란 실재가 별도로 있는 것이 아니라 우리의 경험 내지 삶만 있는 것이다. 우리는 상이한 경험만큼 저마다 다른 시간을 살고 있다. 시간이 있는 것이 아니라 우리의 경험이 있을 뿐이다.

앞 절("죽고 나면 어떻게 될까")에서도 비슷한 말을 한 바 있듯이, 만일 우리의 몸이 없다고 한다면, 감각기관이 없을 테고, 감각기관이 없으면 연속적인 듯한 경험이 없기 때문에 시간이란 것도 없게 된다. 따라서 죽어 몸을 벗어버리고 나면 우리는 시간으로부터 벗어나 영원에 참여하는 것이다. 우리는 몸을 지니고 사는 한 영원을 직접 경험하지 못한다. 그렇다고 해서 영원과 별개의 세계에 있는 것도 아니다. 이미 충분히 영원 안에 있지만, 우리의 감각기관 안에서의 경험이 워낙 제한적이라 인식하지 못할 뿐이다. 우리는 제한적인 것만 경험한다. 영원은 우리의 감각적 경험을 포함하지만, 워낙 다른 차원이라 제한된 영역만 감지하는 우리에게는 바로 와 닿지 않는다.

공(空)의 세계

불교에서는 세상이 공空하다고 한다. 우리는 제한된 사물의 세계가 영원하고 불변하기라도 하는 양 그에 집착하며 살지만, 실상 사물의 불변적 본질이라는 것은 없으니, 사물에도, 나 자신에게도 집착하지 말라는 요청이 들어 있다. 모두 다양한 요소들의 조합으로 이루어져 있으면서 순간순간 변화하는 것일 뿐, 그것만의 고유한 본질, 그것도 영원히 지속되는 본질이란 없다는 것이다. 그걸 모르고 집착하고 아옹다옹 싸우고 죽이니 얼마나 우습냐는 것이다. 이것은 과학적으로 생각해도 옳은 지적이다.

가령 우리의 몸을 만약 원자 혹은 쿼크 단위로 해체시킨다고 가정해보자. 도대체 나와 너의 차이라는 것이 있기나 할까. 나란 과연 무엇인지, 나와 동물과도 차이를 찾기 힘들다. 모두들 근원적인 차원에서는 에너지의 끝없는 진동만 있을 뿐이다. 그렇게 놓고 보면 세상만사가 공空하다는 말이 좀 더 이해가 잘 된다. 나라는 존재, 그것도 근원으로 가서 보면, 그저 여러 미시적 요소의 복합체에 지나지 않을 뿐, 도무지 영원불변한 것이 아니기 때문이다.

그럼에도 불구하고 공空하기만 한 것은 아니다. 공空은 일체를 자기중심적 인식 영역 안에 두고는 감각기관으로 포착된 것을 영원불변한 것인 양 집착하는 편협한 자세를 비판하며 등장한 개념이다. 물론 그렇더라도 사물이 그저 비었거나 없음을 의미하기만 하는 것은 아니다. 잔이 빈 듯해도 그 빈 공간은 사실상 에너지로 충만해 있다. 다만 인간의 감각적 포착 영역이 거기까지 미치지 못할 뿐이다.

사물의 이러한 본래적 성품(性)을 보지(見) 못하고 있는 상태를 무지無知 혹은 무명無明이라고 한다. 사물의 본성은 온갖 인식적 혹은 감각적 분별의 세계를 넘어선다. 그런데 신기한 것은 인간이 그것을 알 수 있다는 사실이다. 그러니 우리가 비록 제한된 감각을 지니고 살지만 그것만이 전부가 아니라는 사실을 올바로 보라는 것이다.

공(空)과 영원

감각적 포착을 넘어서는 세계는 종교 언어로 하면 '영원'과 통한다. 미시의 세계든 무한의 세계든 '시간'을 넘어서 있다. 그래서 영원과 통하는 것이다. 우리는 삼차원 안에 살지만, 영원은 그보다 훨씬 더한 차원이다. 시간을 넘어섰기에 과거와 현재가 만나고 미래가 곧 과거가 되는 세상이다. 천 년이 하루 같고 하루가 천 년 같은 세상이다.(시편 90,4) 기독교에서는 인간이 시간 내 존재라면 하느님은 시간 너머, 영원에 계신 분이라고 고백한다: "산들이 생기기 전, 땅과 세상이 태어나기 전, 한 옛날부터 영원히 당신은 하느님!"(90,2) 영원에다 대면 인간은 그저 꿈과 같고 해 뜨면 사라지는 이슬이나 저녁이면 시드는 꽃잎과도 같다고 구약성서의 현자는 말한다.(90,5-6)

물론 이것은 인간 인식과 체험 안에서의 시간이다. 인간의 포착 대상인 시간이라는 것은 영원에 비하면 한숨처럼 스러지고 날아가듯 덧없는 것이지만,(90,9-10) 그렇다고 해서 시간 내 삶이 무의미하기만 한 것은 아니다. 시간 내 삶에 한 가지를 보태면, 인생은 의미 있게 변하는데, 바로 날수를 제대로 헤아릴 줄 아는 지혜를 얻는 것이다. 날수를 제대로 헤아린다는 것은 시간 내 존재의 실상을 파악하는 것이다. 그것이 구약성서 현자의 기도 내용이다.

먼 훗날엔 무엇을 셀까

김준태 시인의 "감꽃"이라는 시가 있다. 과연 우리는 어떤 목적 속에서 무엇을 세며 살아야 하는지 촌철살인의 메시지가 담겨 있는 듯하다.

"어릴 적엔 떨어지는 감꽃을 셌지.
전쟁 통엔 죽은 병사들의 머리를 세고,

지금은 엄지에 침 발라 돈을 세지.

그런데 먼 훗날엔 무엇을 셀까 몰라."

먼 훗날엔 무엇을 세며 살게 될까? 몸이 없으니 하나 둘 세던 행위도 사라지겠지 하며 쉽게 답변하기에는 간단치 않은 물음이다. 인생의 날수를 제대로 헤아릴 줄 아는 지혜가 필요하다는 사실만은 분명하다: "우리에게 날수를 제대로 헤아릴 줄 알게 아시고 우리의 마음이 지혜에 이르게 하소서."(90,12)

온전한 지혜는 시간과 영원의 관계를 파악하는 것이다. 시간 안에서 영원을 보는 것이기도 하다. 물론 영원은 숫자로 세지 못한다. 그러면서도 그 숫자 안에 온전히 들어가 있기도 하다. 영원은 나누어지는 세계가 아니라 나누어진 세계를 포섭하는 상위의 세계이기 때문이다.

시간이 영원을 포함한다면, 사라지는 것도 있을 수 없다. 헛기침 소리 하나 사라지지 않는다. 인간이 다 알 수는 없어도 무엇이든 이미 영원에 참여하고 있다. 아무리 작은 실수조차도 영원에 참여한다. 바다에 물 한 방울 떨어져도 여전히 도도한 바다이듯이, 바다 같은 영원은 우리의 물 한 방울 같은 실수를 용납하고도 남는다. 그것이 신의 세계이다.

범재신론적 세계관이 그렇듯이, 인간은 이미 신 안에 있다. 이미 영원에 포섭당해 있기에 영원의 세계를 지향할 수 있는 것이다. 그런 지향의 행위가 시간 안에서 영원을 인식하며 사는 행위이다. 인간은 이미 다 이긴 싸움을 싸우고 있는 것이다. 여기에 눈뜨는 것이 최상의 지혜(반야바라밀)이다. 그 지혜가 인간이 추구해야 할 최종 목표이다. 생명도 평화도

이 지혜를 기반으로 할 때 생명이고 평화가 된다. 이러한 생명과 평화가 신과 인간이 하나가 되는 가장 구체적인 모습인 것이다.

|정리하는 글|

이제는 범재신론이다[1]

1. 들어가는 말 – 축의 시대

칼 야스퍼스Karl Jaspers(1883-1969)는 『역사의 기원과 목적The Origin and Goal of History』에서 "기원전 900년부터 기원전 200년 사이에 세계의 네 지역에서 이후 계속해서 인류의 정신에 자양분이 될 위대한 전통이 탄생"한 시기를 "축의 시대Axial Age"라고 명명한 바 있다. 실제로 중국의 유교와 도교, 인도의 힌두교와 불교, 이스라엘의 유일신교, 그리스의 철학적 합리주의가 이 축의 시대에 태동했다. 붓다, 소크라테스, 공자, 예레미야, 『우파니샤드』의 신비주의자들, 맹자, 에우리피데스 등이 축의

---

1. 이찬수, "성서적 범재신론의 가능성: '축의 시대' 신관의 변화를 중심으로", 한국종교교육학회, 『종교교육학연구』(제39권, 2012)를 수정 보완한 글이다.

시대 대표적인 현자들이다.[2]

야스퍼스의 시대 규정에 따라 '축의 시대'의 사상적 특징을 세세하고 방대하게 정리해낸 카렌 암스트롱Karen Armstrong에 따르면, 이 시대에 이르러 동물을 제물로 바치는 행위 혹은 형식적 의례만으로 세상의 질서가 정비된다는 생각을 벗어나기 시작했다. 이 시대 현자들은 형식적 제의가 아니라 내적 도덕성을 강조했고, 자비의 윤리를 중시했다.[3] 사상적 차원에서는 신에 대한 이해가 확장 및 심화되었고, 신관의 보편성이 생겨나기 시작했다.

이전에는 다신교적 세계관 속에서 최고신에 대한 상상을 하거나 민족신 혹은 부족신을 섬기는 정도가 지배적이었으나, 축의 시대에 이르러 자신들의 신이 다른 민족에까지 관여한다는 사상이 싹텄고, 신의 영역을 당시 자신들이 생각하던 세계 전체에까지 확장시켜 볼 수 있는 안목도 생겨났다. 물론 한편에서는 다신교적 분위기도 지속되었지만, 자신들이 섬겨야 할 신은 하나라는, 이른바 유일신론monotheism의 기초가 이 시기에 형성된 것이다. '신이 하나'라는 사상이 후에 랍비 유대교, 그리스도교, 이슬람을 통해 만개했으니, 인류 정신 문명사적 의미는 지대하다 하지 않을 수 없다.

이 글에서는 축의 시대, 이른바 유일신 사상이 형성되어가는 역사적

---

2. 카렌 암스트롱, 정영목 옮김, 『축의 시대』(교양인, 2010), 6-7쪽. 야스퍼스가 '축의 시대'를 기원전 800년 정도까지 소급하는 데 비해 카렌 암스트롱은 900년까지 늘려 잡는다. 본 논문의 인용문은 암스트롱의 구분을 따른 것이다.
3. 카렌 암스트롱, 위의 책, 642, 669, 670쪽.

흐름을 정리하고, 당시 유일신 사상에 담긴 한계도 짚어보도록 하겠다. 무엇보다 유일신이 여러 신들 중 하나 혹은 여러 신들 가운데 최고신처럼 여전히 오해되고 있는 오늘의 현실을 비판적으로 의식하고서, "하나의(mono) 신(theos)"이라는 말의 의미를 오늘날에 어울리도록 적극적으로 천착해보고자 한다. 이를 통해 정작 유일신론이 말하고자 했던 것은 사실상 '범재신론panentheism'이며, 범재신론을 통해 '하나의 신'이라는 말의 의미가 더욱 확실히 전달된다는 사실을 체계적으로 정리하려는 것이 이 글의 목적이다. 범재신론 연구는 향후 22세기에도 다루어질 건강한 신론을 확보하려는 시도이다.

2. 유대교 신 이해의 역사

주지하다시피 기독교적 세계관의 기초에는 유대교의 유일신 사상이 놓여 있다. 기독교권에서 유일신에게 붙여진 대표적인 이름이 고대 이스라엘의 신 '야훼'이다: "우리의 하느님은 야훼시다. 야훼 한 분뿐이시다."(신명기 6,4-5) 하지만 성서와 그 배경을 두루 살펴보면 고대 이스라엘에서 신에 대한 이해의 정도는 아주 다양했고, 신에게 붙여진 이름도 마찬가지였다는 사실을 알 수 있다. 성서에서는 신의 이름이 바뀌어온 사례가 다음과 같이 나온다:

나는 야훼다. 나는 아브라함과 이사악과 야곱에게 전능의 신(엘 샤다이)으로

나를 드러낸 일은 있지만 야훼라는 이름으로 나를 알린 일은 없었다.(출애굽기 6,2-3)

이 구절의 역사적 의미인즉, 과거에는 신의 이름을 씨족장의 이름을 따서 '아브라함의 신', '이사악의 신', '야곱의 신' 등으로 부르다가, 점차 이들을 한데 묶어 사용했고, 그 뒤에는 가나안의 최고신인 '엘'을 차용해 자신들의 신을 '엘 샤다이'(전능의 신) 등으로 부르다가, 이후에는 '야훼'라고 부르게 되었다는 것이다.[4] 신의 호칭이 달라져갔다는 것은 신에 대한 이해에 변화가 있었을 뿐만 아니라, 신 개념이 시대에 따라 통전적으로 교체되었다는 뜻이다.[5] "이스라엘도 여러 단계에 걸쳐서 자신들의 신 야훼를 갖게 되었고, 야훼 하나님은 다양한 단계의 종교적 내용을 함께 함유하게 되었음을 알 수 있다."[6] 나아가 신 이해의 역사는 서로 다른 신명神名을 사용하는 집단들 사이의 수용과 화합, 만남과 대화의 과정을 의미하기도 한다.[7]

그런 점에서 새로운 신의 이름이 하늘에서 갑자기 뚝 떨어진 것은 아니다. 신에 대한 이해는 다양한 문화와 신들에 대한 오랜 역사적 경험을

---

4. 엘이라는 이름은 이스라엘(신이 겨루신다), 이스마엘(신은 들어주소서), 벧엘(신의 집) 등의 이름과 장소에도 그 흔적이 남아 있다. 이와 관련된 구체적 내용은 김경재, 『이름 없는 하느님』(삼인, 2002), 39-63쪽 참조.
5. 위의 책, 46쪽 참조.
6. 이경숙, "성서의 유일신 사상에 대한 재고찰", 대화문화아카데미 편, 『성서의 역설적 쟁점』(동연, 2011), 163쪽.
7. 김은규, 『하느님 새로 보기』(동연, 2009), 158-159쪽(제2장 "야웨와 엘로힘의 종교간 대화" 전체를 참고할 것).

반영한다. 고대 이스라엘의 야훼도 속성상 가나안의 신 바알과 크게 다르지 않았다.

가나안에서 엘은 결국 최고신 대부분과 같은 운명을 맞아 기원전 14세기에 엘 숭배는 시들해졌다. 대신 사람들은 역동적인 폭풍의 신이자 신성한 전사인 바알을 섬기기 시작했다. 바알은 전차를 타고 하늘의 구름 위를 돌아다녔으며, 다른 신들과 싸움을 했고, 생명을 주는 비를 내렸다. 초기에 야훼 숭배는 바알 숭배와 아주 흡사했다. … 성경의 아주 오래된 텍스트에서는 야훼도 바알처럼 신성한 전사로 등장한다.[8]

바알에 대한 선이해 속에서 야훼도 '전쟁의 신'(야훼 샤바오트)으로 간주되었다. 오늘날 기독교인들이 야훼 신앙을 유일신 사상의 원천이자 전형으로 간주하는 경향이 있지만, 신을 야훼라고 부르던 시절도 다신교적 세계관에서 완전히 탈피한 것은 아니었다. 다신교적 세계관에서 탈피하지 않았을 뿐만 아니라, 특히 민간신앙은 전형적으로 다신교적이었고, 이런 세계관은 아주 자연스러웠다.[9] '야훼'만 하더라도 '사마리아의 야훼', '테만의 야훼', '헤브론의 야훼' 등 지역별로 다양하게 불렸다.[10] 고대에 야훼라고 불린 신 자체가 여럿이었던 것이다. 그런 점에서 이스라

---

8. 카렌 암스트롱, 앞의 책, 82-83쪽.
9. 도널드 레드포드, 강승일 옮김, 『유일신 신앙의 여러 모습들』(한국신학연구소, 2008), 33-75쪽 참조.
10. 도널드 레드포드, 위의 책, 82-85쪽.

엘의 모든 신관에 배타적 독점성은 거의 없다.

성서언어학자 주원준에 따르면 "고대 이스라엘 종교의 거의 모든 상징과 요소에 대해 고대 근동적 기원을 논할 수 있다. 고대 이스라엘은 '고대 근동 세계의 일부'이기 때문이다."[11] 초기의 야훼는 여러 신들의 모임에 속한 '신성한 자들' 또는 '엘의 아들' 가운데 하나일 뿐이었다.[12] 그 신들 가운데 야훼 신앙인들에게는 야훼가 유력한 역할을 수행했을 뿐이다.

3. 초월성의 발견

그러다가 야훼를 자연 현상과는 분리된 존재로 여기기 시작했다. 자연 현상 자체를 신처럼 간주하던 다신교적 자연신론 시절과는 차별적인 신 이해가 생겨났다. 자연 현상이 그대로 신이라기보다는 신을 드러내는 '수단'이 된 것이다. 성서는 이렇게 묘사한다.

야훼께서 지나가시는데 크고 강한 바람 한 줄기가 일어 산을 뒤흔들고 야훼 앞에 있는 바위를 산산조각 내었다. 그러나 야훼께서는 바람 가운데 계시지 않았다. 바람이 지나간 다음에 지진이 일어났다. 그러나 야훼께서는 지진

---

11. 주원준, 『구약성경과 신들 - 고대 근동 신화와 고대 이스라엘의 영성』(한님성서연구소, 2012), 29쪽.
12. 카렌 암스트롱, 앞의 책, 88쪽.

가운데도 계시지 않았다. 지진 다음에 불이 일어났다. 그러나 야훼께서는 불길 가운데도 계시지 않았다. 불길이 지나간 다음, 조용하고 여린 소리가 들려왔다. 엘리야는 목소리를 듣고 겉옷 자락으로 얼굴을 가리우고 동굴 어귀로 나와 섰다.(열왕기상 19,11-13)

야훼는 자연 자체가 아니었다. 야훼는 더 이상 격렬한 자연의 힘이 아니었다. 자연의 힘은 야훼의 흔적이자 야훼를 드러내는 수단이었다. 야훼의 '조용하고 여린 소리'라는 역설적 표현 속에 기존의 자연적 힘으로서의 신과는 다른 이해가 담겨 있다. 신에게서 자연 너머, 즉 초월성을 발견한 것이다. "야훼는 자연 세계에 내재한 신성을 드러내는 대신 분리되어 다른 존재가 되었다."[13] 신을 나타내는 "어떤 형상도 만들지 말라"(출애굽기 20,4)는 제2계명도 야훼의 초월성 혹은 초자연성을 전제한다. 축의 시대에 이르러 신의 초자연성이 확보되기 시작한 것이다. 여기에 유일신 개념의 기초가 놓여 있다.

4. 택일신론의 등장

초기의 야훼는 여러 신들 가운데 유력한 신일 뿐이었다. 그러다가 점차 야훼만을 섬기는 이들이 힘을 얻으면서 유일신 사상의 흔적이 보이

---

13. 카렌 암스트롱, 위의 책, 120쪽.

기 시작했다: "이제 여러분은 여러분 가운데 있는 남의 나라 신들을 버리고 이스라엘의 신 야훼께 마음을 바치시오."(여호수아 24,19-20, 23) 그 흔적은 기원전 9세기 인물인 엘리야(야훼는 나의 신)가 바알의 사제들과 대결하며 야훼의 능력을 보여주려는 장면(열왕기상 18장)에서도 보이지만, 이스라엘이 기존 가나안의 세계관과 단절하고 자기들만의 길에 본격적으로 나서면서 좀 더 분명히 드러나기 시작한다.

특히 기원전 8세기 말경 예언자인 이사야는 "인간의 힘, 외국과 맺은 동맹, 군사적 우세에 의존하지 말고 야훼에게 의존하라고 말한다. 오만하게 인간의 군대나 요새에만 의존하는 것이 우상숭배"라는 것이다.[14] 멸망해가는 국가적 위기 상황을 야훼만 섬김으로써 돌파해야 한다는 정치적 의도가 담긴 주문이다.

이때 야훼만 섬긴다고 하지만, 야훼 이외의 다른 신은 인정하지 않거나 다른 신은 존재하지 않는다고 본다는 뜻은 아니다. 도리어 다른 신들도 자연스럽게 전제한다: "애굽의 태양신, 바벨론의 일월성신, 가나안의 바알신 등 다른 신들의 존재가 부인되는 것이 아니고 오히려 이들의 존재가 전제되면서 이들을 숭배하지 말 것이 요구되고 있는 것이다."[15] 다른 민족이야 무엇을 섬기든 우리의 신은 야훼이니, 그 야훼에만 의지하라는 것이다. 모세가 세상을 하직하기 직전에 했다는 당부가 그와 같다: "너 이스라엘아 들어라, 우리의 하느님은 야훼시다. 야훼 한 분뿐이시

---

14. 카렌 암스트롱, 위의 책, 177-178쪽.
15. 이경숙, 앞의 글, 153쪽.

다."(신명기 6,4-6)

다른 신들을 전제한다는 점에서 이때의 야훼 신앙은 '유일신론唯一神論'(monotheism)이라기보다는 '택일신론擇一神論'(henotheism)에 가깝다. 유신론은 물론 택일신론이라는 용어 자체는 근대에 만들어졌지만, 이런 식의 사유 자체는 고대 이스라엘에서도 분명히 보인다. 이때 '택일신론'이란 여러 신들 가운데 하나를 선택해 유일한 신처럼 숭배하는 자세를 의미한다.[16] 야훼는 다른 신도 동시에 섬기는 행위를 극도로 '질투한다.'(신명기 6,15) 다른 신의 존재를 부정하지는 않지만, 자신만 숭배할 것을 요구하는 '일신숭배monolatry'의 신이라 할 수 있다.[17] 위 성서에서 말하는 "우리의 신은 야훼시다, 야훼 한 분뿐이시다"라는 구절도 다른 신들을 그 자체로 부정하지는 않으면서도 야훼를 자신의 신으로 선택해(擇) 유일한 분처럼(一) 섬기는 자세를 의미한다. 그런 점에서 택일신론적 신관을 잘 보여준다: "내가 야훼다. 누가 또 있느냐? 나밖에 다른 신은 없다."(이사야 45,5)

택일신론은 다른 신의 힘에 의존하지 않고 야훼만 섬기겠다는, 일종의 이스라엘에게 요청되는 실천적 일신론이다. 다른 이는 어떻게 하든 상관없이 우리는 야훼를 섬긴다는 것이다. "다른 신들에게 제사를 드리

---

16. '유일신론'으로 번역되는 monotheism의 'mono'나 이 글에서 '택일신론'으로 번역한 henotheism에 담긴 'henos'는 모두 '하나'라는 의미를 지닌다. monotheism이나 henotheism이나 '하나의 신'이라는 뜻을 지닌다는 점에서는 마찬가지이다. 그래서 종종 henotheism을 유일신론과 구분해 단일신론(單一神論) 또는 일신론(一神論)으로 번역하기도 한다. 하지만 우리말에서는 '유일'이나 '단일'이나 '일'이나 별반 차이가 느껴지지 않는다. 그래서 본 논문에서는 '단일' 대신에 역사적 맥락과 의미를 좀 더 살려 '택일'(擇一)로 의역했다.
17. 도널드 레드포드, 앞의 책, 86-87쪽.

는 자는 죽여야 한다"(출애굽기 22,19)고 할 때의 죽임의 대상도 야훼 공동체의 배반자를 의미하는 것이지 단순히 이민족 전체를 말하는 것이 아니다. "우리의 신은 야훼"라는 다짐 속에 담긴 택일신론은 다신교적 최고신의 모습을 보이는 가운데 이론적 차원에서 유일신론의 '흔적'을 지니는 신관 정도로 정리하면 무난할 것 같다.

5. 택일신론에서 유일신론으로

그렇다면 유일신론monotheism이란 무엇인가. 흔히 '하나의 신'이라는 말에는 신에 대한 수량적 이해에 기반해 다른 신들을 무력한 존재 또는 허상으로 간주하는 배타적인 자기중심성이 들어 있지만, 축의 시대에 기록된 성서의 신관이 내내 그런 시각을 띠고 있는 것은 아니다. 성서에서 "야훼 한 분뿐"이라고 고백적으로 표현할 때는 신에 대한 수량적 이해보다는 질적 이해가 좀 더 강하게 반영되어 있다. 실제로 예레미야(기원전 627-580)나 제2이사야 같은 예언적 사상가들에게는 자신들의 신이 자신만이 아니라 사실은 세계 전체를 다스린다는 사고방식이 등장한다. 이런 사고방식은 대체로 고대 이스라엘이 기원전 6세기 바벨론 포로기에 들어서면서 보이기 시작한다. 구약성서학자 이경숙은 이렇게 정리한다.

단일신론(택일신론)적 야훼 숭배가 유일신론적 성격을 띠게 된 것은 포로 시대이다. 국가가 없어지고 포로로 잡혀가게 되면서 야훼의 국가 신으로서의 성격은 사라질 수밖에 없었다. 이제 이스라엘에게는 양자택일의 길밖에 없었다. 즉, 야훼를 포기하고 다른 나라의 국가 신에게 굴복하느냐, 아니면 야훼를 국가가 없는 상황에서도 자신들의 하나님으로 섬기느냐 하는 선택이었다. 이스라엘은 물론 후자를 선택했다. 예언자들의 신학적 노력에 힘입어 이스라엘은 야훼의 성격을 국가 신에서 우주 신으로 변화시키면서 자신들의 종교적 위기를 벗어난 것이다.[18]

'신이 하나'라는 관념은 고대 이스라엘이 자신들의 역사적 기원과 의미를 되새기는 가운데 자신들의 신이 다른 민족까지 포섭하는 더 넓은 분이라고 상상하면서 시작되었다고 할 수 있다. 그러면서 다신론을 전제하는 자민족 중심적 택일신론을 벗어나기 시작했다. 이러한 견해를 대표하는 인물이 위에서 본 예레미야이다.

예레미야는 조국이 북이스라엘과 남유다로 분단된 이후 주변 강대국들의 흥망성쇠를 지켜보았고, 남유다가 당하는 어려움을 직접 경험했다. 그 과정에 야훼는 자기 민족만의 신이 아니라 다른 민족에도 관여하는 세계의 신이라 느끼게 되었다.

예레미야에 따르면 야훼는 이스라엘의 하나님일 뿐 아니라 세상 전체의 하나님이다. 야훼는 세상의 지배권을 자신이 원하는 자에게 넘길 권리가 있

---

18. 이경숙, 앞의 글, 170쪽.

다. 야훼가 느브갓네살을 불러 이스라엘을 벌하시는 것을 아무도 반대할 수 없다.(예레미야 43,10) 이제 바벨론의 느브갓네살은 야훼의 심판 도구로서 야훼가 이스라엘을 위해 준비하신 세력이다. 바벨론은 바벨론의 신의 통치를 받는 것이 아니라 야훼 하나님의 지휘를 받는다는 것이다. 오직 야훼만이 세상의 하나님이시고 유일한 신이다.[19]

"종교적 위기 상황에서 이스라엘은 자신들의 정체성 확립을 위해 야훼 하나님을 이 세상의 유일하신 하나님으로 고백하게 되었다."[20] 야훼는 자신들의 존재의 기원부터 자신들의 흥망성쇠와 함께해온 분이었음을 나라의 멸망이라는 고통스러운 사건을 통해 확인하면서, 자신들의 정체성과 질적으로 확장된 신관을 확보해간 것이다. 그러니 지금 어떤 일이 벌어져도 그것은 다 신의 섭리 속에서 이루어진 일이라고 해석하게 되는 것이다.

비슷한 시기에 활동한 제2이사야도 비슷하게 선포했다. 그의 생각을 요약하면 다음과 같다: "야훼는 하늘과 땅의 창조주이고 열강의 주인이시다. 그가 페르샤의 왕 고레스를 이스라엘 구원 도구로 쓰셨거늘 누가 그에게 왜 그렇게 하셨는가를 물을 수 있다는 말인가?"(이사야 45,1-13의 요지이다) 다른 곳에서는 이렇게 말한다: "손으로 빚은 신이 나보다 앞서 있을 수 없고 후에도 있을 수 없다. 나, 내가 곧 야훼이다. 나 아닌 다른

---

19. 이경숙, 위의 글, 같은 쪽.
20. 이경숙, 위의 글, 같은 쪽.

구세주는 없다."(이사야 43,10-11) 이스라엘에 대한, 나아가 온 세계에 대한 야훼의 주도권이 인정되고 있음을 보여주는 구절들이다.

"야훼가 하늘과 땅의 창조주"라거나 "나 말고는 어떤 구원자도 없다"는 구절들은 그렇게 고백하는 이들의 존재론적 기원과 현재 처한 어려운 상황을 모두 설명하려는 가운데 형성되었다고 할 수 있다. 좋은 일만이 아니라 나쁜 일의 기원도 되고, 나만이 아니라 모두의 기원이 되는 이가 바로 야훼라는 것이다. 그런 점에서 유일신론은 일종의 "기원에 대한 애착"을 보여준다고도 할 수 있다.[21]

6. 유일신론의 강화, 내면의 발견

기원에 대한 애착은 현재적 실존 혹은 자신의 내면에 대한 관심과 연결된다. 자기 삶의 근거를 자신의 '밖'이나 '높이'에서가 아니라 '현실' 혹은 '내면'과 연결짓는 자세의 일환인 것이다. 국가적 위기 상황 속에서 유일신 사상의 기초를 놓은 예레미야는 초월적 진리가 하늘에 있는 것이 아니라, 인간 내면 안에 두루 갖추어져 있다는 견해도 함께 보여준다. 특히 남유다가 바빌론에게 멸망당하기 직전 예레미야는 유다가 하느님의 의를 외면하고 외세의 불의한 권력에 기생하면서 거짓 평화를 누리는 모습을 목도하고는 유다의 멸망을 예언했다. 그러면서도 하느

---

21. 에드몽 오르티그, 전광호 옮김, 『일신교: 성경과 철학자들』(동문선, 2000), 25-27쪽 참조.

님은 유다가 외적으로는 멸망하더라도 사라지지 않을 새로운 법도 주실 것이라며 희망적인 선포도 함께했다.

> 앞으로 내가 이스라엘과 유다의 가문과 새 계약을 맺을 날이 온다. 나 야훼가 분명하게 일러둔다. 이 새 계약은 그 백성의 조상들의 손을 잡아 이집트에서 데려 내오던 때에 맺은 것과는 같지 않다. 나는 그들을 내 것으로 삼았지만, 그들은 나와 맺은 계약을 깨뜨리고 말았다. 귀담아 들어라. 그 날 내가 이스라엘 가문과 맺을 계약이란 그들의 가슴에 새겨줄 내 법을 말한다. 내가 분명히 말해 둔다. 그 마음에 내 법을 새겨주어, 나는 그들의 하느님이 되고 그들은 내 백성이 될 것이다. 내가 그들의 잘못을 다시는 기억하지 아니하고 그 죄를 용서하여 주리니, 다시는 이웃이나 동기끼리 서로 깨우쳐주며 야훼의 심정을 알아드리자고 하지 않아도 될 것이며, 높은 사람이나 낮은 사람이나 내 마음을 모르는 사람이 없으리라. 이는 내 말이라, 어김이 없다.(예레미야 31,31-34)

예레미야는 바빌론에게 주권을 내어주게 된 민족적 위기 상황 속에서 외부의 적을 향해 분노를 표출하는 방식이 아니라, 내면의 회개로 눈을 돌렸다. 이때 회개란 야훼의 마음을 회복하는 일, 즉 내면의 종교적 영성을 회복하는 것이었다. 예레미야에게 하느님의 새로운 법은 돌판에 새겨진 문자가 아니라, 유대인들의 마음에 새겨진 살아 있는 법이었다.(예레미야 31,33a) 마음 안에 있으니, 사람은 외적 기준에 따라 정죄되지 않는다. 용서받지 못할 죄악이랄 것도 없다.(31,34c) 이러한 기준대로라면, 작은 자나 큰 자나, 높은 자나 낮은 자가 따로 있지 않다. 이들이 이미 신을 알고 있기 때문이다.(31,34b) 신의 법을 이미 알고 있으니 이제부터 알아야 한다고 새삼스럽게 강조할 이유도 없다.(31,34a)

모세의 율법이 인간의 노력을 전제로 하는 조건적 구원론이었다면, 이 새로운 법에는 조건이 없다. 신이 인간에게 먼저 다가왔다고 보기 때문이다. 이런 점에서 예레미야에게 진리는 사람의 외부에서 형식적 규칙에 따라 결정될 수 있을 성질의 것이 아니다. 그것은 내면적인 것이다. 내면에 새겨진 진리는 밖에서 강탈할 수 없다. 돌판에 새겨진 율법은 부서질 수 있고, 종이에 새겨진 율법은 빼앗길 수도 있지만, 마음에 새겨진 법은 그 자체로 든든하다. 그것 하나 붙들면 충분하다. 내면의 발견, 다시 말해 인간 주체성의 발견인 셈이다.

이제 야훼는 유다인은 물론 이민족에도 관여하는 분이자 세상 전체적으로도 유일한 신으로 등극하기 시작했다. 나아가 그 신이 인간 밖에서 인간에게 율법적 행위를 요구하기보다는 인간의 내면에 자신의 진리를 심어놓는다는 사실은 신 이해의 역사에서 시사하는 바가 적지 않은 발견이다. 신을 공간적 범주만이 아니라 인간 인식의 차원과 연결지을 수 있는 근거가 여기서 생기기 때문이다. 아울러 신에 대한 인간의 인식이 상대적일 수밖에 없다는 사실도 추측할 수 있게 해준다. 신의 범주가 넓어질수록, 그리고 인간의 내면 안에 있을수록 신에 대한 인간적 이해는 다양해진다.

그러면서도 이러한 유일신론은 다소 일방적이고 여전히 전제군주적이다. 모든 것에 관여하고 인간의 내면에 자신의 법을 심어주기는 하되,

하늘 위 높은 곳에서 인간에게 내려오거나 밖에서 인간 안으로 들어오는 식으로 그렇게 하기 때문이다. 높은 곳 혹은 밖에 있는 신이 어떻게 인간 안으로 들어올 수 있는지에 대한 논리에서는 여전히 취약하다. 신과 인간, 신과 만물의 근원적 관계성, 즉 신과 세상의 분리와 연결 간의 연결고리가 애매하다.

이 연결고리를 좀 더 구체적으로 상상할 수 있게 해주는 구절들은 신약성서에 본격적으로 등장한다. 우리가 '범재신론'이라 부를 만한 세계관을 잘 보여주는 구절들이라 할 수 있다. 범재신론의 역사와 일반적 해설부터 살펴보자.

7. 범재신론의 역사

범재신론panentheism은 일단 범신론pantheism과는 구분된다.[22] 범신론이 "모든 것이 신이라는 견해"라면, 범재신론은 "모든 것(pan)이 신(theos) 안(en)에 있다는 사상(ism)"이다. 모든 것이 신 안에 있으니 그 신은 모든 것의 존재론적 근원이 된다. 신이 모든 것에 내재하는 것이다.

---

[22] 아일랜드의 신학자 존 톨랜드(John Toland)가 1705년 범신론자(pantheist)라는 말을 사용한 이후 1709년 범신론(pantheism)이라는 말이 통용되기 시작했고 『범신론』(Pantheisticon, 1720)을 출판하면서 그 내용이 좀 더 구체화되었다. 범재신론(panentheism)이라는 용어는 1828년에 칼 크라우제(Karl Krause)가 만든 독일어 Allingottlehre에서 비롯되었다고 보는 것이 보통이다. 범신론과 범재신론의 범(pan)은 모두 만물에 대한 신의 내재성을 강조하기 위해 만들어진 말들이라고 할 수 있다.(William L. Reese, "Pantheism and Panentheism", *The New Encyclopaedia Britannica*, Chicago: Encyclopaedia Britannica Inc., 1978).

아울러 범주상 신은 모든 것 이상이 된다. 그래서 모든 것에 대해 초월적이다.

이런 식의 사유는 범재신론이라는 용어가 만들어지기 훨씬 이전부터, 가령 신약성서에서도 보인다. "모든 것은 그분에게서 나오고 그분으로 말미암고 그분을 위하여 있다"(로마서 11,36)는 구절이 대표적일 것이다. 이에 대해서는 다음에 살펴보도록 하겠다. 여기서는 그에 앞서 범재신론적 사상 체계의 기초를 놓았거나 열어주었다고 평가되는 플로티노스 Plotinos(204/205-270)에 대해 간단히 살펴보자.

플로티노스는 만물을 '하나', 즉 '일자―者(to hen)의 유출emanation로 보았다.[23] 그는 태양에서 태양빛이 나오듯이, 스스로 충만한 '일자'가 흘러넘쳐 차례로 지성nous, 영혼psyche, 물질physis이 산출되었다고 생각했다. 지성, 영혼, 물질의 순으로 단계가 낮아지지만, 모든 것은 일자에서 나왔기에 본성적으로 일자를 지향한다. 각 단계마다 일자에 대한 관조theoria가 작용하며, 결국 일자에로 상승 혹은 귀환하고자 한다. 지성, 영혼, 물질은 결국 일자와 하나인 것이다.[24] 일자는 만물의 근원이기 때문이다. "일자는 모든 사고와 존재를 넘어서며 말로 표현할 수 없고 파악할 수도 없으며",[25] 만물은 일자에서 나와 결국 일자 안으로 들어가고 사라진다. 이것이 일자가 만물과 연속적일 수밖에 없는 논리적 이유이다. 세상은 일자와 별개로 존재할 수 없다. 만물은 일자와 존재론적으로 하나이며,

---

23. 이에 대한 간결한 해설은 김용규, 『서양문명을 읽는 코드 신』, (휴머니스트, 2013), 132-138쪽 참조.
24. 플로티노스, 『엔네아데스』, 1,11,10.
25. 플로티노스, 『엔네아데스』, 5,4,1.

따라서 일자와의 일치도 그 일자 안에서 일자에 의해, 그것도 '수동적으로' 이루어진다.[26] 만물은 이미 일자 안에 있기 때문이다.

이런 식의 사유는 정신적 실재들과 물질적 속성들을 무한한 신의 유한한 현현으로 간주하는 스피노자를 비롯해 후대 사상가들에게 지속적으로 영향을 끼쳤다. 특히 스피노자는 자연과 신을 동일시한 탓에 범신론자로 여겨지는 경향이 있지만, 다음과 같이 말할 때는 전형적으로 범재신론자다: "무엇이든 신 안에 존재한다. 그 어떤 것도 신 없이는 있을 수도 생겨날 수도 없다." "신은 모든 것의 이행적transitive 원인이 아니라 내재적immanent 원인이다."[27] 신과 세계를 구별하면서도 세계를 신 안에 둔다는 점에서 스피노자도 범재신론자인 것이다.

이런 연장선에서 셸링과 헤겔도 범재신론적 사유를 펼쳤고, 다음에 다시 살펴볼 틸리히도 범재신론자임을 자처했다. 과정철학자 화이트헤드를 통해 서구 사상계에 범재신론적 사유가 강화되었고, 화이트헤드에 영향을 받은 과정신학자 찰스 하트숀은 범재신론이라는 말을 유행시켰으며, 몰트만, 판넨베르크 같은 현대 신학자들과 마커스 보그 같은 역사적 예수 연구자들, 샐리 맥페이그 같은 생태여성신학자들, 현대 과학과의 대화를 시도하는 신학자들도 한결같이 범재신론적 사유 체계를 근간으로 하고 있다.[28] 범재신론 없는 현대 신학은 상상할 수 없을 것이다.

---

26. Hae Young Seong, "A Happy Pull of Athene: An Experiential Reading of the Plotinian *Henosis* in the *Enneads* and Its Significance for the Comparative Study of Religion"(A dissertation submitted for the degree of Doctor of Philosophy), Rice University(May 2008), pp.27-31.
27. John W. Cooper, 앞의 책, p.71에서 재인용.

8. 범재신론의 의미

이러한 범재신론의 핵심은 신의 내재성과 초월성을 동시에 긍정하고 명확하게 하는 데 있다. 이와 관련하여 마커스 보그Marcus J. Borg의 간명한 해설을 인용해보자.

범재신론은 하느님의 초월성과 하느님의 내재성을 동시에 긍정한다. 범재신론에 있어서 하느님은 "저 바깥에" 계신 어떤 존재가 아니다. 이 말의 그리스어 어원은 그 의미를 가리켜준다. 즉 pan은 "모든 것"을 의미하고, en은 "안"을 의미하며, theos는 "하느님"을 의미한다. 그러므로 범재신론은 "모든 것은 하느님 안에 있다"는 것을 의미한다. 하느님은 모든 것 이상이지만(그리고 그래서 초월적이지만), 모든 것은 하느님 안에 있다(그래서 하느님은 내재적이다). 범재신론에 있어서, 하느님은 "바로 여기에" 계신 것 이상임에도 불구하고, 그분은 "바로 여기에" 계시다.[29]

이때 좀 더 주의 깊게 보아야 할 것은 '하느님 안'에 있다고 할 때의 '안'(in)의 의미이다. '안'의 의미를 제대로 볼 때 만물과 신의 관계가 정리된다. 가령 폴 틸리히Paul Tillich는 '하느님 안in God'의 의미에 대해 자신의 주저 『조직신학』의 마지막 부분에서 이렇게 정리한다.

---

28. 서양의 범재신론적 사유의 흐름은 John W. Cooper, 앞의 책에서 탁월하게 정리하고 있다.
29. 마커스 보그, 한인철 옮김, 『새로 만난 하느님』(한국기독교연구소, 2001), 65쪽.

"하느님 안"이라는 말에서 "안"의 첫 번째 의미는 창조적 기원creative origin 의 "안"이다. 이것은 존재의 신적인 근거 안에 존재해온 모든 것의 현존, 잠재성의 형태 안에 있는 현존을 가리킨다. … "안"의 두 번째 의미는 존재론적인 의존ontological dependence의 "안"이라는 것이다. 여기서의 "안"은 유한한 어떤 것도—심지어 소외와 절망의 상태도—영원한 신적 창조성의 지지력 없이는 존재할 수 없다는 것을 가리킨다. "안"의 세 번째 의미는 모든 피조물의 궁극적 성취ultimate fulfillment와 본질화 상태state of essentialization의 "안"이다. 영원한 것 속에 있는 시간적인 것의 이 "삼중적 내성threefold in-ness"은 신적인 생명Divine Life과 우주적 생명life universal의 두 움직임rhythm을 모두 가리킨다.[30]

요약하자면, 모든 것은 신에 존재론적 기원을 두고 있고, 소외와 절망조차 신에 의존하며, 영원의 세계를 지향하는 존재자들의 희망과 성취도 전부 신 안에서 이루어진다는 뜻이다. 그 신을 틸리히는 "신 위의 신God above God"이라는 말로 표현하기도 했다. "신 위의 신"이라는 말은 인간에 의해 인식 가능한 하나의 대상이 아닌, "존재 자체Being Itself"라는 비상징적 언어로 표현할 수밖에 없을, 신의 절대적 차원을 의미한다. 틸리히가 '신 위의 신'이라는 말로 '초자연적 유신론'을 극복하려고 했던 것은 물론이다.

떼이야르 드 샤르댕Pierre Teilhard de Chardin은 우주가 물질, 생명, 정

---

30. Paul Tillich, *Systematic Theology*(Chicago: The University of Chicago Press, 1963), vol.3, p.421.

신의 순으로 진화하다가 결국 '오메가포인트'(그리스도와의 연합)에 도달하리라고 보았는데, 종말론적 이상을 강조하는 경향은 있지만, 진화의 과정 전반은 범재신론의 구조와 상통한다. 개체의 중심들이 유기적으로 서로 만나 전체적 중심(그리스도)과의 통일로 나아가려면,[31] 논리적으로 개체의 중심 자체가 애당초 전체의 중심 안에서 움직이고 있어야 하기 때문이다. 그가 범재신론이라는 말을 쓰고 있지는 않지만, 그에게 그리스도는 사실상 만물을 낳고 만물이 지향하는 범재신론적 신과 같은 역할을 한다. 만물은 결국 신 안에서 신을 지향하고 있는 것이다.

범(all)과 신(God)의 관계는 이처럼 부분과 전체의 관계와 비슷하다. 이러한 관계를 자연물과 자연법칙의 관계와 유비시켜 살펴볼 수 있을 것이다. 존재하는 모든 자연물은 자연법칙으로부터 예외적이지 않다. 자연법칙 안에서 이루어지지 않는 행위는 없다. 자연을 파괴하는 행위조차도 자연법칙 안에서 이루어진다. 사람과 자연법칙 간의 관계도 비슷하다. 바람에 나뭇가지가 흔들리고 시시각각 구름의 이동 모습을 관찰하고서 모든 것은 자연법칙에 따른다고 말하지만, 그렇게 관찰하고 말하는 사람의 눈과 귀도 자연법칙에 따른다. 자연법칙은 인간의 관찰 대상이기 이전에 그렇게 관찰하는 주체인 것이다.

이런 식으로 범재신론에서의 신은 자연법칙과 구조적으로 유사하다. 범재신론에서의 신은 인간의 경험 대상이자 동시에 경험의 주체이며, 인간이 경험한 것보다 언제나 더 크다. 경험의 주체이기에 경험에 대

---

31. 떼이야르 드 샤르댕, 양명수 옮김, 『인간현상』(한길사, 2000), 244쪽.

한 외적 표현 안에 다 담기지 않는다. 그래서 아우구스티누스Augustinus도 신의 경험은 말로 할 수 없다 하고, 『도덕경』에서는 "말할 수 있는 도道는 영원한 도가 아니라" 하며, 마틴 부버Martin Buber는 "신은 이름으로 불릴 수 없고, 오직 탄성이 있을 뿐이다"라고 말했다. 눈에 보이고 귀에 들리는 대상이기도 하지만, 그 이전에 그렇게 보고 듣는 주체이기도 하다. 나의 심층적 주체는 언어로 대상화될 수 없다. 나의 심층인 신은 그런 점에서 '초월적'이다. 특히 나의 인식에 내재하면서 동시에 초월적이기도 하다. 본회퍼D. Bonhoeffer가 말하듯이, 신은 "우리의 한가운데 있는 너머beyond in our midst"이며, "바로 여기에right here" 계신 "저 너머the beyond"의 존재인 것이다.[32]

과정철학자 화이트헤드A. N. Whitehead도 신을 세계와 동일한 비인격적 실재로 보는 내재적 신관과 신을 세상과 분리된 인격적 실재로 보는 초월적 신관을 조화시키면서, 일종의 범재신론적 신관을 제시한다.[33] 그는 신과 세계의 관계를 이렇게 규정한다.

> 세계가 신에 내재한다고 말하는 것은 신이 세계에 내재한다고 말하는 것과 마찬가지로 참이다. 신이 세계를 초월한다고 말하는 것은 세계가 신을 창조한다고 말하는 것과 마찬가지로 참이다. 신이 세계를 창조한다고 말하는 것은 세계가 신을 창조한다고 말하는 것과 마찬가지로 참이다.[34]

---

32. 마커스 보그, 앞의 책, 88, 95쪽. 이 문단은 앞의 책 제2장("왜 범재신론인가", 65-96쪽)의 요약이다.
33. A. N. 화이트헤드, 류기종 옮김, 『종교론』(종로서적, 1990), 51-56쪽 참조.

화이트헤드에 의하면, 세계는 애당초 신 안에서 스스로를 창조해가며, 신 역시 세계 안에서 스스로를 창조한다. "신은 모든 창조에 앞서before 있는 것이 아니고, 모든 창조와 더불어with 있다."35 화이트헤드가 신은 시원적 본성primordial nature과 결과적 본성consequent nature을 지닌다고 보았듯이, 창조의 시원, 과정, 결과가 모두 신의 작용이다. 만일 신이 없다면 모든 것은 모호투성이가 되고 말 것이다. 그래서 "신은 그것이 아니었으면 모호투성이가 되고 말 상황으로부터 일정한 결과를 창출시키는 구체화의 원리이다."36 그런 식으로 "세계와 만물은 신의 실재와 '함께', 그리고 그 '안에' 있다."37 신과 세계는 서로가 서로 안에 있는, 즉, 상호내주적相互內住的 관계에 있다는 말이다.

물론 신의 내재성과 초월성을 '형성becoming'의 차원에서 이해하는 화이트헤드의 유기체 철학을 범재신론의 틀로 단순화하기는 어려운 일이다. 그가 범재신론이라는 말을 쓰지 않았던 것도 작은 걸림돌이다. 하지만 "각 시간적 계기는 신을 구현하고, 신 안에서 구현된다"38는 그의 언명에서 알 수 있듯이, 그의 신관은 전반적으로 범재신론적 사유 체계와 통한다. 나아가 범재신론의 논리를 강화시키는 역할을 하는 것도 분명하다.

---

34. A. N. 화이트헤드, 오영환 옮김, 『과정과 실재』(민음사, 1992), 598쪽.
35. A. N. 화이트헤드, 위의 책, 591쪽.
36. A. N. 화이트헤드, 위의 책, 593쪽.
37. 류기종 편역, 『종교와 신과 세계』(황소와 소나무, 2003), 216쪽.
38. A. N. 화이트헤드, 『과정과 실재』, 599쪽.

화이트헤드에게서 배우며 범재신론이라는 말을 학계에 두루 알린 학자 중의 한 사람인 과정신학자 찰스 하트숀Charles Hartshorne은 다음과 같이 말한다: "세계는 신의 몸이고, 그 몸의 영혼은 신이다", "신은 만물을 그들 자신을 통해 만들어가게 한다."[39] 성서적 신관의 변화를 중심으로 고찰하려는 이 글에서 더 자세히 살펴볼 여유는 없지만, 화이트헤드 철학에 기반을 둔 과정사상은 범재신론에서 '범'(all)과 '신'(God)의 관계, 즉 '신 안에 있다'고 할 때의 그 '안'(in)의 의미를 해명하는 데 유용하다.

9. 성서적 범재신론, all ≤ God

앞에서 본대로 범재신론이라는 용어는 1828년에 처음 사용되었지만, 범재신론에 해당하는 내용은 신약성서에서도 발견된다. 아래 구절이 대표적이다.

"모든 것은 그분에게서 나오고 그분으로 말미암고 그분을 위하여 있다."(로마서 11,36)

"우리는 그분 안에서 숨 쉬고 움직이며 살아간다."(사도행전 17,28)

범재신론에서는 나의 마음도, 너의 생각도 모두 신 안에서 이루어지

---

39. 찰스 하트숀, 홍기석 외 옮김, 『하나님은 어떤 분이신가』(한들, 1995), 106쪽.

는 일이고, 들꽃도, 하늘의 별도, 내리는 빗물도 모두 신 안에서 이루어진다고 여긴다. 신을 떠난 것은 없다. 신을 구름 너머 특별 공간에 있는 인간 형상의 어떤 존재처럼 상상하는 데서 머물지 않고, 내 안에 계신 분으로 만난다. 내 옆에 계신 분, 네 안에 계신 분, 나무 한 그루에도 계신 분, 기쁨과 슬픔 안에도 계시는 분으로 만나는 것이다. 그러면서 이 모든 것을 떠받치고 생명력 있게 하는 분이다.

이런 신과 만물의 관계를 도식화하면 "all(범)≦God(신)"이 된다. all=God이 만물에 대한 신의 내재성을 의미한다면, all<God은 만물에 대한 신의 초월성을 의미한다. 신은 만물에 내재하면서 넘어선다. 본회퍼의 표현처럼, "우리 한가운데 있는 너머"인 것이다. 내재성과 초월성을 한데 묶어 간단하게 표현하면, all≦God가 된다.

신은 모든 것 안에 있으면서 모든 것보다 더 큰 범주이다. 그래서 '전체'이다. 전체를 그리스 기하학자들은 '모노'(하나)라는 말로 나타냈다. 기하학에서의 '하나'(monad)는 수학적 원형이다. 이 원형이 지니는 상징적 의미는 단순히 하나, 둘, 셋 셀 수 있는 수량적 하나에 머물지 않는다. '하나'는 안전성, 완전성, 단일성, 순환 규칙성, 효율성 등을 의미한다. 기하학적으로 '하나'는 '원점'이자 '원'이다.[40] 모든 것의 시원이고 모든 것을 지지하는 전체이다. 그 전체를 '하나'라는 수학적 상징으로 나타낸 것이다. 수학자 마이클 슈나이더Machael S. Schneider의 아이디어는 "신이 하나"라는 말의 의미를 파악하고 정리하는 데 유용하다.

---

40. 김경재, 앞의 책, 20쪽.

옛 사람들은 1을 하나의 '수'로 간주하지 않고, 모든 수의 부모로 간주했다. 그들은 1은 모든 것에 존재하지만 분명하게 드러나지 않을 뿐이라는 사실을 깨달았다. 그들은 모나드와 모든 수의 관계를 간단한 연산에서 보았다. 어떤 수에 1을 곱하면 항상 그 자신의 수가 된다(3×1=3). 어떤 수를 1로 나눌 때에도 똑같은 관계가 성립한다(5÷1=5). 1은 마주치는 모든 것의 속성을 그대로 보존시킨다. 1은 각각의 형태 속에서 흔들지도 움직이지도 않고 다른 것과 섞이지 않은 채 모든 것을 떠받치면서 조용히 기다리고 있다고 말할 수 있다. 모나드는 우주의 공통분모이다.[41]

1이라는 숫자는 모든 수의 부모이기 때문에 원은 모든 모양의 부모이다. 그것에 뒤따르는 모든 모양과 패턴은 모든 것을 포함하는 이 '모나드' 안에 그려 넣을 수 있다. 세계를 universe(라틴어로 '한 바퀴'라는 뜻)라고 부르는 것도 이 때문이다. 이 하나 속에 있는 것 말고는 다른 어떤 우주도 존재하지 않는다. 이 하나의 우주를 플라톤은 '전체들 중의 전체'라고 불렀다.[42]

'하나'는 모든 것에 존재하는, 전체 중의 전체이다. 신학적으로 신이 '하나'라고 할 때도 신이 전체이며 모든 곳에 계신다는 뜻이다. 하나는 전체이다. 우리말도 비슷하다. '하나'는 '훈'에서 나온 말이고, 그 '훈'에는 크다, 하나, 전체, 하늘, 빛, 규정할 수 없음 등 다양한 의미가 들어 있

---

41. 마이클 슈나이더, 이충호 옮김, 『자연, 예술, 과학의 수학적 원형』(경문사, 2007), 3-4쪽.
42. 마이클 슈나이더, 위의 책, 7-8쪽.

다.[43] '하나님'이나 '하느님'은 같은 어원, 즉 훈에서 나온 말이다. 신이 하나라는 말은 여러 가지 가운데 하나라는 뜻이 아니다. 하나는 전체이다. 그래서 '하나(mono)'인 신(theos)'은 없는 곳이 없다. 무소부재無所不在하다. 그것이 '유일신' 사상에서 정말 말하려는, 아니 말했어야 하는 핵심이다.

『장자』에서 "지극히 큰 것은 밖이 없으니 그것을 '큰 하나'라고 한다"(至大無外 謂之大一)(『장자』 「잡편」 "천하")고 할 때의 '큰 하나'도 마찬가지이다. 만약 그 어떤 것에 밖이 있다면 그것은 더 큰 것에 감싸여 있다는 뜻이다. 따라서 밖이 없을 만큼 크다는 것은 그것이 곧 '전체'라는 뜻이다. 그것이 진정한 하나, 즉 "큰 하나"이다. 다시 성서로 돌아가 보자.

> 그리스도의 몸도 하나이며 성령도 하나입니다. 이와 같은 하느님께서 여러분을 당신의 백성으로 부르셔서 안겨주시는 희망도 하나입니다. 주님도 한 분이시고 믿음도 하나이고 세례도 하나이며 만민의 아버지이신 하느님도 한 분이십니다. 그분은 만물 위에 계시고 만물을 꿰뚫어 계시며 만물 안에 계십니다.(에페소서 4,4-6)

범재신론에서의 '신'은 '하나'이다. '그리스도의 몸도, 성령도, 희망도, 주님도, 믿음도, 세례도 하느님도 하나'라고 할 때의 그 '하나'이다. "만민의 아버지이신 하느님도 한 분"이라고 할 때의 '하나'는, 사람들이 신을

---

43. 박성수 외, 『한류와 한사상』(모시는사람들, 2009), 155-160쪽.

어떻게 부르고 표현하든, 그 다양한 신명의 상위 개념, 더 큰 범주이다. 그래서 '하나'라고 표현할 도리밖에 없다. 그 하나는 다양성을 포섭하는 근거이자 사실상 전체이다. "그분은 만물 위에 계시고, 만물을 꿰뚫어 계시며, 만물 안에 계신다"는 구절은 "범(all)≦신(God)"의 구조를 잘 반영해준다.

10. 다신론과 범재신론

이른바 택일신론이 논리적으로는 다신론polytheism을 부정하지는 않으면서도 체험적으로는 무시하는 경향이 있고, 일반적인 의미의 유일신론이 다신론과 범신론pantheism을 모두 거절하는 경향이 있다면, 범재신론은 다신론과 범신론을 모두 포섭한다. 범재신론의 시각에서 보면 다신론도 우주 전체를 설명하는 한 양식이 된다. 범재신론에서의 '신'이 사실상 전체를 의미한다면, 그 전체는 여럿(多)을 포함하는 것일 수밖에 없기 때문이다. 범재신론의 '신'과 다신론의 '다'는 모순이 아니다. 다신론의 '다'는 범재신론에서의 '범'의 범주에 있으며, 그 '범'의 조화가 '신'의 내용이 된다. 다신론이 우주를 설명하는 한 양식이 되는 이유도 여기에 있다. 암스트롱이 그리스 만신전의 의미를 해설하는 다음을 보자.

신들은 한 개인으로서 독립적이고 개별적으로 고립된 인물로 볼 수 없었다. 각각은 전체의 불가결한 구성 요소였으며, 다른 가족 구성원과 비교를 할 때에만 이해를 할 수 있다. 그리스의 만신전은 언어에 비유되어 왔다. 언어에서는 모든 단어의 의미가 사전에 나오는 다른 언어들과의 유사점이나 차이점에 의해서 결정되기 때문이다. 실제로 오직 한 신만을 섬기고 다른 신들 숭배를 게을리하는 것은 위험한 일이었다. 그리스 세계에서 일신 숭배는 금기였으며, 끔찍한 벌을 받을 수도 있는 행위였다. 어떤 신도 다른 신 숭배를 금지하지 않았다. 오히려 자신이 좋아하는 신을 고르거나 만신전에 소속된 구성원 가운데 단 하나라도 무시하는 일이 금지되었다. 신들은 싸우고 논쟁을 벌일 수도 있지만, 각각은 현실의 진정한 측면을 대표했다. 그런 측면이 없으면 우주가 영구적으로 훼손될 터였다. 다양한 신들 전체를 숭배함으로써 모순들을 함께 끌어안는 통일성을 한눈에 파악하는 것이 가능했다.[44]

다신론도 우주적 전체성을 설명하는 한 양식이다. 우주적 전체성을 담아내려면 다양한 기능들을 설명하는 여러 신들을 용납할 수밖에 없다. 다신론에서는 한 신을 섬긴다며 다른 신을 버리지 않는다: "새로 소개된 신이 옛 종교를 위협하지 않는다면 전통적인 만신전에 다른 신들이 가담하는 일은 언제나 가능했다."[45] 개별 신들은 전체의 일부이기에 다른 일부를 버리면 전체가 설명되지 않기 때문이다. 가령 그리스 신화에서 최고신 제우스는 아내이자 가정의 신인 헤라의 견제를 받는다. 아폴론은 태양을 주관하고, 아프로디테는 아름다움을, 하데스는 죽음을

---

44. 카렌 암스트롱, 앞의 책, 197-199쪽.
45. 카렌 암스트롱, 배국원 · 유지황 옮김, 『신의 역사』(동연, 1999), 101쪽.

관장한다. 갈등과 긴장, 아름다움과 죽음, 태양과 달을 무시하고서 세계를 설명하지 못한다. 세계의 긴장과 역동은 다양한 신들의 역할과 성격을 인정함으로써 설명된다.

인도에서도 브라흐마가 창조의 섭리를 나타내준다면, 시바는 파괴와 죽음의 원리를 나타내준다. 이들 모두 세상의 존재 방식을 반영한다. 그러기에 다름 혹은 다양성을 거부하고서 전체를 설명할 수 없는 것이다. 다신론polytheism은 이런 견해 위에 서 있다. 일반적인 의미의 유일신 사상에 근거해 다신론을 폄하하는 경우도 있지만, 다신론과 유일신론은 사실상 신 혹은 세계에 대한 설명 양식의 차이일 뿐이다. 신의 역할과 범주상의 차이가 있고, 설명의 정도에서 차이가 있지만, 결국 전체를 인정하고 있다는 점에서는 구조적으로 어긋나지 않는다.

다만 다신론의 난점이라면 여러 신들의 관계와 그 여러 신들의 상위적 질서에 대한 분명한 해석이 없거나 부족하다는 것이다. 암스트롱이 그리스 만신전에서는 "다양한 신들 전체를 숭배함으로써 모순들을 함께 끌어안는 통일성을 한눈에 파악하는 것이 가능했다"고 적고 있지만, 실제로 다신론 체계에서 다多를 통일하는 근원에 대한 관심은 크지 않다. 통일성을 개개 신들의 총합만으로 온전히 설명하기는 힘들다. 신들의 유기적 관계까지 말해야 하고, 그 신들을 신들 되게 해주는 근원까지 설명해야 한다. 그럴 때 신들의 존재 의의도 밝혀진다. 그런 점에서 축의 시대 문헌인 『우파니샤드』가 다양한 인격적 신들의 배후에서 이들을 하나로 묶는 근원적이고 통일적인 실재, 즉 브라흐만을 설정했던 것도 범재신론과 통하는 사유체계라고 할 수 있다. 모든 것을 자신 안에 포섭하며 살리려는 범재신론적 신관은 다양성의 원리와 다양한 것들의 관계를 적절히 해명해준다.

11. 범신론과 범재신론

범신론pantheism의 경우도 마찬가지이다. 앞에서도 보았지만, 범신론은 단순하게 풀면 '모든 것(pan)이 신(theos)이라는 견해'이다. 여기서는 신이 모든 것에 철저히 내재하기에 궁극적으로 모든 것이 신과 동일시된다. 스피노자Baruch Spinoza의 주장을 빌려 표현하면, 신은 "법칙의 원리, 즉 존재에 관한 영원불변의 법칙들의 집약체"이고, "물질적이고 영적인 모든 존재 속에 현존하는 존재 질서의 법칙"이다. "존재법칙의 집약체"로서의 이 신은 모든 존재에 대해 초월적이기보다는 전적으로 내재적이다.[46]

틸리히는 범신론에 대해 "단순히 모든 것이 그대로 신이라는 것을 뜻하지 않고 그런 적도 없으며 그래서도 안 된다"면서, "범신론은 신이 모든 것의 실체 혹은 본질이라는 교의이지, 신이 사물들의 총체라는 무의미한 주장이 아니"라며 범신론에 대한 세간의 오해를 교정하기도 한다.[47] 그럼에도 불구하고 범신론을 적극 주장하는 것은 아니며, 여타 관

---

46. 카렌 암스트롱, 위의 책(『신의 역사』), 550쪽.
47. Paul Tillich, 위의 책, pp.233-234.

련 논의에서 '범'(all)과 '신'(God)의 관계가 충분히 규명되지 않은 것도 사실이다.

어떻게 '모든 것'이 '신'일 수 있는가. "신이 모든 것의 본질"이라는 말로 신의 내재성은 해명되지만, 과연 내재성만으로 신을 충분히 설명할 수 있을까? 다신론에서도 그렇듯이 범신론에서 문자적으로 모든 것이 신이라고 할 때 그 신들 간의 관계와 신들을 신들 되게 해주는 근원이 설명되어야 한다. 개체를 떠받치면서도 그 개체에 갇히지 않는 근원과 전체를 말하고서야 모든 것이 신이라는 논의에 설득력이 확보된다. 그런 문제의식을 지니고 개체들의 근원이면서 언제나 개체를 넘어서는 전체로서의 측면도 살려내려는 것이 범재신론이다. 범재신론에서 신은 모든 개체들 안에 있으면서 개체들을 총합한 그 '이상'이다. 'all=God' 혹은 'all<God'이라기보다는 'all≦God'인 것이다. 마커스 보그는 범신론과 범재신론을 간명하게 다음처럼 정리한다.

범재신론panentheism은 종종 이것과 혼동되고 있는 범신론pantheism과는 전혀 다르다. 범신론은 범재신론에 추가로 붙은 en이라는 음절이 없는데, 이것이 그 차이를 만들어낸다. (en이 없는) 범신론은 우주를 하느님과 동일시한다. 즉, 하느님과 우주는 같은 공간을 공유한다(문자적으로는 "모든 것이 하느님이다"). 범신론은 하느님의 내재성만을 긍정하고, 본질적으로 하느님의 초월성은 부정한다. 하느님은 모든 것 속에 현존함에도 불구하고, 모든 것 이상은 아니다. 그러나 범재신론은 초월성(하느님의 타자성 혹은 포월성moreness)과 내재성(하느님의 현존)을 동시에 긍정한다. 하느님은 사물의 총합과 동일시될 수 없다. 오히려 하느님은 모든 곳에 현존한다 하더라도, 모든 것 이상이다. 하느님은 우리 주변 도처에 계시고 우리 안에 계시며, 우리는 하느님 안에 있다.[48]

마찬가지로 떼이야르가 일반적인 의미의 범신론에 동의하지 않는 것도 범신론의 한계를 의식하고 있기 때문이다. 그가 보건대 범신론은 개체들의 거리를 줄여 합일에 이르도록 하는 우주적 차원의 사랑을 알지 못한다.[49] 신은 개체의 중심에 함몰되는 것이 아니라 개체 안에 있으면서 개체를 추동해 전체로 나아가게 하는 힘이다. 개체 안에 있으면서 개체를 넘어서는 신의 초월성도 보아야 하는 것이다. 이런 식으로 범재신론은 범신론을 넘어선다.

아울러 범재신론은 무신론atheism도 포괄하고 넘어선다. 만일 무신론이 신이 '있다'는 주장에 대한 상대적 '없음'의 차원에 머문다면, 범재신론에서의 '신'은 그 상대적 '없음'마저 안으로부터 뒷받침해주는 근원이자 전체이다. 전술한 대로 틸리히가 "소외와 절망의 상태도 영원한 신적 창조력의 지지 없이는 존재할 수 없다"고 했듯이, 범재신론의 신은 상대적 '없음'도 포섭하며 넘어서는 전체이다. 모든 의미를 지탱해주는 근원이다. 이렇게 범재신론에서는 무신론을 넘고 포괄하면서 신의 절대성과 보편성도 확보한다.

"아버지께서는 악한 사람에게나 선한 사람에게나 똑같이 햇빛을 주

---

48. 마커스 보그, 앞의 책, 65-66쪽.
49. 떼이야르 드 샤르댕, 앞의 책, 246-248쪽 참조.

시고 옳은 사람에게나 옳지 못한 사람에게나 똑같이 비를 내려주신다"(마태오복음 5,45)는 예수의 말은 오늘날 기독교인들이 자/타 혹은 선/악 이분법을 벗어나 다양성을 살리도록 요청하는 근거가 된다. 선과 악, 의와 불의 모두 신의 비춤 속에 있을 때 선과 악이 되고 의와 불의가 된다. 선과 악, 의와 불의가 상대적 혹은 대립적 차원에 있다면, 예수의 '아버지'는 그 상대성과 대립성을 넘어선다. 모든 것이 신 안에 있다고 할 때의 그 신이 상대성과 대립성을 내포하면서도 초월하듯이, 예수의 아버지 역시 마찬가지이다. 예수의 메시지 속에 담긴 신론은 범재신론의 구체적이고 실천적인 적용 사례이기도 하다.

나아가 범재신론은 신을 인간의 본성(nature) 밖 또는 높은 곳(super)에 두는 초자연적 유신론supernatural theism의 한계를 극복한다. 결정적으로 "하나(mono)의 신(theos)"이라는 말의 '하나'를 수량적 하나가 아니라 전체이자 근원으로 해석하게 해줌으로써, 유일신론을 사실상 택일신론 수준으로 남겨두는 상당수 기독교인들의 오해도 극복하게 해준다.[50] 범재신론이 수량적 차원에서 오해되고 있는 유일신론의 진정한 의미를 확보해주는 것이다. 범재신론은 '일신'의 의미를 적극적으로 개진할 때 도달하게 되는 종점이라고 할 수 있다.

---

50. 마커스 보그, 앞의 책, 제2장에서 이런 내용을 다루고 있다.

12. 범재신론과 인류의 평화 – 두 번째 축의 시대를 향하여

이 책의 본문에서 살펴본 내용이기도 하거니와, 범재신론의 눈으로 보면 모든 곳에 신이 있고 모든 것은 신 안에서 움직인다. 그러기에 신이 주요 주제가 아니거나 그런 낱말이 전혀 나오지 않는 유대인 역사서「에스델」(에스더)도 성서로 읽힐 수 있고, 연인 사이의 아름다운 노래「아가」도 신의 이야기가 되는 것이다. 또 야훼라는 신명이 전혀 등장하지 않는 신약성서도 야훼 신앙의 발전적 연속으로 읽히고, 야훼라는 이름을 몰랐던 예수가 신을 "아버지"라고 부를 때, 그 '아버지'도 '엘' 혹은 '야훼'의 통전적 교체로 해석될 수 있다. 후대에 그렇게 해석되는 것이기도 할뿐더러, 예수 자신도 조상들의 신과 자신의 신이 연속성 속에 있다고 생각했다. 유대인 예수가 유대인 전통의 연장선에서 신을 엘이나 야훼가 아닌 "아버지"로 부른 것이다.

아레오파고에서 그리스 사람들이 이름 모를 신에게 바쳤던 신전 앞에서 그 이름 모를 신이 바로 예수의 하느님이라고 바울로가 설교한 적이 있는데(사도행전 17,22-27), 그것도 신명神名 혹은 신 이해의 다양성의 한 사례이다. 그리스 사람들이 그저 부른 신 이름도 바울로가 보기에는 예수가 아버지라고 부른 존재와 연장선에 있었다. 특정 이름이 그 이름이 지시하는 실재를 온전히 다 드러낼 수 없다는 사실은 물론이거니와, 어떻게 드러나든 그렇게 드러나는 곳에도 신이 있다는 주장은 범재신론적 사유 체계로 보면 자연스럽다.

범재신론의 눈에는 한국의 역사도 예수의 신과 어울리는 이야기가 된다. 함석헌이 『뜻으로 본 한국 역사』를 쓰게 된 것도 이런 안목에 따른다. 한국 역사도 이미 신 안에서 이루어져온 역사가 되는 것이다. 우리말의 하느님, 하나님, 천주, 상제는 야훼 혹은 엘과 전혀 다른 이름임에도 불구하고, 범재신론적 신의 다양한 표현들이 아닐 수 없다. 천天, 천지신명天地神明, 도道, 법法, 리理 등도 범재신론적 사유로 보면, 범주상의 차이는 있을지언정, 신의 반영이다. 어떤 이름이 지시하는 실재든 범재신론적 신은 그 실재를 떠난 적이 없다. 신은 충분히 내면적이기 때문이다. 동시에 어떤 이름이든 신을 온전히 담아내지도 못한다. 신은 늘 초월적이기 때문이다.

이러한 범재신론은 타자를 존중하는 이론적 근거가 된다. 모든 이, 모든 것 안에 신이 있기 때문이다. 동시에 일체의 절대주의를 거부한다. 신은 어떠한 절대적 주장 안에도 갇히지 않기 때문이다. 그렇게 범재신론은 타자를 높이고 자신을 낮춤으로써 평화를 구현할 것을 요청하는 사유 체계가 된다. 나아가 이러한 사유 체계가 '자비의 윤리'와 만나는 곳에서 신은 생명을 살리고 평화를 이루는 살아 있는 힘이 된다. 범재신론과 자비의 접점이 신의 활동 영역이 되는 것이다. 본회퍼가 "그리스도는 새로운 종교의 창시자가 아니라 새로운 삶의 수여자"라고 말했듯이, 진정한 종교는 무엇보다 삶의 영역에서 찾아지는 것이지, 제한된 문자의 영역에 갇혀 있는 것이 아니다. 진리의 보편성에 대한 인식 속에서 자비의 삶을 사는 것이 타자를 살리고 신을 진정으로 신 되게 해주는 행위이다.

내가 삼십여 년 종교에 대해 공부하면서 내린 결론도 종교의 핵심은 생명의 살림에 있고, 평화의 구현이 종교적 사명이라는 것이다. 제도적 종교는 개인적 차원이든 우주적 차원이든 생명을 살리고 평화를 구현하는 수단이 되어야 한다. 생명이 살아나고 평화가 구현되는 곳에서 종교도 존재한다. 생명과 평화가 아닌 제도 자체를 드러내는 일은 틸리히의 표현마따나 '종교의 악마화'에 가깝다.

하지만, 암스트롱이 오늘날도 '축의 시대'의 통찰을 넘어서지 못하고 있다고 지적한 바 있듯이,[51] 유감스럽게도 자기중심적 배타성이 여전히 횡행하며, 종교의 악마화도 도처에서 진행된다. 편협한 신관으로 무장한 종교인들이 그런 유감스러운 현실에 일조한다. 종교인의 이런 자세의 근간에는 '초자연적 유신론' 혹은 '택일신론'적 자기중심주의가 놓여 있다. 정말 제대로만 해석한다면 유일신론은 여전히 인류의 평화를 위한 신론적 기초로 삼을 만하지만, 재해석을 하기에는 그동안 유일신론의 오해 내지는 왜곡이 준 폐해가 지나치게 크다. 이제는 유일신론이라는 용어를 폐기하고 범재신론이라는 새로운 말을 확장시켜가야 할 '때(카이로스)'가 되었다.

범재신론은 종교의 획일적 통일을 시도하는 폭력적 신관이 아니다. '로마의 평화' 같은 기독교 제국주의적 평화의 근간이 아니다. 그 반대로 일체 존재의 상생을 위한 기초이다. 범재신론적 사유와 자비의 윤리로 지구적 생명과 평화를 구체화시킬 때 두 번째 축의 시대가 열리게 될 것이다. '두 번째 축의 시대', 한국적 '후천개벽'의 도래를 꿈꾸어본다.

---

51. 카렌 암스트롱, 『축의 시대』, 7쪽.

유일신론의 종말,
이제는 범재신론이다

2014년 6월 30일 초판 1쇄 발행
2018년 8월 20일 초판 2쇄 발행

지은이 | 이찬수
펴낸이 | 김영호
펴낸곳 | 도서출판 동연
편 집 | 조영균 디자인 | 이선희 관 리 | 이영주

등 록 | 제1-1383호(1992. 6. 12)
주 소 | (우 121-826) 서울시 마포구 월드컵로 163-3
전 화 | (02) 335-2630
팩 스 | (02) 335-2640
이메일 | yh4321@gmail.com

Copyright ⓒ 이찬수, 2014

이 책은 저작권법에 따라 보호받는 저작물이므로 무단 전재와 복제를 금합니다
잘못된 책은 바꾸어드립니다
책값은 뒤표지에 있습니다

ISBN 978-89-6447-250-7 03200

*이 저서는 2010년 정부(교육과학기술부)의 재원으로 한국연구재단의 지원을 받아 수행된 연구임(NRF-2010-361-A00017).